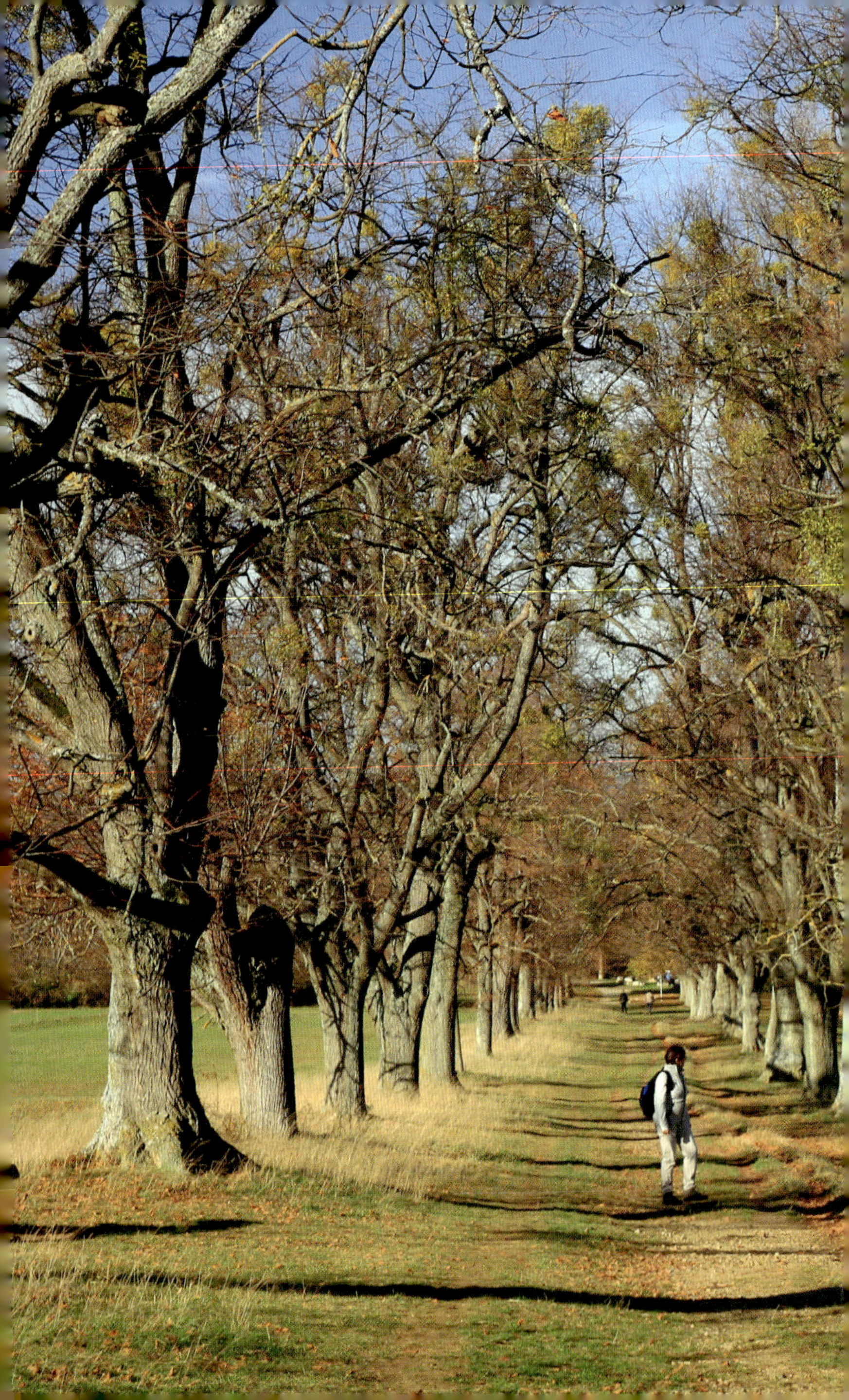

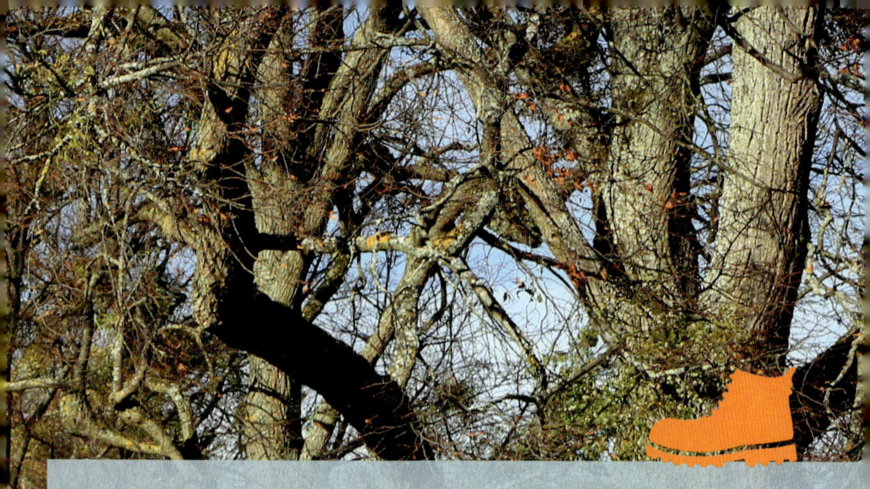

Dieter Buck

Wandern im Landkreis Böblingen

Die 25 schönsten Touren

Böblingen, Sindelfingen, Glemswald, Heckengäu und Schönbuch

verlag regionalkultur

Vorwort

Liebe Leserinnen und Leser,

den Landkreis Böblingen kreuz und quer durchwandern und dabei vieles Schöne in unseren herrlichen Naturlandschaften Schönbuch, Heckengäu und Glemswald entdecken – dazu ist dieses Wanderbuch der richtige Begleiter. Fast ganzjährig kann man die 25 Wanderungen begehen. Es gibt abwechslungsreiche Naturlandschaften, kulturhistorische Sehenswürdigkeiten, schmucke Dörfer und Städte und eine vielfältige Flora und Fauna zu entdecken. Wer zu Fuß oder mit dem Fahrrad in der Natur unterwegs ist, der kann unsere wunderbaren Landschaften bewusster wahrnehmen – viele tolle Rund- und Streckenwanderungen warten darauf, von Naturliebhabern ausprobiert zu werden.

Die Natur vor der Haustür – das ist gerade in dicht besiedelten Räumen wie bei uns von besonderer Bedeutung. Nach dem Motto »Was man kennt und schätzt, das ist man auch zu schützen bereit« kann ich Ihnen nahelegen,

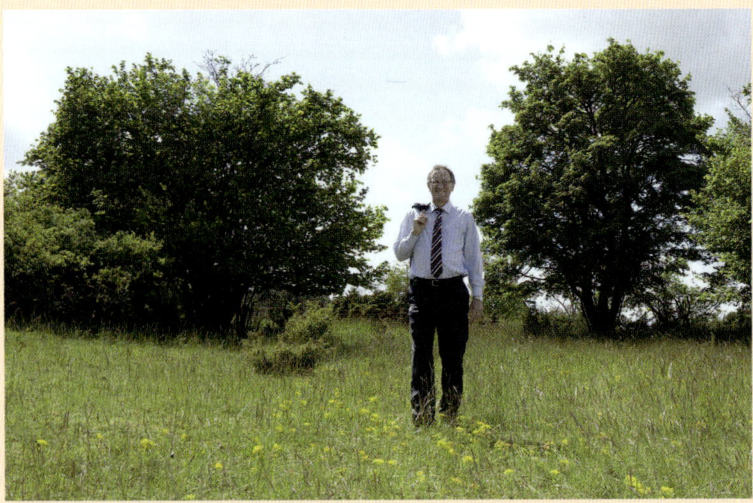

unsere schöne Gegend naturnah zu entdecken und zu erleben.

Ich wünsche Ihnen viel Spaß mit diesem Wanderführer – lernen Sie damit neue Flecken kennen, die ganz nah und trotzdem vielleicht noch nicht entdeckt sind, und lassen Sie sich von den beschriebenen Touren anregen, unseren Landkreis noch mehr oder ganz neu kennen und lieben zu lernen.

Herzliche Grüße

Roland Bernhard

Landrat Roland Bernhard

Informationen
Tourismusinitiative des Landkreises Böblingen
»Natur.Nah – Schönbuch & Heckengäu«
Parkstraße 16
71034 Böblingen
tourismus@lrabb.de
www.schoenbuch-heckengaeu.de

Es gibt auch ausgebildete und zertifizierte Naturführer, die ein reiches Angebot an organisierten Touren für alle Altersklassen und Interessenlagen anbieten.
Informationen finden Sie hier:
www.heckengaeu-naturfuehrer.de
www.schoenbuch-naturfuehrer.de

Einleitendes

Zum Wandern mit diesem Führer

In diesem Buch sind 25 Wanderungen im Landkreis Böblingen beschrieben, gleichzeitig finden Sie auch Erklärungen über die Sehenswürdigkeiten unterwegs – nach dem Motto »Man sieht nur, was man weiß«. Und zu sehen gibt es hier viel. Seien es die dichten Wälder des Schönbuchs mit ihren historischen Erinnerungen, seien es die Streuobstwiesen, sei es die eher karge Landschaft des Heckengäus, die Aussicht ins »Ländle« oder die einzelnen Orte mit ihren Besonderheiten.

Die Zeitangaben der Strecken wurden in der Regel aus Komoot oder Outdooractive entnommen und mit der althergebrachten Formel kontrolliert: Für vier Kilometer wurde eine Stunde angesetzt, und für Anstiege wurden Zuschläge vorgenommen, wobei von 400 Metern Höhe, die im reinen Anstieg in einer Stunde zu bewältigen wären, ausgegangen wurde. Da die Zeitangaben aber eine Kombination von Strecke und Höhe sind, wurden die Zuschläge nur anteilmäßig berechnet.

Bei den Angaben zur Länge und Dauer der Strecke und den Höhenunterschieden handelt es sich um ungefähre Zahlen, individuelle Abweichungen sind natürlich möglich. Da jeder sein eigenes Gehtempo hat, sehen Sie bereits nach den ersten Touren, ob Sie die Zeiten über- oder unterschreiten und können sich bei weiteren Wanderungen darauf einstellen. Die genannten Zeiten sind natürlich reine Gehzeiten. Pausen, Besichtigungen, Fotostopps, das Überprüfen des Wegverlaufs auf der Karte oder andere Verzögerungen sind darin nicht enthalten.

Die Wanderungen sind bis auf den Hochwinter fast ganzjährig möglich, allerdings sollte berücksichtigt werden, dass im eher schattigen Wald im Frühjahr der Schnee länger liegen bleibt als im Freien und die Wege deshalb zuweilen auch vereiste, glatte Stellen aufweisen können. Man sollte sich daher mit geeigneten Schuhen ausrüsten. Auch Schuhspikes oder Wanderstöcke sind da sehr nützlich.

Bei feuchtem Wetter sollte man Routen bevorzugen, die auf festen Wegen verlaufen, denn unbefestigte sind bei

Feuchtigkeit schmierig und glitschig und schlecht zu begehen und schon gar nicht zu befahren.

Die Wanderungen sind in die Kategorien leicht, mittel und schwierig eingeordnet. Nun gibt es im Landkreis Böblingen, zumindest in diesem Buch, keine Wanderungen, die man in technischer Hinsicht als schwierig bezeichnen kann, von einzelnen, kurzen Abschnitten vielleicht einmal abgesehen. So habe ich die Zuordnung nach der Länge der Tour bestimmt. Wanderungen in Spaziergangslänge von etwa 4 bis 6 km wurden als leicht bezeichnet, darüber bis etwa 10 km als mittel und Wanderungen über 10 km als schwierig. Jeder weiß selbst, was für ihn und seine Kondition machbar ist und kann sich deshalb ein Bild davon machen, was ihn erwartet.

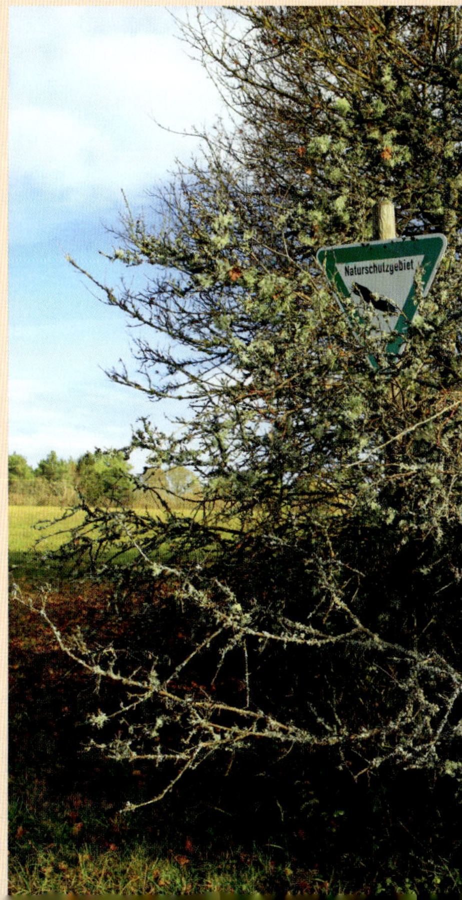

Auf dem Killberg.

Sicher wandern

Wichtig ist, dass man seine eigene Leistungsfähigkeit kritisch betrachtet: Bewältigt man die Strecke und die Höhenmeter? Schlappmachen unterwegs oder total erschöpft ankommen möchte man ja nicht, das hinterlässt auch keine guten Erinnerungen an die Tour. Auch sollte man berücksichtigen, dass man an heißen Sommertagen schneller an seine Grenzen kommt als an kühleren Tagen. Gerade dann ist es wichtig, immer genügend zu trinken dabei zu haben, und auch bei kürzeren Touren ist auch ein kleiner Vorrat an Essbarem zu empfehlen.

Besser als alleine zu wandern ist es, wenn man mindestens zu zweit unterwegs ist. So kann im Fall des Falles immer einer Hilfe holen. Ein Fuß ist schnell verknackst und dann kommt man oft nicht mehr weiter. Für Alleinwanderer ist es empfehlenswert, irgendwo zu hinterlassen wo und wie lange Sie unterwegs sein wollen.

Um Hilfe herbeizurufen, ist ein Handy nützlich. Das hat heutzutage wohl jeder dabei. Allerdings kann der Empfang in bestimmten Arealen, beispielsweise in Tälern, aber auch auf den Höhen, schlecht sein. Das ist vor allem im Schönbuch der Fall. Oft lohnt es sich, ein wenig umherzugehen, denn vielleicht ist in kurzer Entfernung der Empfang besser. Die Notrufnummer 112 ist aber auch dann erreichbar, wenn Sie über ihren Netzbetreiber keinen Empfang haben. Wählen Sie den Notruf, wählt sich Ihr Handy automatisch in das stärkste verfügbare Netz ein. Sollten Sie trotzdem keinen Notruf absetzen können, können Sie es noch einmal probieren, indem Sie ihr Handy ausschalten und beim Wiedereinschalten nicht Ihre PIN eingeben, sondern direkt die 112 wählen. Auf diesem Wege stellen Sie sicher, dass ihr Handy sich nicht nur mit dem Netz Ihres Netzbetreibers verbindet, sondern auch nach anderen verfügbaren Netzen sucht, um eine Verbindung mit dem Notruf herzustellen. Beachten Sie hierbei, dass in Ihrem Handy eine SIM-Karte eingelegt sein muss. Ist dies nicht der Fall, ist auch kein Notruf möglich.

Die richtige Ausrüstung

Was braucht man zum Wandern? Eigentlich nichts Besonderes. Man zieht sich wandergeeignete Kleidung an: gut

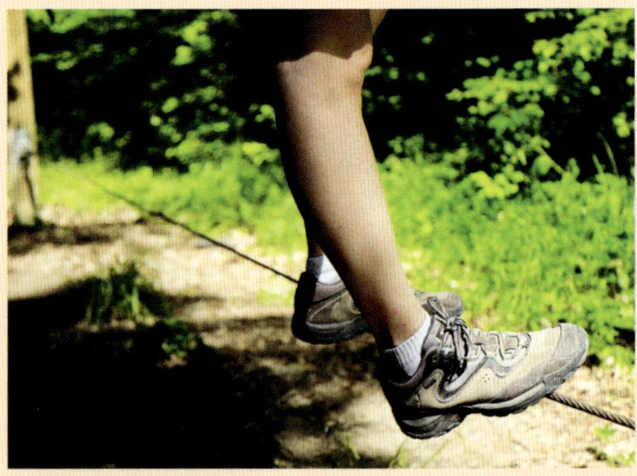

Immer wieder kann man sich unterwegs auch sportlich betätigen.

waschbar, bequem und je nach Wetter auch wind- und regendicht (oder zumindest -abweisend), aber auch atmungsaktiv. Auch für einen Anorak gilt das. Weniger geeignet sind Jeans als Hosen, wenn es nicht absolut regensicher ist: Sind sie einmal nass, dauert es lange, bis sie wieder trocken sind. Da eignet sich ein Kunststoffgewebe, das schnell trocknet, besser. Da man im Wald auch manchmal auf engen Wegen geht, in die vielleicht dornige und stachelige Zweige ragen, sollte der Stoff fest sein und nicht gleich kaputt gehen, wenn man mal von einer Brombeere »angegriffen« wird. Der Fachhandel hat ein großes Angebot an wandergeeigneter Kleidung auf Lager, sogar nach Geschlechtern getrennt. Dort erhält man auch Beratung.

Zum wichtigsten an der Ausrüstung gehören aber die Schuhe. Wer hier sparen will, macht es am falschen Platz. Man sollte sich, optimalerweise im Fachgeschäft mit guter Beratung, geeignete Wanderschuhe aussuchen. Sie sollten wasserdicht sein, sodass man auch einfach mal durch eine Pfütze gehen kann, ohne sie mühselig umgehen zu müssen. Zudem sollte man sich knöchelhohe und mit einer Sohle, mit der man problemlos über Wurzeln und Steine steigen kann, aussuchen. Am besten macht man dies am Nachmittag oder Abend, wenn die Füße ohnehin etwas dicker sind. Zur richtigen Ausrüstung gehören aber auch geeignete Socken. Besser keine aus Wolle oder Baumwolle. Es gibt extra Wandersocken mit ausschließlich oder einem hohen Anteil an Kunstfaser. Dadurch ist gewährleistet, dass die Feuchtigkeit nach außen transportiert wird und der Fuß trocken bleibt. Somit ist die Gefahr der Blasenbildung verringert. Manche schwören auch auf zwei Paar Socken, da dann die Socke nicht an der Haut, sondern Socke an Socke reibt. Wer dies machen möchte, sollte es allerdings bei der Größe der Schuhe berücksichtigen. Auch hier ist Beratung Gold wert.

Ganz brauchbar sind immer wieder ein Taschenmesser, eine Schnur, eine Tüte (für den Abfall, aber auch zum Sammeln irgendwelcher Fundstücke – vor allem wenn man Kinder dabei hat). Nicht gerne möchte man – sollte man aber – an mögliche Verletzungen denken. Gerade auf Pfaden hat man sich schnell mal den Fuß übertreten. Eine elastische Binde kann hierbei Wunder wirken und zumindest den Weg zurück zum Ausgangspunkt ermöglichen. Einen Schnitt, einen Riss, eine aufgeschürfte Stelle hat man sich auch schnell zugezogen. Hier sind Pflaster oder Verband und ein Desinfektionsmittel im Rucksack hilfreich. Auch gegen Stiche von Insekten gibt es Hilfen: Geräte, mit denen man einen Stachel oder das Gift in der Stichstelle entfernen kann oder Geräte oder Salben, um den Juckreiz zu mildern, erhält man in der Apotheke.

Gibt es unterwegs Gefahren?

Löwen, Tiger und giftige Spinnen treffen wir in unseren Wäldern zwar nicht an, aber es gibt ein paar Dinge, die in den letzten Jahren an Bedeutung gewonnen haben und über die man sich Gedanken machen sollte.

Waldgebiete sind immer auch Zeckengebiete, hier ist vor allem an den Schönbuch als Risikogebiet zu denken. Und ein Zeckenbiss kann schwere Komplikationen verursachen, über Hirnhautentzündung bis hin zur Borreliose. Es empfiehlt sich daher dringend, geschlossene Kleidung zu tragen und die Hosenbeine in die Schuhe zu stopfen, um den Beißern die Angriffsflächen nicht gerade auf dem Silbertablett anzubieten. Nach der Tour sollte man sich absuchen, am besten sogar duschen und bei Zeckenbissen in den nächsten Tagen auf Rötungen um die Bissstelle achten. Dann ist ein Arztbesuch angesagt. Gegen Hirnhautentzündung

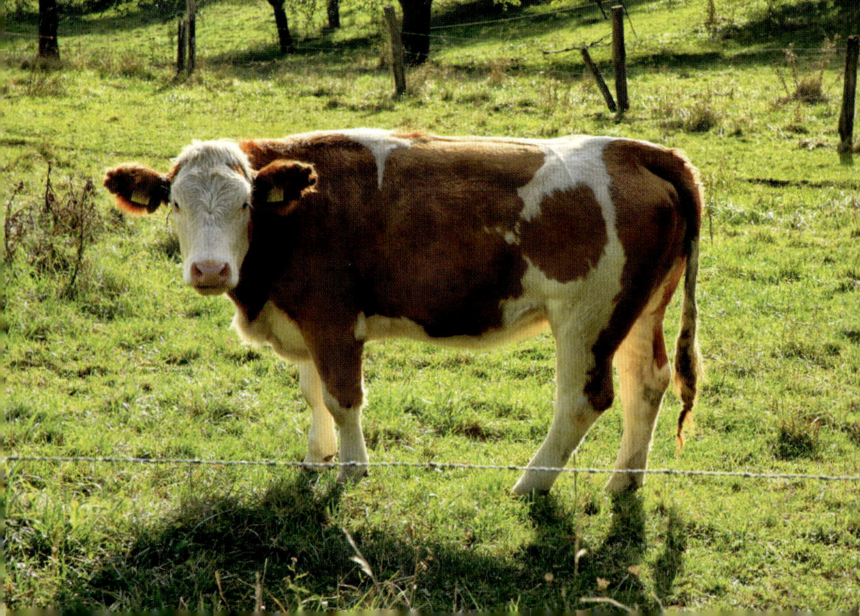

Neugierige Begegnung unterwegs.

kann man sich impfen lassen – lassen Sie sich dazu von Ihrem Arzt beraten.

Gefahr besteht auch durch den Fuchsbandwurm, einen Parasiten, der auch den Menschen befallen kann. Geschädigt werden vor allem die Leber, manchmal auch Lunge und Gehirn. Dass man befallen ist, wird oft erst so spät bemerkt, dass keine Hilfe mehr möglich ist. Vorsorgen kann man, indem man keine Beeren o.ä. im Wald isst, zumindest keine aus Bodennähe. Auch sein Vesperbrot sollte man nicht ins Gras legen. Händewaschen, wenn möglich unterwegs, auf jeden Fall aber daheim, ist hier angesagt.

Ursache für eine Erkrankung durch das Hantavirus sind oft Rötelmäuse bzw. deren Ausscheidungen. Sie werden beim Wandern zum Beispiel im trockenen Laub aufgewirbelt und der Erreger wird dann eingeatmet. Besonders hoch ist die Infektionsgefahr von April bis in den Herbst.

Tetanus (Wundstarrkrampf) kann man sich durch eine Verletzung (Stich, Biss, Schnittwunde) und Verunreinigung der Wunde holen. Die meisten Menschen sind wahrscheinlich dagegen geimpft. Eine weitere Gefahr ist eine Blutvergiftung (Sepsis), die man sich ebenfalls durch eine Verletzung zuziehen und die unbehandelt zum Tod führen kann. Lassen Sie sich von Ihrem Arzt beraten.

Ebenfalls eine Gefahr im Wald sind die immer drohenden Waldbrände. Durch die seit Jahren anhaltende Trockenheit sind die Wälder und das Unterholz sehr ausgetrocknet. Ein kleiner Funke kann schon einen Waldbrand auslösen. Daher sind die behördlichen Grillverbote streng zu beachten. Dies dient nicht nur der eigenen Sicherheit, sondern auch den Wäldern und somit der Allgemeinheit. Das Grillverbot gilt aber nicht nur für den Sommer, auch in den anderen Jahreszeiten können die Wälder sehr trocken und damit brandgefährdet sein.

Besonders schön: mit Kindern unterwegs

Kinder sind normalerweise begeisterte Wanderer, gibt es hier doch immer viel zu sehen, zu beobachten und zu spielen. Geht man mit Kindern wandern, ist es immer sinnvoll, etwas zum Transport von Fundstücken (Tannenzapfen, Samen, Versteinerungen etc.) dabei zu haben. Pflanzen mitzunehmen ist zwar auch beliebt, aber wenig sinnvoll, denn bis man daheim ist, sind sie oft vertrocknet. In Naturschutzgebieten ist es sogar verboten – von dort darf überhaupt nichts mitgenommen werden! Schnur, Taschenmesser, Malsachen etc., bei kleineren Kindern auch Spielfiguren, machen eine Wanderung für den Nachwuchs interessant, sodass man zu einer Wiederholung vermutlich keine großen Überredungskünste braucht.

Orientierung ist wichtig

Die im Buch abgebildeten Karten sind schon alleine sehr hilfreich. Als Karten werden nach Möglichkeit die Wanderkarten des Landesamtes für Geoinformation und Landentwicklung Baden-Württemberg (LGL) im Maßstab 1:25 000 empfohlen. Mit der Herausgabe dieser Karten hat das LGL vor einigen Jahren begonnen, es ist aber noch nicht das ganze Land damit abgedeckt. Wo sie noch fehlen, wurden die Freizeitkarten im Maßstab 1:50 000 des Landesamtes angegeben. Sie sind aber zum Wandern nicht so geeignet. Deshalb empfiehlt es sich, dass Sie vor einer Tour, bei der noch keine Wanderkarte angegeben ist, bei Ihrem Buchhändler nachfragen, ob mittlerweile eine erschienen ist. Zusätzlich wurden die ebenso geeigneten NaturNavi-Karten, ebenfalls im Maßstab 1:25 000, empfohlen.

Sehr nützlich sind auch Apps für Smartphones. Hier sollte man aber darauf achten, dass man sich aus den jeweiligen Stores solche herunterlädt, die kein Internet benötigen – denn das ist vor allem im Wald, insbesondere weit weg von Siedlungen oder in Schluchten, sehr oft nicht vorhanden. Gut geeignet finde ich hierzu die kostenlosen Apps MapsMe und PhoneMaps, die einem recht zuverlässig anzeigen, wo man sich gerade befindet, wenn man mal die Orientierung verloren hat. Auch mit Komoot habe ich gute Erfahrungen gemacht. Wer sich die angebotenen Tracks zu

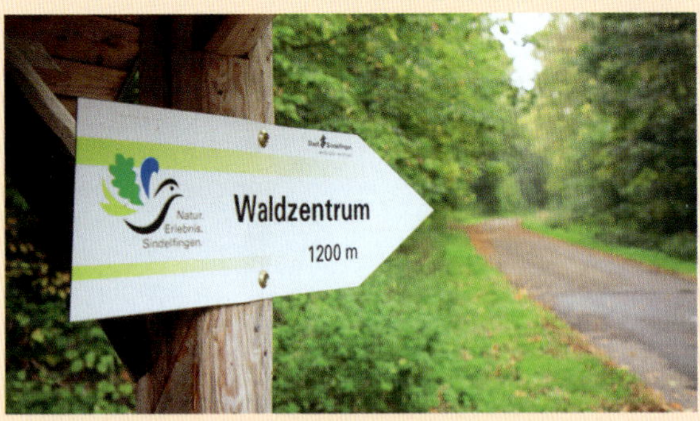

Immer wieder stößt man auf interessante Einrichtungen.

den Wanderungen herunterlädt, hat sowieso keine Probleme mit der Orientierung.

Anfahrt

Bei jeder Tour ist sowohl der passende Parkplatz aufgeführt, ebenso aber auch, wie man umweltfreundlich mit öffentlichen Verkehrsmitteln, mit Bus und Bahn, zum Ausgangspunkt kommt. Meist verlängert sich die Wanderung durch die Strecke vom Bahnhof oder der Bushaltestelle jedoch ein wenig. Auskunft über die Verbindungen und Fahrpläne erhält man hier unter www.vvs.de und www.efa-bw.de.

Bestimmen von Bäumen, Blumen und Tieren

Nach dem Motto »Man sieht nur, was man weiß« ist es auch ganz nützlich, wenn man das, was man um sich herum sieht auch erkennen und bestimmen kann: Bäume, Blumen, Tiere. Neben vielen Büchern – fragen Sie hierzu am besten Ihren Buchhändler – gibt es auch hierzu zahlreiche Apps. Zur Bestimmung von Vögeln werden auch Bücher angeboten, bei denen man mittels einer App Vogelstimmen hören kann.

Wälder bieten zu jeder Jahreszeit schöne Szenen.

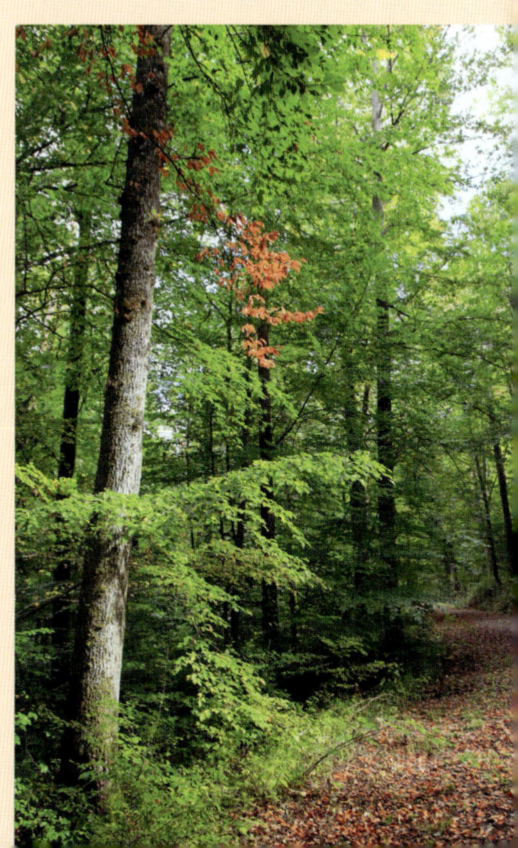

Besonderheiten in den Wäldern

Die ganz großen Sensationen der Natur findet man in unseren Wäldern eher selten, dafür aber kleine Kostbarkeiten. Hier eine junge Pflanze, die aus einem abgestorbenen Baum, dem sogenannten Totholz, wächst. Dazwischen vielleicht sogar die eine oder andere Orchidee. Auch lustig vor sich hinplätschernde und strudelnde Bäche erfreuen den Wanderer, ebenso Wacholderheiden, Felsen, Bannwälder oder wilde Schluchten.

Die Touren

Böblingen, Sindelfingen, Glemswald

Heckengäu

Schönbuch

blau = leicht, rot = mittelschwer, **schwarz** = schwer

Die **GPX-Dateien** zu den Touren dieses Führers finden Sie auf https://verlag-regionalkultur.de – die Daten sind den jeweiligen Touren zugeordnet.

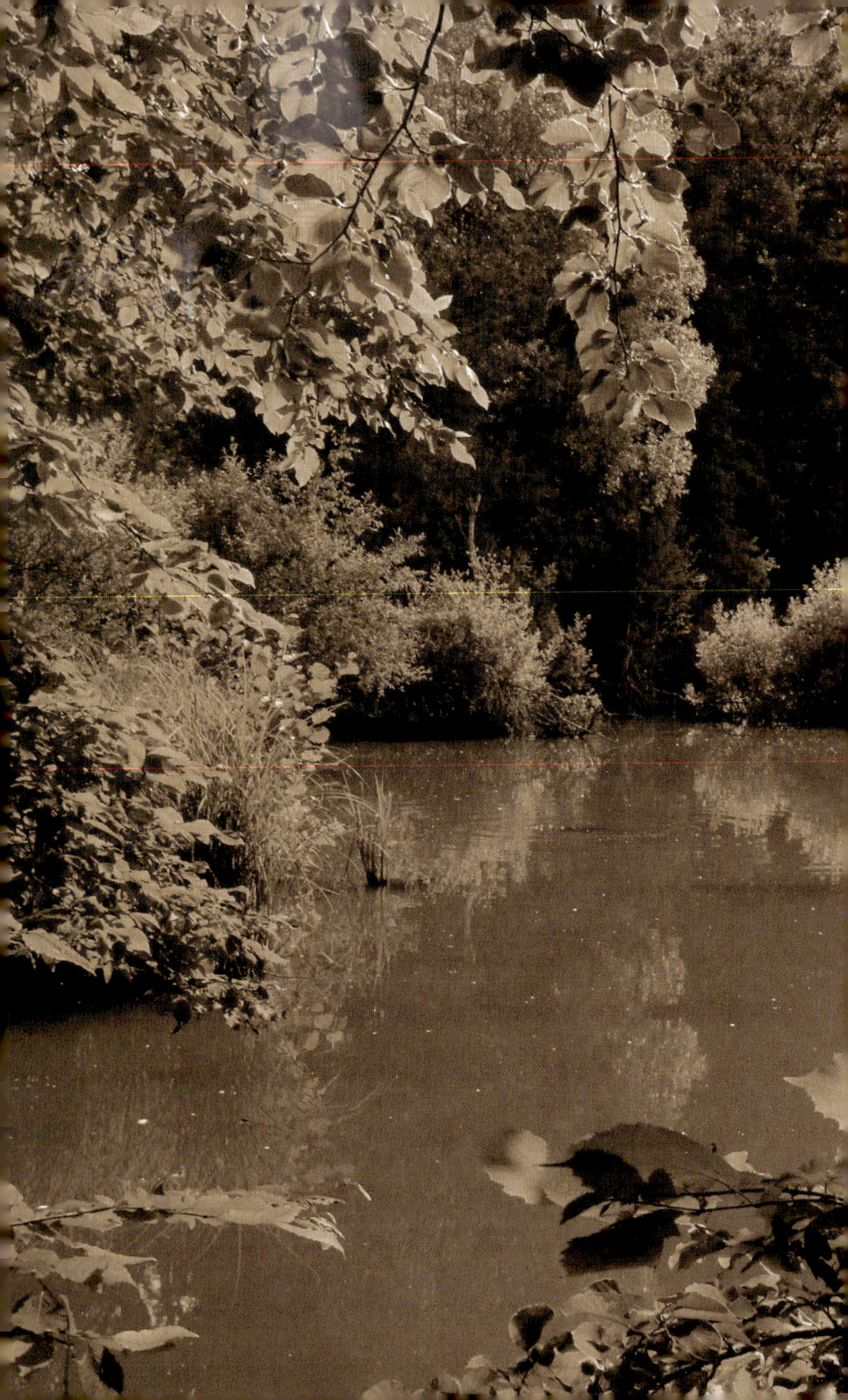

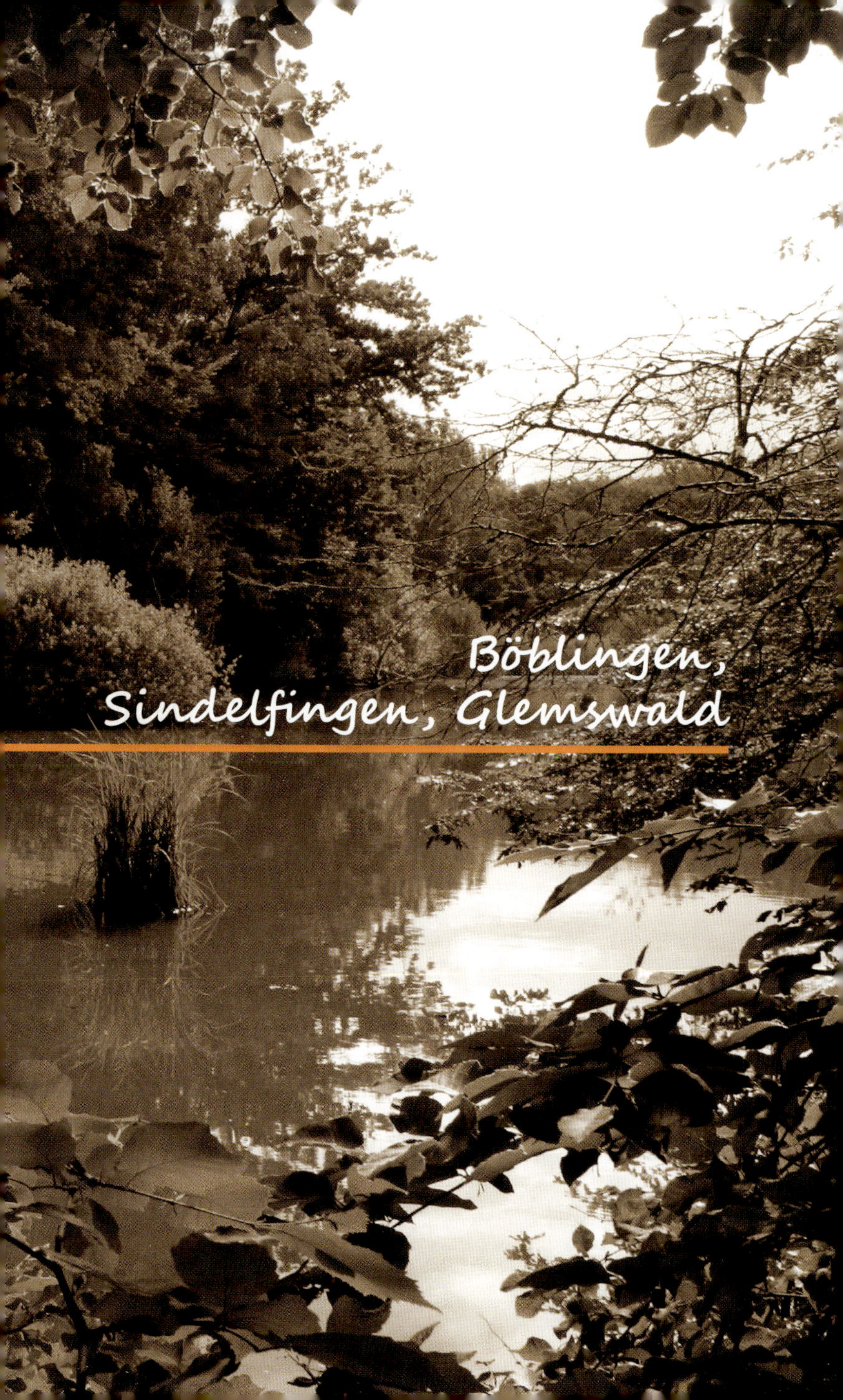

Böblingen, Sindelfingen, Glemswald

Böblingen, Sindelfingen, Glemswald

Böblingen ist eine vielseitige und lebendige Stadt. Zahlreiche Geschäfte, Restaurants und Cafés laden zum Flanieren und Bummeln ein. Die Mischung aus urbanem Flair und Naturerlebnis mitten in der Stadt ist einzigartig. In direkter Nachbarschaft zu den quirligen Einkaufsstraßen bieten die Innenstadtseen mit dem herrlichen Stadtgarten pure Erholung und Entspannung. Das ehemalige Landesgartenschaugelände ist zu jeder Jahreszeit ein beliebtes Ausflugsziel und bietet Einwohnern und Besuchern Genuss für alle Sinne.

Auch wenn sich die Stadt heute als modernes und vitales Zentrum und als pulsierender, internationaler Wirtschaftsstandort präsentiert, finden sich an vielen Ecken noch die Spuren der weit zurückreichenden Stadtgeschichte. Insbesondere auf dem Hügel um die Kirche findet man noch Erinnerungen an die alte Stadt. Böblingen weist viele Besonderheiten auf: Wussten Sie zum Beispiel, dass Böblingen Witwensitz der württembergischen Grafen war? Dass der

Blick über den Böblinger See zur Kirche und dem historischen Zentrum.

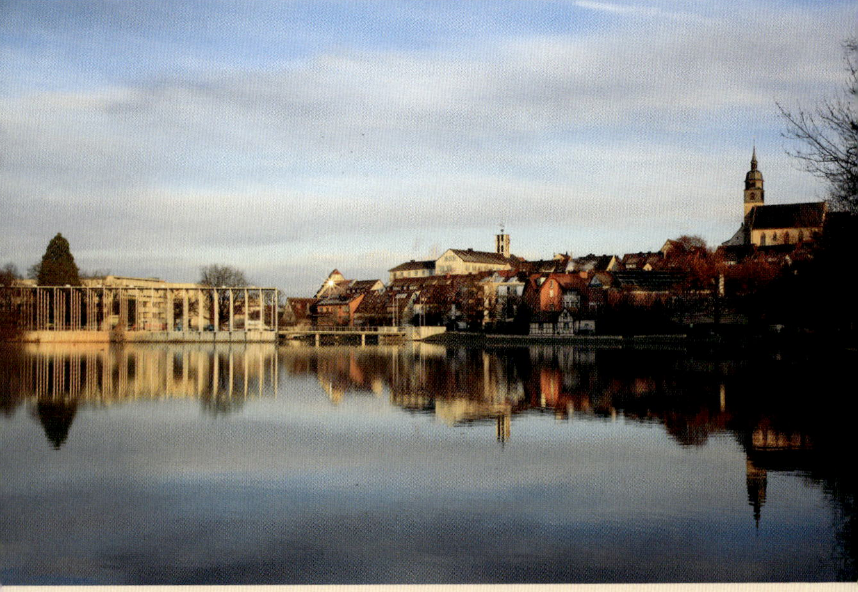

erste seriell produzierte Büstenhalter aus Böblingen kam? Und dass es eine Fluglinie von Berlin über Böblingen nach Südamerika gab? In Böblingen gibt es viel zu entdecken – am besten bei einer der Stadt- und Stollenführung oder auf der Route des Historischen Stadtrundgangs.

Die Mineraltherme Böblingen ist eine attraktive Thermalwasser- und Saunenlandschaft. In der MOTORWORLD Region Stuttgart in den denkmalgeschützten Hallen des ehemaligen Landesflughafens von Württemberg kann man eine täglich wechselnde Sammlung aus mehreren hundert besonderen Autos und Motorrädern bestaunen.

An Museen findet man zudem das Deutsche Fleischermuseum, das umfassend und unterhaltsam die Geschichte des traditionsreichen Metzgerhandwerks präsentiert. Das Deutsche Bauernkriegsmuseum erinnert an den Freiheitskampf im Jahr 1525; ganz in der Nähe fand auch eine der entscheidenden Schlachten statt. In der

Städtischen Galerie konzentriert sich die Kunstsammlung der Stadt in der mittelalterlichen Zehntscheuer auf Gemälde, Grafiken und Skulpturen der Klassischen Moderne. Ein weiterer Fokus liegt auf dem vielseitigen künstlerischen Schaffen des Wahl-Böblingers Fritz Steisslinger, zusätzlich gibt es Wechselausstellungen.

Neben Böblingen hat auch das nahe gelegene **Sindelfingen** einiges zu entdecken und erleben. Die 64000 Einwohner zählende Kommune ist eine traditionsreiche wie auch moderne und weltoffene Stadt. Sie ist international geprägt und bietet kulturell eine bemerkenswerte Vielfalt. Mit liebevoll restaurierten Gebäuden und Kulturdenkmälern ist Sindelfingen nicht nur Teil der deutschen Fachwerkstraße, sondern verfügt mit der romanischen, geschichtsträchtigen Martinskirche auch über ein Juwel, das in das 11. Jahrhundert zurückgeht. Bei einem Rundgang durch Sindelfingen können neben dem reizvollen historischen Stadtkern auch die vielen historische Schauplätze und Denkmäler entdeckt werden. Zudem laden zahlreiche Geschäfte zum Flanieren ein. Ob bei einem ausführlichen Einkaufsbummel oder nur um eine Kleinigkeit zu besorgen – der charmante Mix aus kleinen Läden, inhabergeführten Fachgeschäften, Filialisten und Shopping-Zentren lässt keine Wünsche offen.

Auch beim vielseitigen Freizeitangebot in Sindelfingen ist für jeden etwas dabei: Kunst- und Kulturliebhaber kommen im Museum SCHAUWERK, einer der führenden Adresse für zeitgenössischen Kunst im süddeutschen Raum, in der Galerie der Stadt oder im Stadtmuseum auf ihre Kosten. Zudem werden regelmäßige Themen-Stadtführungen, wie z.B. »Hexenverfolgung in Sindelfingen« oder »Sindelfingen bei Nacht« angeboten. Eine Werkbesichtigung und Erlebnisbustour im Mercedes-Benz Kundencenter fasziniert Automobil- und Technikbegeisterte. Familien können im Indoor-Erlebnispark Sensapolis oder dem größten Sport- und Familienbad der Region Stuttgart einen unvergesslichen Tag voller Spaß verbringen. Für Spaziergänge und Wanderungen bietet der Sindelfinger Stadtwald ein Rundwanderwegnetz mit fast 60 Kilometern, darunter acht beschilderte Wanderwege mit einer Länge zwischen 4,8 und 18 Kilometern. Flyer mit Informationen zu den einzelnen Wanderwegen liegen im I-Punkt aus oder können auf der Website des Schwarzwaldvereins Sindelfingen e.V. (www.swv-sindelfingen.de) heruntergeladen werden.

Nicht umsonst hat das Regierungspräsidium Stuttgart im Jahr 1995 das ausgedehnte Waldgebiet des **Glemswaldes**, das vom Nordwesten Stuttgarts bis zum Nordrand des Schönbuchs reicht, unter Schutz gestellt. Mit rund 13 450 Hektar ist der Glemswald das bei weitem größte Landschaftsschutzgebiet im Regierungsbezirk. Laut Verordnung ist der Schutzzweck unter anderem die Erhaltung des Glemswaldes »in seiner Vielfalt, Eigenart und Schönheit mit typischen Bildungen des Keuperberglandes wie Keuperklingen, naturnahen Laubwäldern, bodenfeuchten Wäldern, artenreichen, wärmeliebenden Waldgesellschaften, Altholzbeständen, naturnahen Fließgewässern, Streuobstwiesen, Grünlandflächen und Äckern.«

Hier findet man noch Feuersalamander, seltene Brutvögel wie den Schwarzspecht, die Hohltaube und die Waldohreule oder an sonnigen Waldrändern und Waldlichtungen den Speierling, der sogar einmal »Baum des Jahres« war. Es wachsen dort noch seltene Orchideen, man findet heimelige Dörfer und an stillen Tagen kann man Wild wechseln sehen.

Am Hölzersee findet sich eine reizvolle Verbindung von Wald und Wasser im Wandergebiet.

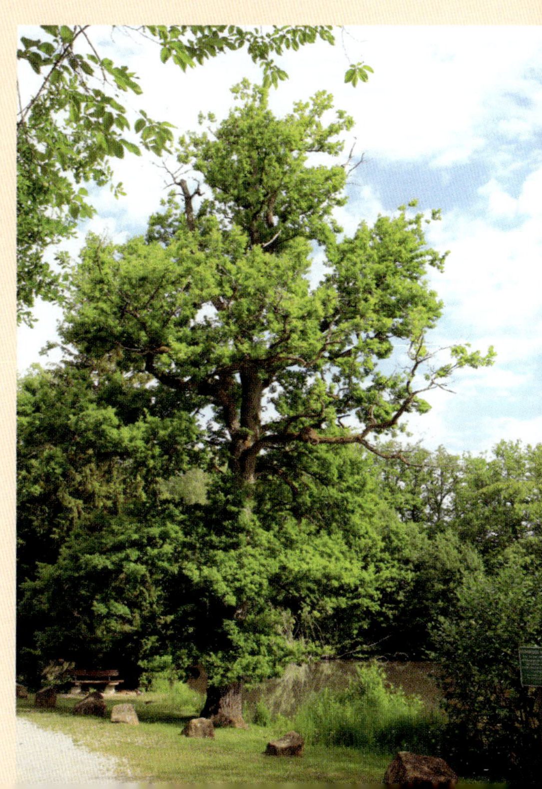

Seinen Namen hat das Gebiet von der Glems, die im Rot- und Schwarzwildpark bei Stuttgart entspringt und nach etwa 44 Kilometern bei Unterriexingen in die Enz mündet.

Der Glemsgau wurde bereits 819 urkundlich erwähnt, damals vermachte der Glemsgaugraf Gozbert seinen Besitz dem elsässischen Kloster Weißenburg. Im 11. Jahrhundert kam er an eine Seitenlinie der Grafen von Calw, den Grafen von Ingelheim, die dann auf dem Asperg ihre Burg erbauten. Graf Eberhard der Erlauchte von Württemberg erwarb den Glemsgau am 24. März 1308.

Vom See zum Aussichtspunkt 1

Von Warmbronn zum Eltinger Blick

2¼ Std.
7,8 km
110 Hm

Warmbronn/Parkplatz Warmbronner See – Warmbronn – Wald – Weiher – Eltinger Blick – Wald – Warmbronner See

Die Wanderung verläuft überwiegend auf festen Wegen, einzelne Teile auf Pfaden. Ein kurzes Steilstück führt zum Eltinger Blick.

Weiher,
Eltinger Blick,
Warmbronner See

Warmbronn

Die Wanderung mit zwei landschaftlichen Sehenswürdigkeiten führt uns durch die abwechslungsreiche Landschaft bei Warmbronn. Wir starten am idyllischen Warmbronner See. Er dient als Angelgewässer, man darf also nicht in ihm baden, aber an seinem Ufer am Ende der Tour sich erholen ist ja auch schon etwas. Zuerst durch Felder, danach im Wald geht es hinauf zum Aussichtspunkt Eltinger Blick. Danach wandern wir im Wald wieder zurück zum See.

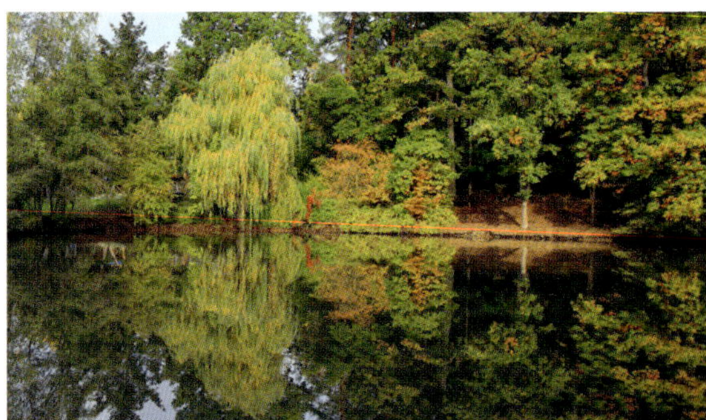

Schon der Blick auf den Warmbronner See ist erholsam.

Wir gehen vom **Parkplatz** hinter dem **Warmbronner See** 1 aus am See entlang in Richtung Ort und biegen nach dem See rechts ab. Nun geht es kurz hinauf, bis nach dem **Haus** ein aus dem Wald kommender Weg quert. Rechts sehen wir das Waldabteilungsschild **Stadtwald Leonberg VII 1 Neubruch** 2. Hier biegen wir links in den zwischen hohen Hecken verlaufenden Weg ein.

Nach etwas Bergab wandern wir zwischen den Feldern entlang. An der Kreuzung beim **Spielplatz** 3 gehen wir geradeaus weiter. Sollten sich Kinder nicht von diesem trennen können, kann man ihnen versprechen, dass man am Ende der Tour wieder vorbeikommen kann.

Wir gehen auf die Häuser zu und links 4 an ihnen vorbei bis zur querenden **Hauptstraße**. Nach ihr geht es in der Künzenstraße weiter. Nach **Haus Nr. 19** (5) zweigen wir links ab. Nach dem Ort sehen wir links den **Lehr- und Mustergarten** des Obst- und Gartenbauvereins Warmbronn. In ihm steht der Hirschbrunnen, der 1842 in Form eines Obelisken erbaut wurde.

Danach biegen wir rechts ab (6) und halten uns am **Waldrand** links in den Traufweg. Vor einem eingezäunten Grundstück und am rechts zu sehenden Waldabteilungsschild **Stadt Renningen IV Stöckhof 4 Grabhügel** (7) biegen wir rechts ab.

Erst steigt der Weg sanft an, dann wandern wir eben und in einigen Windungen durch den Wald. Nach einem Rechtsbogen treffen wir auf einen querenden Weg; rechts davon sehen wir einen kleinen **Waldweiher** (8). Nun biegen wir links ab. Am nächsten Querweg (9) halten wir uns rechts und kommen bis vor die Straße. Hier

Aussicht vom Eltinger Blick. (Stadt Leonberg, Foto: Michael Kast)

Eltinger Blick

Der Aussichtspunkt Eltinger Blick (533 m) wurde 2006 auf der stillgelegten Mülldeponie Rübenloch vom Landkreis Böblingen, dem Abfallbetrieb und dem Bürgerverein Eltingen eingerichtet. Man sieht über die Deponie und den Wald u.a. zum Stromberg, nach Leonberg und zum Stuttgarter Fernsehturm.

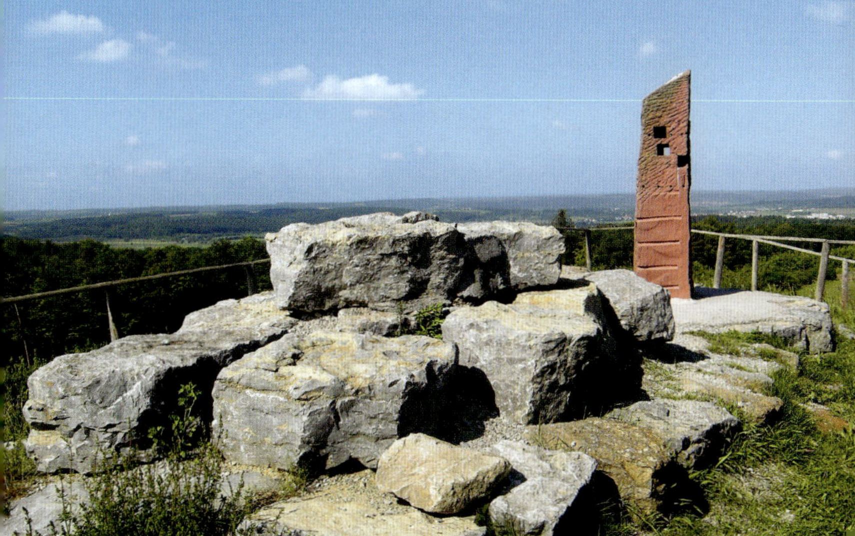

INFOS

Freizeitkarte F520 Stuttgart, 1:50 000, Landesamt für Geoinformation und Landentwicklung Baden-Württemberg (LGL); Wanderkarte mit Radwegen Stuttgart Südwest Blatt 50-539, 1:25 000, NaturNav)

www.leonberg.de

Bus bis Warmbronn, Haltestelle Büsnauer Straße

Warmbronn, Parkplatz am Warmbronner See am Ende der Lämmlestraße, GPS 48.768614, 9.001901

gehen wir nach links, können aber gleich danach an einer Kreuzung nach rechts die **Straße** überqueren. Auf der anderen Seite wandern wir auf einem Pfad mit dem Zeichen des Schwäbischen Albvereins blauer Strich weiter. Er führt uns immer leicht bergauf. An einem Querweg geht es kurz nach rechts, dann auf einem asphaltierten Weg nach links.

Etwas später weist uns ein **Schild** nach links zum Eltinger Blick. Wir gehen am Zaun der ehemaligen Mülldeponie steil hinauf zu diesem **Aussichtspunkt** 10.

Wir gehen wieder hinab zum Waldweg und folgen ihm nach links bis zum Schild **Steigwald** (493 m) 11. Hier können wir uns auf einer Informationstafel zum Thema »Geologie in historischen Hohlwegen« informieren. Nun biegen wir mit dem Zeichen blauer Punkt rechts ab. Links des Weges sehen wir bald zwei bemooste Steinquader mit Gedichten des Warmbronner Dichters Christian Wagner. Nach einem weiteren Stück bergab verlassen wir den **Wald** 12.

Nach links geht es in wenigen Minuten zurück zum **Warmbronner See**. Links des Weges sieht man einen weiteren Stein mit einem Gedicht Wagners. Wer aber seinen Kindern versprochen hat, noch einmal auf den Spielplatz zurückzugehen, läuft geradeaus weiter. Der nächste Querweg 13 führt nach links zum **Spielplatz**; zurück zum **Ausgangspunkt** wandert man dann auf bekanntem Weg.

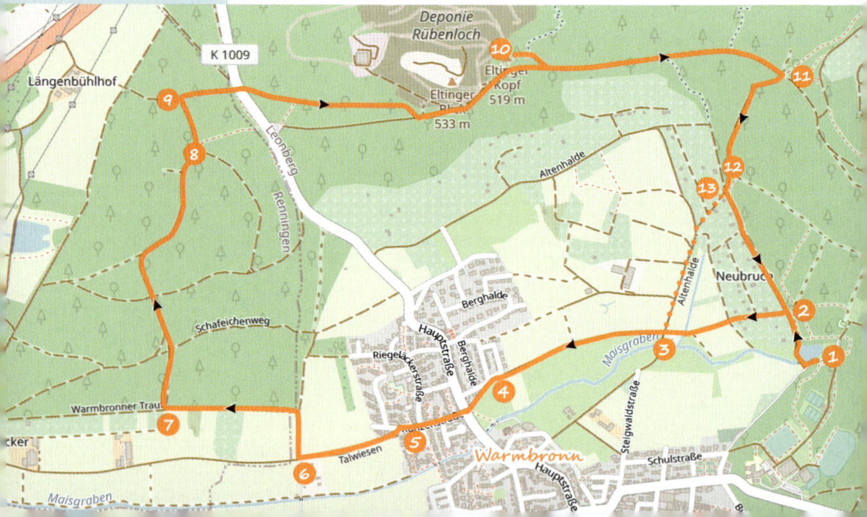

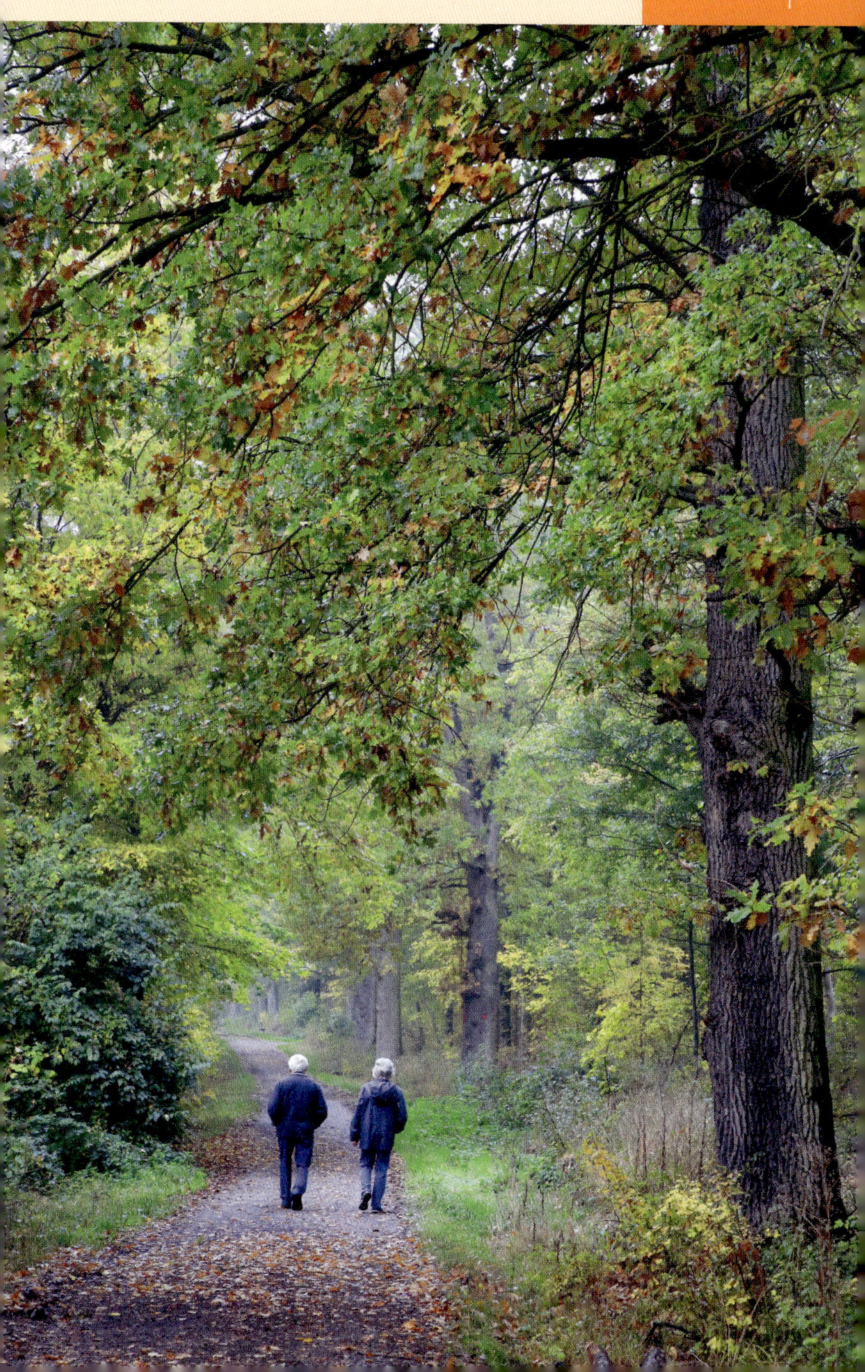

Land.Tour Hölzersee 2

Durch Wald und Wiesen zur Seeidylle

 2 Std.

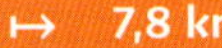

↦ 7,8 km

110 Hm

Hölzersee – Unteres Hölzertal – durch den Wald – Sportplätze Magstadt – Wald – Unteres Hölzertal – Wald – Steinbruch – Hölzersee

Wir wandern meist auf festen Wegen, nur vor und nach den Sportplätzen und am Steinbruch auf Naturwegen. Der Weg ist unterwegs mit dem gelben Ring markiert.

Wald, Unteres Hölzertal, Hölzersee

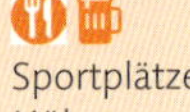

Sportplätze, Hölzersee

Der Hölzersee ist eines der idyllischsten Gewässer im Landkreis Böblingen. Man kann zwar nicht in ihm baden, aber für eine Ruhepause ist er immer ein gutes Ziel. Ist die Fischerhütte geöffnet, kann man die Wanderung sogar bei Speis und Trank gemütlich ausklingen lassen. Davor wandern wir aber erst durch einen Wald, der uns immer wieder ein schönes Plätzchen zeigt und durch das Untere Hölzertal, das ebenfalls idyllische Szenen bietet.

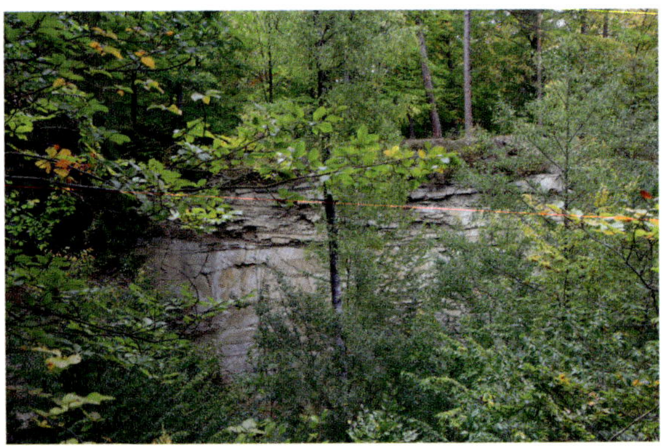

Ehemaliger Steinbruch.

rechts: Hölzersee. (Landratsamt Böblingen)

Wir gehen vom Wanderschild **Parkplatz Hölzersee** (445 m) 1 in Richtung »Oberes Hölzertal Sportplatz Magstadt« zur Straße und auf ihrer anderen Seite weiter. Der Weg zieht nach rechts und führt uns im Wald an verschiedenen Kleingärten vorbei. Nach einer Weile verlassen wir den Wald, jetzt geht es durch die Wiesen des **Oberen Hölzertals**.

Am Schild **Oberes Hölzertal** (433 m) 2 biegen wir links ab in den Fuchslochweg. Etwas später überqueren wir einen Forstweg und folgen dem gelben Ring weiter aufwärts. Bald zweigt rechts ein Weg ab 3, auf diesem wandern wir weiter.

Wir erreichen eine Kreuzung mit einem asphaltierten Weg, hier sehen wir links das Schild **Äußere Winterhalde** (461 m). Hier behalten wir unsere Richtung bei und gehen geradeaus weiter. Etwas später werden wir jedoch mit dem gelben Ring nach **links** 4 verwiesen. Jetzt steigt es steil an, teilweise auch auf Treppenstufen.

Hölzersee

Der 2,5 Hektar große und als Naturdenkmal geschützte Hölzersee wurde bereits 1681 auf einer Forstkarte als »Magstadt See« verzeichnet. 1971 wurde er durch den ASV Magstadt mit großem personellen und finanziellen Einsatz vor der Verlandung gerettet. Heute findet man dort ausgedehnte Schilfzonen, Seerosenfelder und naturbelassene Bereiche. Neben dem dominierenden Hecht leben in ihm auch Zander, Aal und Barsch sowie Karpfen, Schleien und Weißfische.

Die Fischerhütte hat zu folgenden Zeiten geöffnet:
Mittwoch: Mai–Oktober 17–19 Uhr
Samstag: 14–19 Uhr
Sonntag: 10–19 Uhr

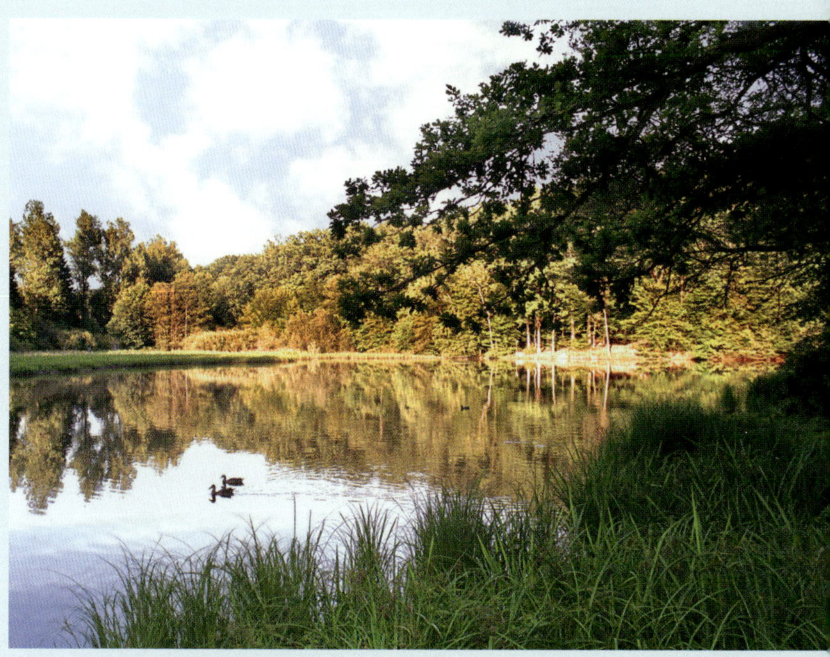

Auf der Höhe biegen wir am Schild **Aspenschopf Abzweig Sportpfad** (487 m) rechts ab. Bald kommen wir an einer Schutzhütte mit einer Sprossenwand vorbei. Weitere Sporteinrichtungen folgen.

Danach erreichen wir die Tennisplätze, rechts von ihnen können wir und unsere Kinder uns an einer **Grillstelle, einem Kinderspielplatz und einem Niederseilparcours** erfreuen. Wir können nun auf dem Wanderweg rechts des Asphaltwegs bis zu einer **Infotafel** (472 m) 5 gehen oder wir spazieren auf dem Sträßchen bis vor die Baumallee – auch hier kann man nach rechts zur Infotafel gehen.

Nun führt der Weg als Pfad an der Infotafel vorbei in Richtung »Hölzersee Alter Steinbruch« weiter. Vorbei an verschiedenen Sporteinrichtungen kommen wir zu einem querenden Weg 6. Auf ihm gehen wir nach links zum Waldrand. Dort biegen wir am Schild **Unteres Hölzertal** (438 m) rechts ab. Wir wandern mit weitem Blick durch das Tal und erreichen bald das Schild **Unteres Hölzertal** (431 m) 7. Dort biegen wir links ab und kommen zur

Meist wandern wir durch dichten Wald.

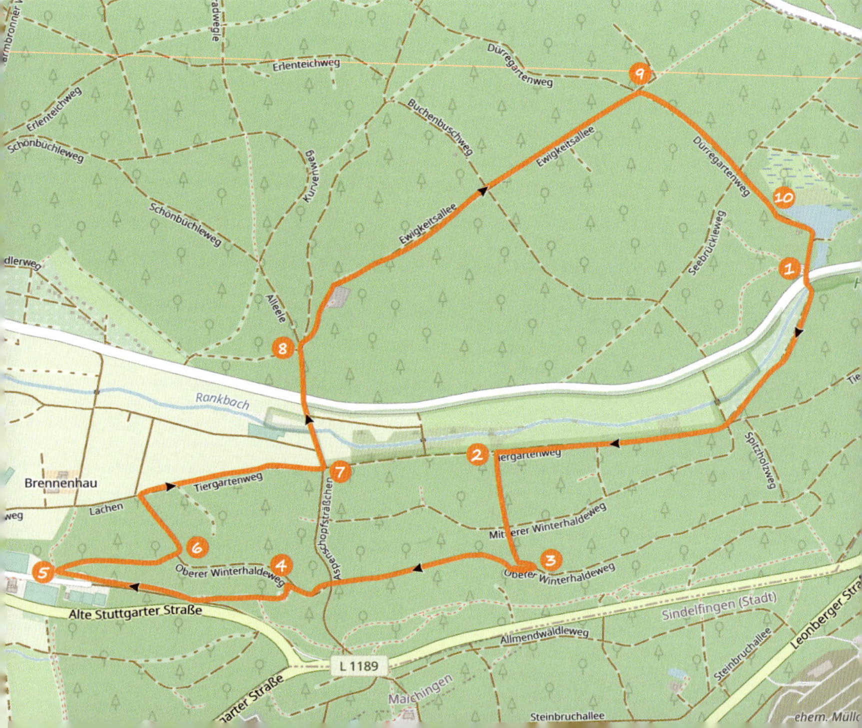

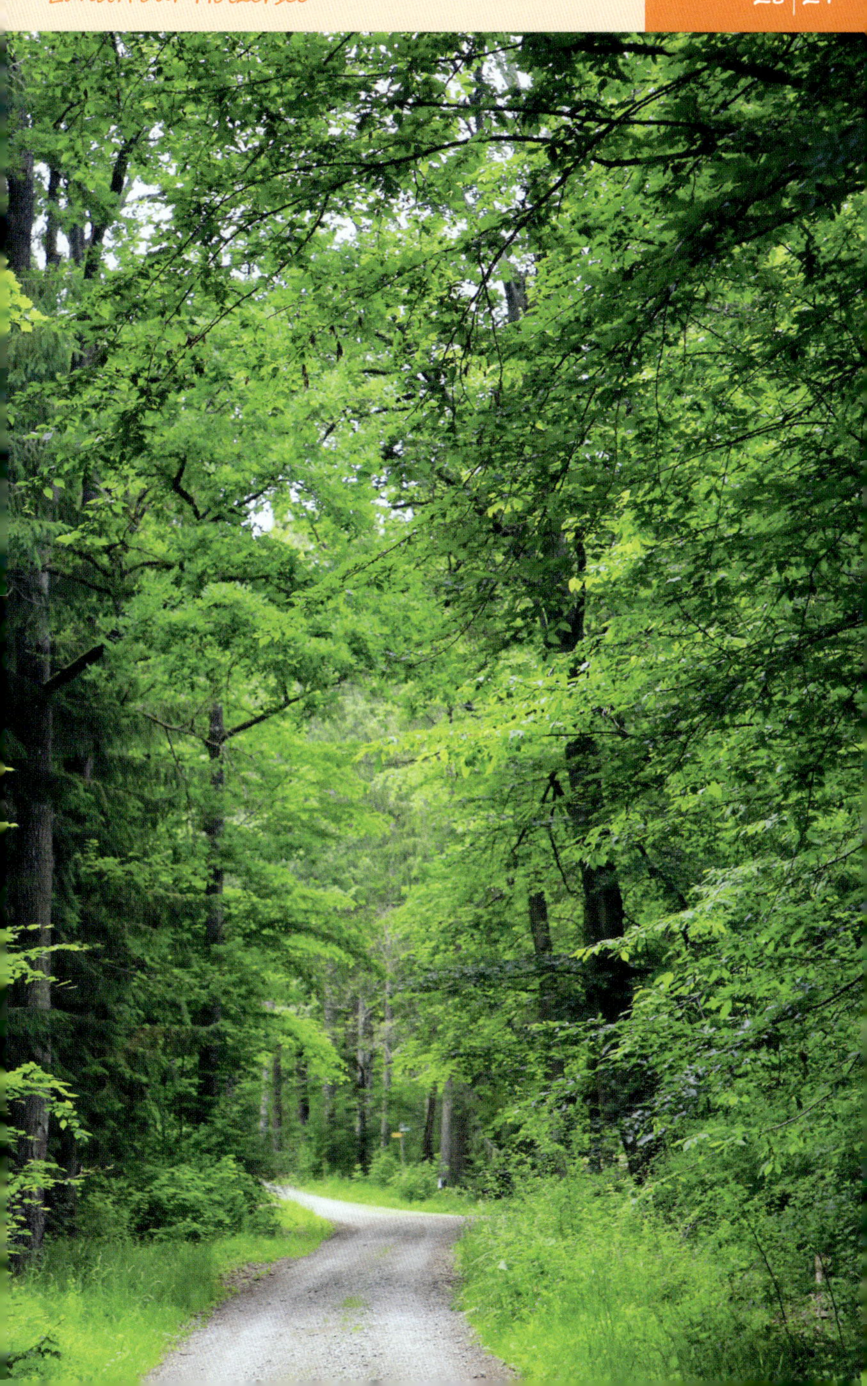

INFOS

Wanderkarte W228 Stuttgart, 1:25000, Landesamt für Geoinformation und Landentwicklung Baden-Württemberg (LGL) in Zusammenarbeit mit dem Schwäbischen Albverein e.V.; Wanderkarte mit Radwegen Stuttgart Südwest Blatt 50-539, 1:25000, NaturNavi

www.magstadt.de

S-Bahn bis Magstadt

Parkplatz Hölzersee, GPS 48.746470, 9.019464

Ausweichparkplätze findet man bei den Sportplätzen und wenn man auf dem Rückweg die L1189 überquert entweder gleich am Waldrand oder etwas weiter rechts an der Straße.

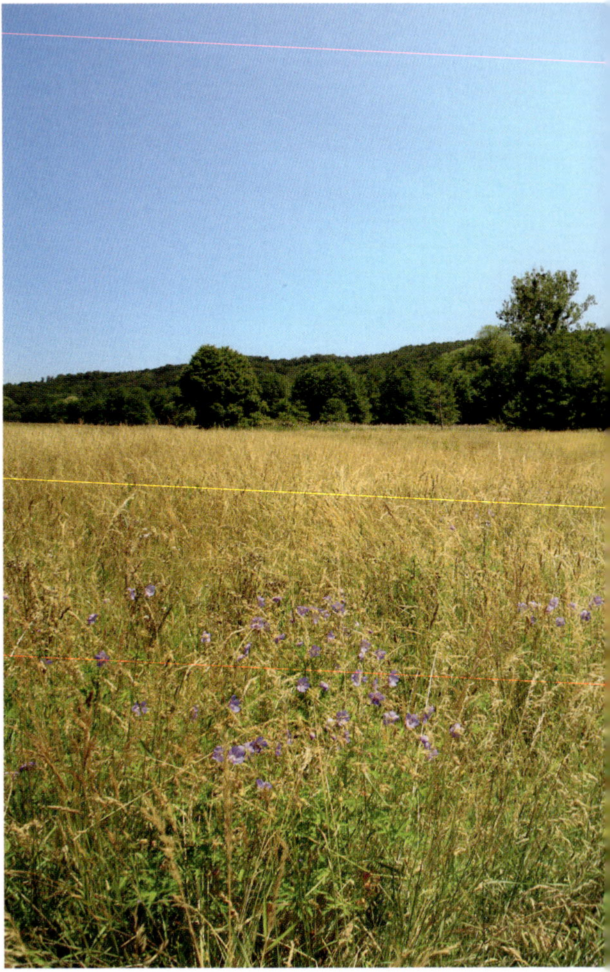

Im Hölzertal findet man noch eine urtümliche Natur.

Straße. Etwas weiter rechts liegen am Waldrand die erwähnten Ausweichparkplätze.

Wir wandern aber geradeaus in den Wald hinein zu einer Verzweigung beim Schild **Kohlhau** (442 m) 8. Hier halten wir uns rechts, dann gleich noch einmal rechts. Nun geht es anfangs unbefestigt weiter. Bald steigt der Pfad entlang eines Zaunes an. Hinter ihm liegt der **Steinbruch**. Im oberen Bereich des Zauns hat man auch einen Blick zu der mächtigen, senkrechten Felswand.

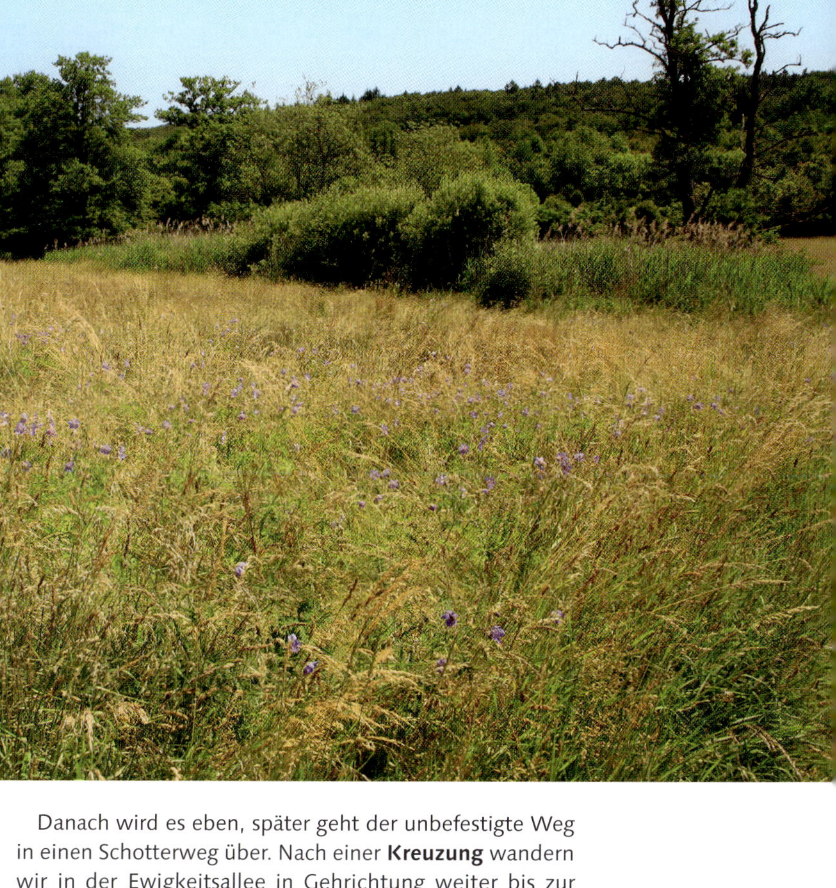

Danach wird es eben, später geht der unbefestigte Weg in einen Schotterweg über. Nach einer **Kreuzung** wandern wir in der Ewigkeitsallee in Gehrichtung weiter bis zur nächsten Kreuzung, wo das Schild **Dürre Egert** (456 m) 9 steht. Wir biegen rechts ab und erreichen bald wieder den **Hölzersee** 10. Jetzt kann man sich am Seeufer ausruhen oder in der Fischerhütte einkehren.

Danach geht es in wenigen Minuten zurück zum **Parkplatz**.

Im Sindelfinger Wald

3

Vom Wasserturm zum Forsthof

 1½ Std.

 5 / 5,5 km

70 Hm

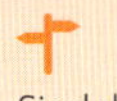

Sindelfingen/Wasserturm – Forsthof – Wald – Wasserturm

Die Wanderung verläuft anfangs auf einem Pfad, später auf festen Wegen.

Forsthof, Waldszenen

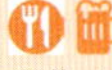

Selbstversorgung

Der Sindelfnger Wald ist für ein Waldgebiet in der Nähe der großen Städte Sindelfingen, Böblingen und Stuttgart ein zwar gut gepflegter, aber erstaunlich naturnaher Wald. Man sieht viele idyllische Waldszenen und kommt vor allem zum Waldzentrum Natur.Erlebnis.Sindelfingen. Hier hat man Unterhaltung und findet Wissenswertes in großer Zahl. Danach erreichen wir einen großen Spiel-, Grill- und Rastplatz. Schon deswegen lohnt sich die Tour. Familien mit Kindern können auch eine kürzere Variante unternehmen.

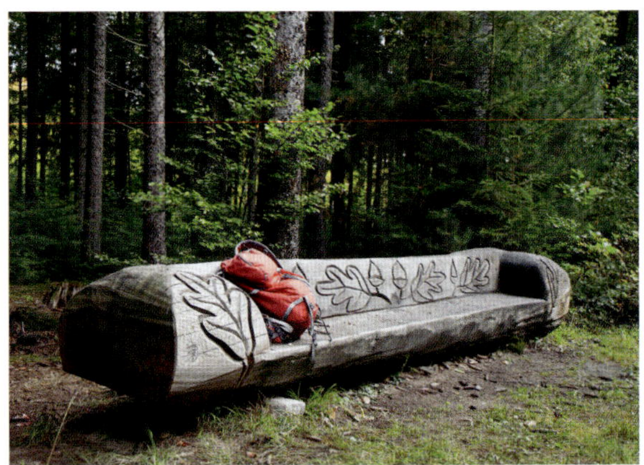

Wer mag auf einer solchen Bank nicht rasten?

Am Ende der Straße beim **Wasserturm** ❶ nehmen wir den rechts abgehenden Naturweg, der anfangs und am Ende mit einem Wanderzeichen mit zwei Hasen markiert ist. Gleich darauf halten wir uns links. Nun wandern wir parallel zum links verlaufenden Sträßchen. Wo wir auf dieses Sträßchen treffen, biegen wir rechts ab in den **Madlenenweg** ❷. Auf ihm kommen wir zum **Waldzentrum Natur.Erlebnis.Sindelfingen** ❸. Bereits unterwegs kommen wir an einigen Tafeln des Baumlehrpfads vorbei. Auch sonst finden Erwachsene und Kinder am Waldzentrum viel zu lesen und zu sehen.

Danach folgen wir dem Weg weiter bis zu einer großen Lichtung mit einer Grillstelle, einem **Spielplatz und Ti-**

Waldzentrum Natur.Erlebnis.Sindelfingen

Das Waldzentrum am Forsthof ist einer von vier Standorten des Natur. Erlebnis.Sindelfingen und wurde 2017 eingeweiht. Es dient der Bildung rund um die Themen Wald, Natur, Ökologie und Holz. Dazu werden auch Führungen angeboten. Ausgangspunkt ist der Infopavillon am Forsthof. In diesem Pavillon findet man auf 12 Tafeln interessante Informationen über den Wald und die Natur. Zusätzlich sind die Natur und der Sindelfinger Wald auf vielen Tafeln erklärt. Natur muss man aber auch erleben, um sie begreifen zu können. Auch hierfür zeigt der Forsthof Anschauungsobjekte. Man findet hier ein großes Insektenhotel und ein Vogelbeobachtungshaus, in dem man durch eine Ganzjahresfütterung die Vogelwelt des Waldes beobachten kann. Man sieht anhand von Beispielen verschiedene Vogelnisthilfen – und auch die Vogelbrut kann beobachtet werden. Die Flora und Fauna des Wassers kann man in einem großen Feuchtbiotop kennenlernen. Etwas entfernt findet man einen großen und gut ausgestatteten Grill- und Spielplatz, auf dem auf einer großen Rasenfläche zwei Schaukeln, zwei Wippen und eine Grillstelle mit Tischen und Bänken große und kleine Besucher erwarten.

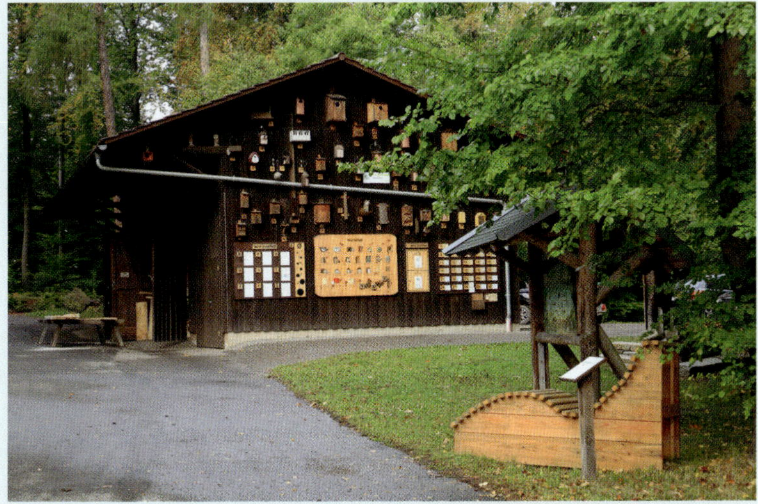

INFOS

Wanderkarte W228 Stuttgart, 1:25000, Landesamt für Geoinformation und Landentwicklung Baden-Württemberg (LGL) in Zusammenarbeit mit dem Schwäbischen Albverein e.V.

www.sindelfingen.de

S-Bahn bis Böblingen Goldberg, Bus bis Sindelfingen Haltestelle Pflegeheim

Sindelfingen, Ende Arthur-Gruber-Straße, beim Wasserturm, GPS 48.718733, 9.026986 Parkplätze findet man zwischen dem Krankenhaus und dem Wasserturm an der Straße.

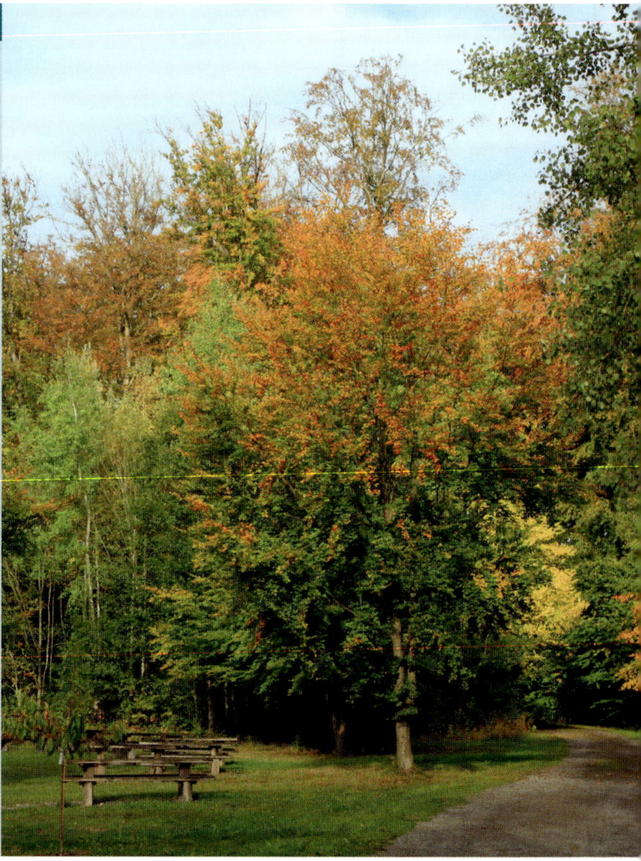

In der Nähe des Waldzentrums liegt ein schöner Rast- und Spielplatz.

schen und Bänken 4 zum Rasten. Hier lässt es sich eine Weile aushalten.

Danach muss man es sich überlegen. Der kürzere Weg führt geradeaus weiter. Etwa eine halbe Stunde länger ist die folgende Variante: Hierzu biegen wir am Spielplatz links ab in den Einsiedelweg. Nach einiger Zeit kommen wir an einer Lichtung mit einer geschnitzten Bank vorbei.

Nach einer Rechtskurve erreichen wir das querende **Seehaussträßle** 5. Ihm folgen wir nach rechts. Nach etwas Anstieg und einigen Windungen kommen wir zum Wanderschild **Fressberger Steige** (492 m) 6. Hier mündet von rechts der Madlenenweg ein, den diejenigen genommen haben, die die kürzere Variante gewählt haben. Ansonsten folgen wir dem Hirschbuckelsträßle, das links des Madlenenwegs abgeht. Nun orientieren wir uns wieder an dem Wanderzeichen mit den Hasen.

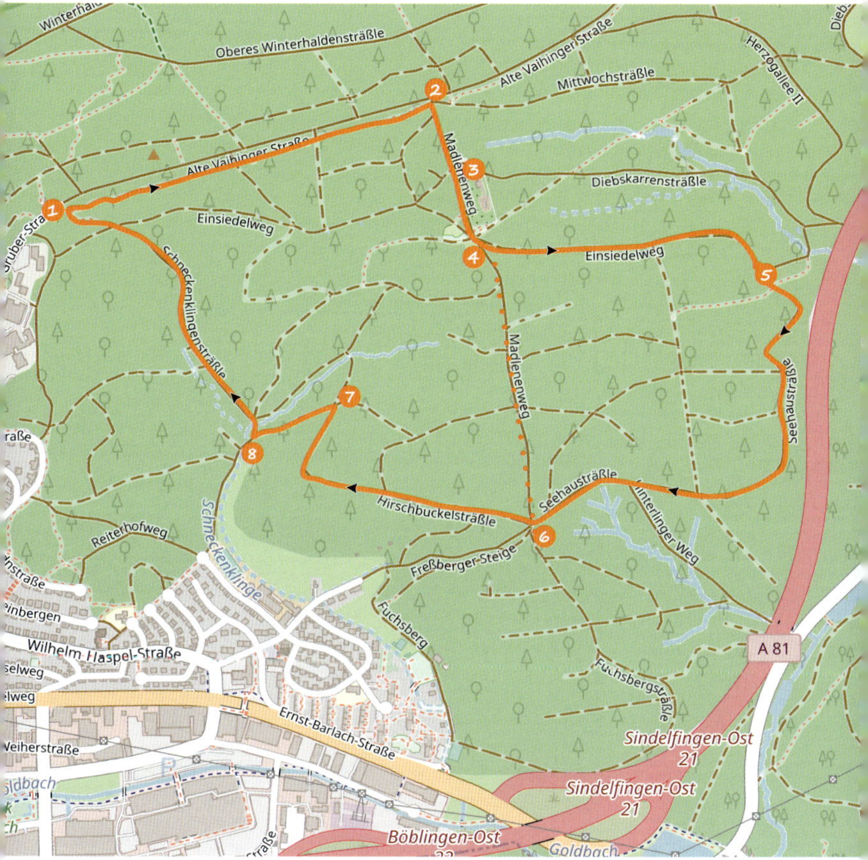

Nach einer Rechtskurve biegen wir mit dem Hasenschild links ab (7). Nach etwas Bergab halten wir uns rechts in das **Schneckenklingensträßle** (8). Gleich danach an der Kreuzung folgen wir dem linken Weg. Er steigt steil an und bringt uns zum querenden Einsiedelweg. Etwas nach links versetzt nehmen wir an der Bank den dort abgehenden Pfad. Er zieht leicht nach links und bringt uns hinauf zum **Parkplatz am Wasserturm**.

Zum Mittelpunkt Baden-Württembergs 4

Streckentour von Böblingen nach Holzgerlingen

 3 ¼ Std.

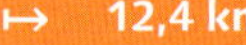 12,4 km

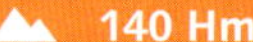 140 Hm

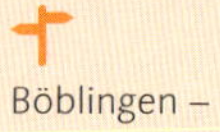

Böblingen – Kleingärten – Mittelpunkt – Mauren – Maurener Tal – Holzgerlingen

Wir wandern vorwiegend auf festen Wegen.

Landschaft, Mauren, Kunstwerke

Böblingen, Mauren, Holzgerlingen

Dass der Mittelpunkt Baden-Württembergs (je nach Messverfahren) auf der Markung Böblingen liegt, ist vielleicht nicht überall bekannt. Diese Wanderung führt dorthin, wo wir mitten im Wald einen Stein sowie eine Erklärung zur Berechnung finden. Davor wandern wir erst durch ein schönes Stück Böblingen, danach durch den Wald. Später kommen wir zum ehemaligen Wallfahrtsort Mauren und wandern in und über dem Maurener Tal durch eine herrliche Natur, begleitet von modernen Kunstwerken.

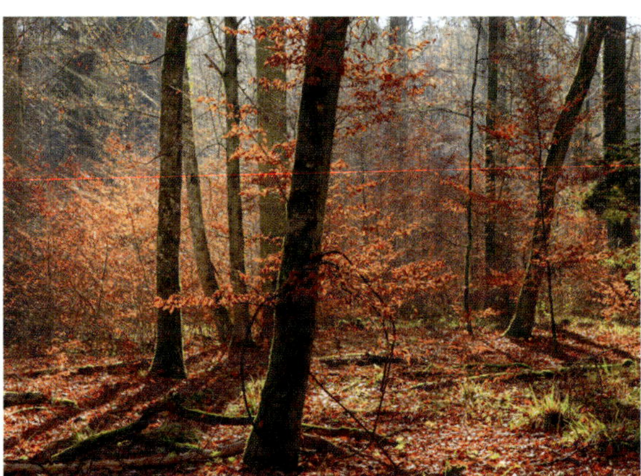

Herbstleuchten im Wald.

Wir gehen vom **Bahnhof in Böblingen** 1 zur Bahnhofstraße, die uns als Fußgängerzone zur querenden Herrenberger Straße bringt. Sie überqueren wir und kommen zu den **Böblinger Seen**. An ihnen wandern wir nun links entlang. Nach dem zweiten behalten wir mit dem Wanderzeichen blaues Kreuz noch kurz unsere Richtung bei. Bald überqueren wir aber den **Bach** 2 und wandern an ihm entlang weiter.

Links liegt die **Kindertagesstätte Wasserwerk**, die in einem Backsteingebäude im Stil alter Industriearchitektur untergebracht ist. An der Brücke zu dem Gebäude sind Gedichte von Rainer Maria Rilke und Ralph Künzler angebracht. Nach den rechts stehenden **Wohnblocks** 3 biegen wir rechts ab und kommen zur Schönbuchstraße. Ihr folgen wir nach rechts, wer will, kann aber auch nach links in den **Stadtgarten** wechseln, wo ein Weg durch die Allee der großen Bäume verläuft. Als Zeichen sehen wir jetzt den blauen Punkt.

Bald unterqueren wir die Bahnlinie. Danach steht links ein mächtiger Mammutbaum, kurz darauf zieht die Straße nach rechts. Hier zweigen wir links ab 4 in die Tiergartenstraße. Nach einem kurzen Stück bergauf halten wir uns am Wanderschild **Wasserberg** (462 m) 5 rechts. Es geht weiter leicht bergauf, dann kommen wir rechts des Geländes des Kleintierzüchtervereins in den Wald. Wir wandern an Kleingärten vorbei, überqueren einen Bach in einem breiten Wiesental und erreichen den **Waldrand**. Hier steht das Schild **Baumgartenwand** (479 m) 6.

Hier biegen wir rechts ab in das Baumgartenwandsträßle. Ihm folgen wir, bis es auf die **Tübinger Straße** trifft. Wir biegen rechts ab, überqueren aber kurz darauf die Straße

Die ehemalige Wallfahrtskirche in Mauren liegt inmitten einer Felderlandschaft.

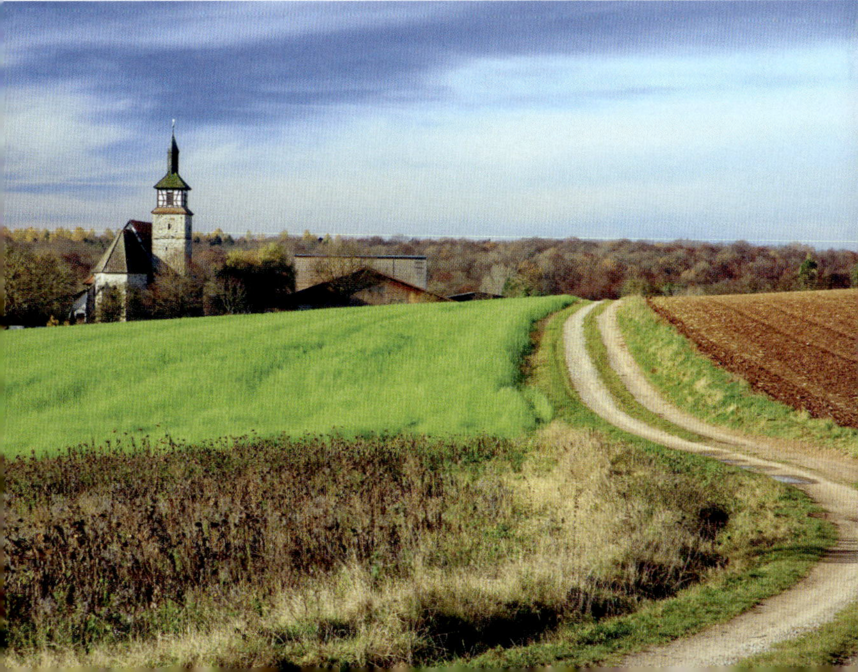

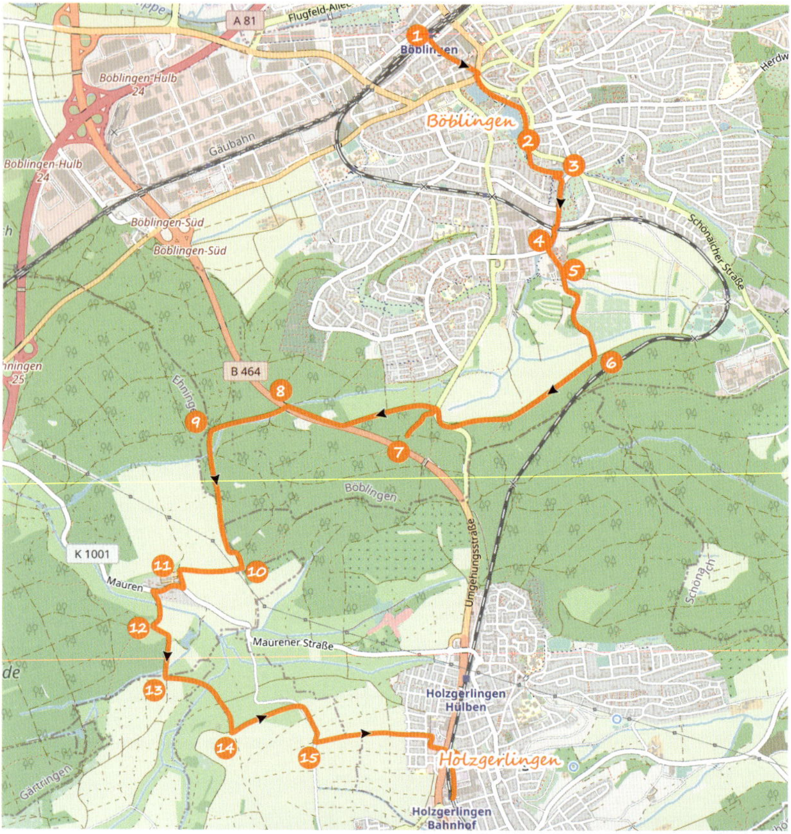

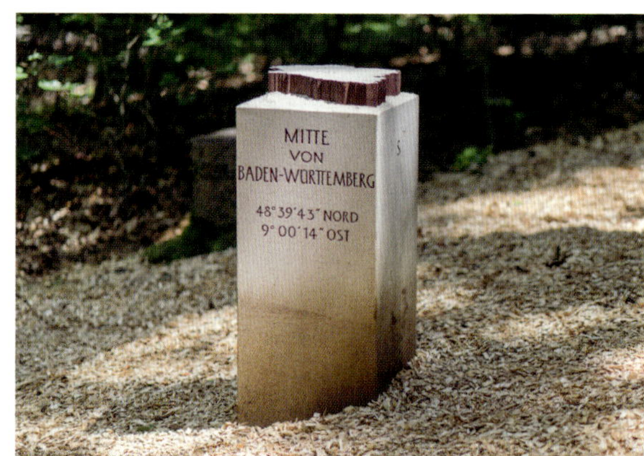

Der Mittelpunktstein liegt im dichten Wald. (Landratsamt Böblingen, Foto: Andreas Sporn)

nach links und kommen in den Wald. Vor uns sehen wir einen **Holzblock mit einem großen roten M**, ein erstes Zeichen für den »Mittelpunkt«. Später gehen wir geradeaus, rechts des Waldrands, weiter. Jetzt folgen wir aber der Beschreibung zum Mittelpunkt: Wir biegen links ab, folgen aber nicht dem gleich darauf links abgehenden Wanderweg, sondern gehen, begleitet von einigen Kunstwerken, geradeaus bergauf. Nach etwa 150 Meter werden wir wieder nach links verwiesen, dort erreichen wir den **Mittelpunkt Baden-Württembergs** 7.

Anschließend gehen wir wieder hinab zu dem großen M, biegen aber vor ihm links ab. Der Gutwiesenweg führt uns am Waldrand entlang. Bald treffen wir auf die links des Weges verlaufende B464. Wir gehen parallel zu ihr noch etwas weiter bis zu einer **Brücke** 8, hier unterqueren wir die Bundesstraße im Glemsbachweg. Dass der Weg nach »Mauren« gleich darauf links abgeht, ignorieren wir und wandern geradeaus weiter bis zu einer **Kreuzung** 9. Dort biegen wir mit dem Wanderzeichen blauer Punkt links ab.

Kurz darauf weist uns ein Schild auf eine Habitat-Baumgruppe hin. Wir kommen am Wanderschild **Maurener Hau** (461 m) vorbei und verlassen etwas später den Wald. Rechts sehen wir Wiesen und die Kirche des ehemaligen Wallfahrtsorts Mauren. Wir spazieren am Waldrand entlang bis zum Schild **Maurener Wald** (470 m) 10. Hier biegen wir rechts ab. Die **Maurener Kirche** 11 umgehen wir links und kommen zur Straße, wo wir das Schild Mauren Kirche (463 m) finden.

Wir folgen der Straße nach rechts. Rechts liegen ein Hofladen und ein Regiomat, aus dem man auch außerhalb der Öffnungszeiten des Ladens Lebensmittel entnehmen kann. Danach zweigt am Schild **Mauren Abzweig Würmtal** (459 m) ein Weg ab. Er bringt uns hinab zur Würm, danach wieder hinauf zu einem querenden Weg. Unterwegs sollten wir die riesigen, knorrigen Bäume in den Wiesen anschauen.

Immer wieder führt uns die Wanderung an Kunstwerken vorbei. (»cube« von Erich Hauser; Foto: Andreas Sporn)

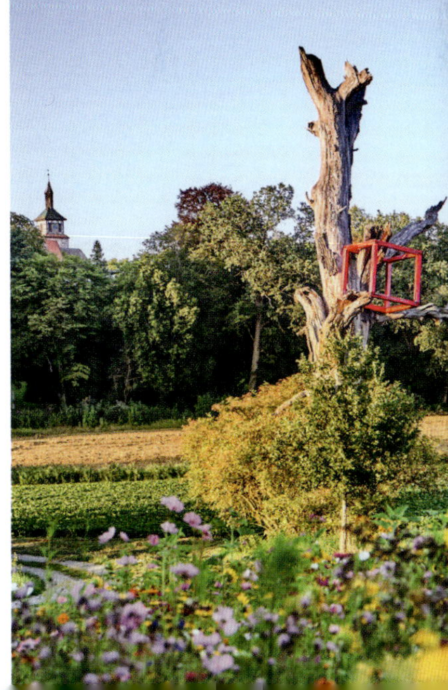

INFOS

Freizeitkarte F520 Stuttgart, 1:50 000, Landesamt für Geoinformation und Landentwicklung Baden-Württemberg (LGL)

www.boeblingen.de

Anfahrt: S-Bahn oder Bahn bis Böblingen
Rückfahrt: Schönbuchbahn ab Holzgerlingen

Böblingen, Bahnhof, GPS 48.687774, 9.005192

Am Abzweig bei dem **Kunstwerk »der Aussteiger«** 12 biegen wir links ab. Gleich darauf vor dem Kunstwerk »drei Quadrate« zieht der Weg nach rechts. Links sehen wir bald den durch seinen Schilfbestand erkenntlichen **Maurener See**. Danach biegen wir am **Kunstwerk »schmaler Kopfkarton«** 13 mit dem Radwegschild nach »Nürtingen« links ab. Wir wandern nun durch das weite Maurener Tal, bis der Weg nach einer scharfen Linkskurve zu einem Parkplatz führt. Hier gehen wir aber auf einem Naturpfad geradeaus weiter, nun steil bergauf bis zu dem bereits sichtbaren Kunstwerk »Quadrat« 14.

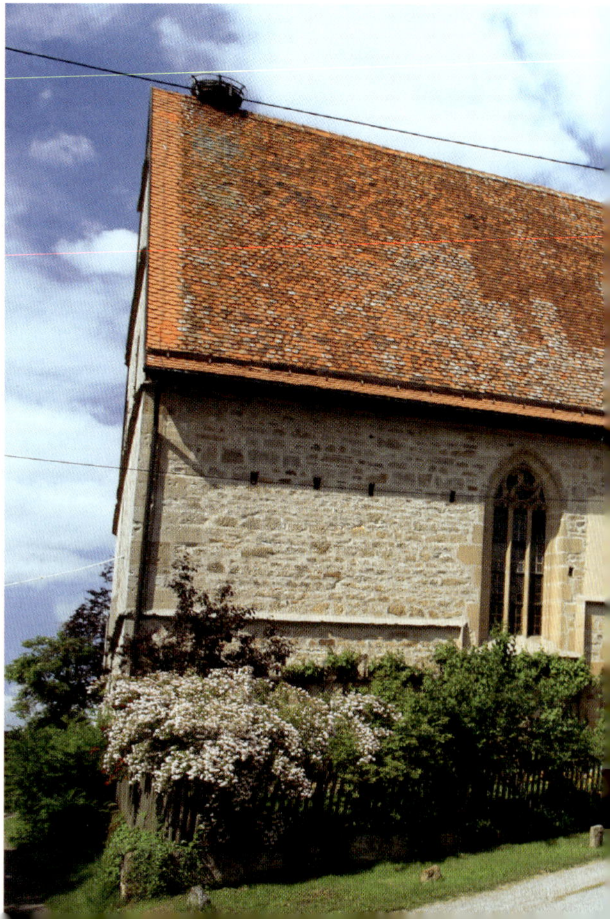

Oben können wir nicht nur das Kunstwerk, sondern auch den herrlichen Blick hinab ins Maurener Tal genießen. Danach biegen wir links ab und wandern entlang des Steilabfalls weiter. Nach dem **Kunstwerk »vor Anker«** zieht der Weg nach rechts. Bald haben wir den **Wasserturm** 15 erreicht. Hier orientieren wir uns links und spazieren auf Holzgerlingen zu. Vor den Häusern sehen wir noch zwei Kunstwerke: links das bunte **»der 9. Meridian«**, rechts das **»Trinoptikum«**. Danach gehen wir in das Neubaugebiet hinein. Wir queren die Werastraße und biegen am nächsten Weg rechts ab. Er zieht gleich nach links und wir unterqueren die Umgehungsstraße und die Bahnlinie. Danach geht es nach rechts zum **Holzgerlinger Bahnhof**, wo wir zur Rückfahrt in die Schönbuchbahn einsteigen können.

Zur Kirche in Mauren gab es einst Wallfahrten.

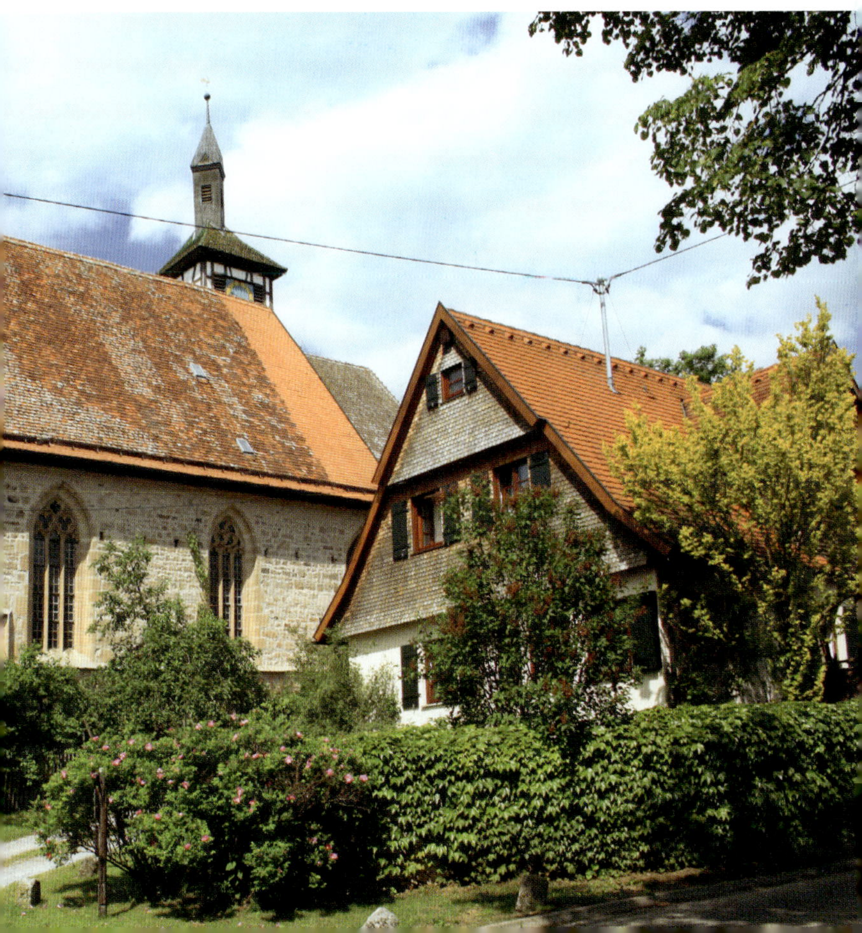

Land.Tour Wilde Wege

5

Von Steinenbronn zum Sulzbachstausee

1 ¾ Std
6 km
100 Hm

Steinenbronn – Klingenbach – Sulzbachtal – Sulzbachstausee – Obere Rauhmühle – Stausee – Steinenbronn

Neben gut zu gehenden Waldwegen verläuft diese Tour auch auf schmalen Naturpfaden. Sie können bei Nässe, Eis und Schnee rutschig sein, dann sollte man die Tour nicht unternehmen. Da der Stausee ein Hochwasserrückhaltebecken ist, können die Wege um ihn herum bei Hochwasser überflutet sein.

Klingenbach und Sulzbach, Stausee

Steinenbronn

»Wilde Wege« nennt sich diese Wanderung der Land.Touren. Das ist nicht allzu weit hergeholt. Auch wenn ein Teil der Wanderung auf guten Forstwegen verläuft, so wandern wir doch teilweise auch auf Pfaden, die es in sich haben, die schmal und rutschig sind, die aber durch einen recht urigen Wald und teilweise neben dem Bach verlaufen. Schöne Szenerien kann man hier sehen, wild ist tatsächlich der richtige Ausdruck dafür. Etwa in der Mitte der Wanderung kommen wir zum Sulzbachstausee. Mit seinem friedlichen Eindruck, eingebettet in dichte Wälder, eignet er sich bestens zur Entspannung, bevor wir wieder zurück wandern, jetzt aber auf einem bequem zu gehenden Weg.

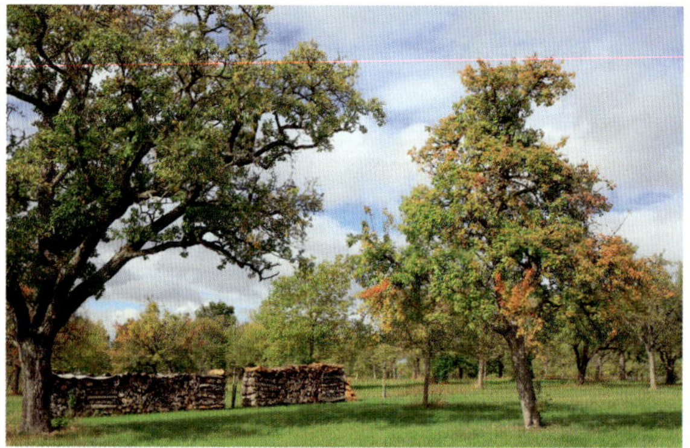

Wir gehen vom **Parkplatz** oder der **Bushaltestelle** in **Steinenbronn** zum **Kreisverkehr** und dem Wanderschild **Steinenbronn Kreisel** (424 m) ①. Als Wanderzeichen orientieren wir uns meistens am angebrachten gelben Ring. Dort folgen wir der Stuttgarter Straße nach Norden. Wir passieren die **Bronzeskulptur Beerlesklopfer** und das dahinterstehende Rathaus, danach das Schild **Lindenstraße** (430 m). Etwas später biegen wir am Schild **Stuttgarter Straße** (442 m) ② links ab in den Schafgartenplatz.

An der Kirche gehen wir mit dem gelben Ring rechts vorbei, queren die Vaihinger Straße und gehen danach bergab in die Wiesen. Dort überqueren wir den **Klingenbach** 3. Ab jetzt kommen wir an einigen Informationstafeln vorbei, die für Jung und Alt interessant sind.

Nun zieht der Weg nach links und wir kommen in den Wald. Erst begleitet uns der Klingenbach, später der Sulzbach. Immer wieder sieht man wilde Szenerien im und um das Bachbett im Wald. Wo der Wald etwas zurücktritt, sehen wir rechts einen kleinen, idyllischen **Weiher**. Am Schild **Kläranlage** (390 m) umgehen wir diese rechts. Danach müssen wir aufpassen, denn am Schild **Klingen-**

links: Streuobstwiesen bieten immer schöne Bilder

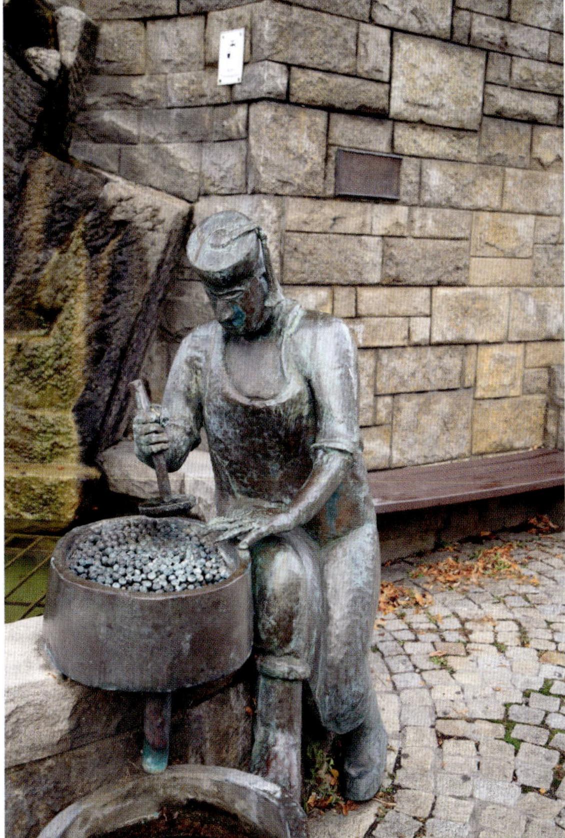

rechts: Der Beerlesklopfer erinnert an die Vergangenheit Steinenbronns.

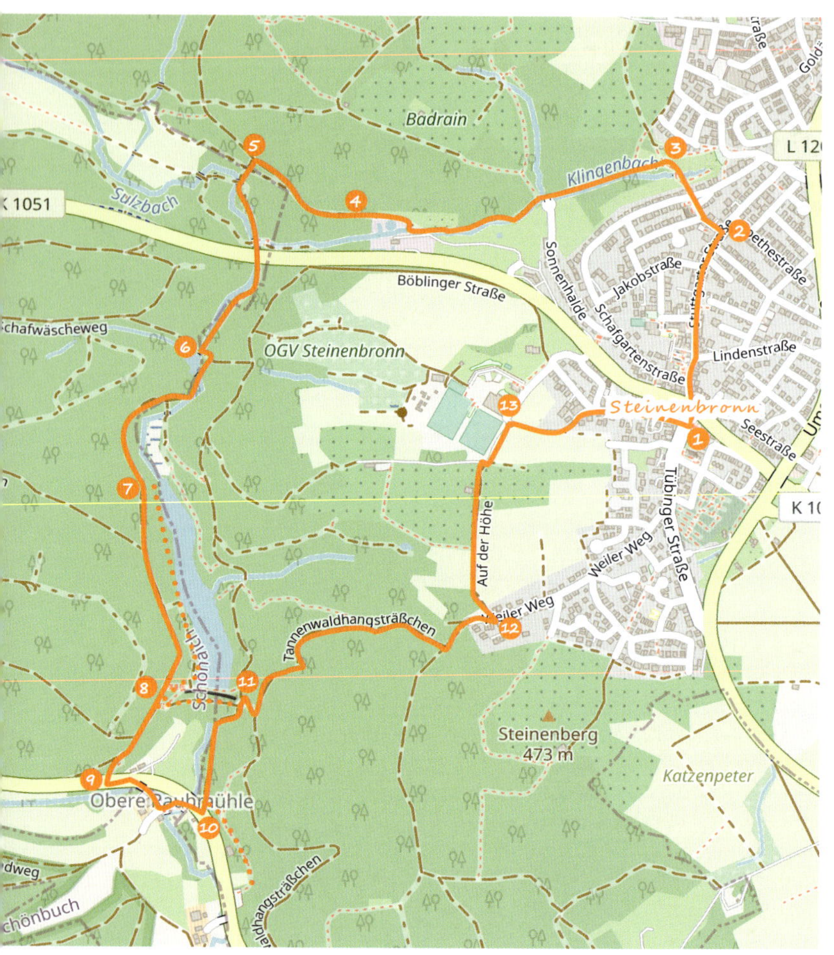

bachhalde (393 m) 4 müssen wir links auf einen schmalen Pfad abzweigen.

Etwas später quert ein unscheinbarer Pfad, hier weist uns das Zeichen nach links 5. Jetzt werden Weg und Wald immer wilder. Kurz darauf erreichen wir das Schild **Oberes Sulzbachtal Sulzbachsteg** (380 m). Nach rechts ginge es über eine Brücke, wir halten uns aber links. Der Pfad bringt uns vor den kanalisierten Bach, wo es nicht mehr geradeaus weitergeht. Wir orientieren uns kurz links, überqueren

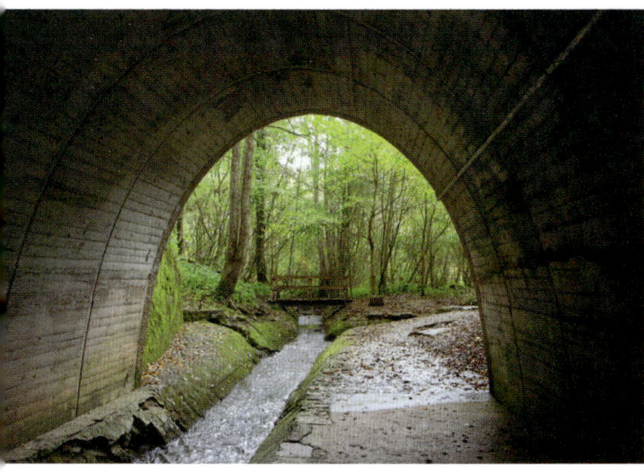

Blick durch den Straßentunnel auf den Wald - ein interessanter Gegensatz von Natur und Beton.

den Bach auf Trittsteinen und gehen auf der anderen Seite wieder nach rechts. Dort unterqueren wir die Straße durch einen Tunnel.

Am Schild **Sulzbachtal Maiermahd** (376 m) 6 halten wir uns links in den querenden Weg, gleich darauf am Schild **Sulzbachtal Maiermahd** (378m) biegen wir rechts ab in den Stauseeweg. Wir kommen an einem schönen Grenzstein mit den württembergischen Hirschstangen von 1986 vorbei, ignorieren den links abgehenden Weg und sehen einen weiteren Grenzstein.

Links liegt bald der Stausee, zu dem wir hingehen können 7. Dort können wir dem Pfad direkt entlang des Sees folgen. Vor der **Staumauer** gehen wir wieder nach rechts hinauf. Wer will, kann hier abkürzen, indem er über die Staumauer nach links zum Schild **Sulzbach-Staumauer Ost** (384 m) 11 geht. Ansonsten gehen wir nach rechts zum ursprünglichen Weg 8 und folgen ihm nach links. An der Verzweigung beim Schild **Sulzbachhalde** (394 m) gehen wir geradeaus weiter in Richtung »Obere Rauhmühle«. Der Weg fällt nun, gleich darauf werden wir aber auf einen links abgehenden Steig verwiesen, der uns steil hinab zur **Straße** 9 bringt. Etwas nach links versetzt geht es auf der anderen Seite weiter zur **Oberen Rauhmühle**.

Dort biegen wir links ab, überqueren eine Brücke und wandern zur Straße. Im Jahr, als dieses Buch entstand, war diese Brücke aber gesperrt. Man bog deshalb vor der Rauhmühle links ab und folgte den Wegspuren durch die Wiese, die einen auf die andere Seite der Brücke, danach zur Straße führten. Hier sieht man einen interessanten Grenzstein, denn hier verlief die Grenze zwischen den einstigen Oberämtern Stuttgart und Böblingen.

Wir überqueren die Straße zum Schild **Otto-Renner-Weg** (363 m) 10. Nun gehen wir hinauf zur **Staumauer**. Rechts steht das Schild **Sulzbach-Staumauer Ost** (384 m) 11. Hier kommt man von links an, wenn man den Weg über die Staumauer abgekürzt hat. Nun nehmen wir den steilen Steig, der hinter dem Schild mit dem Wanderzeichen blauer Punkt hinaufführt.

An dem querenden Forstweg biegen wir links ab. Wald und Weg sind nun recht zahm, aber ein Schild weist uns

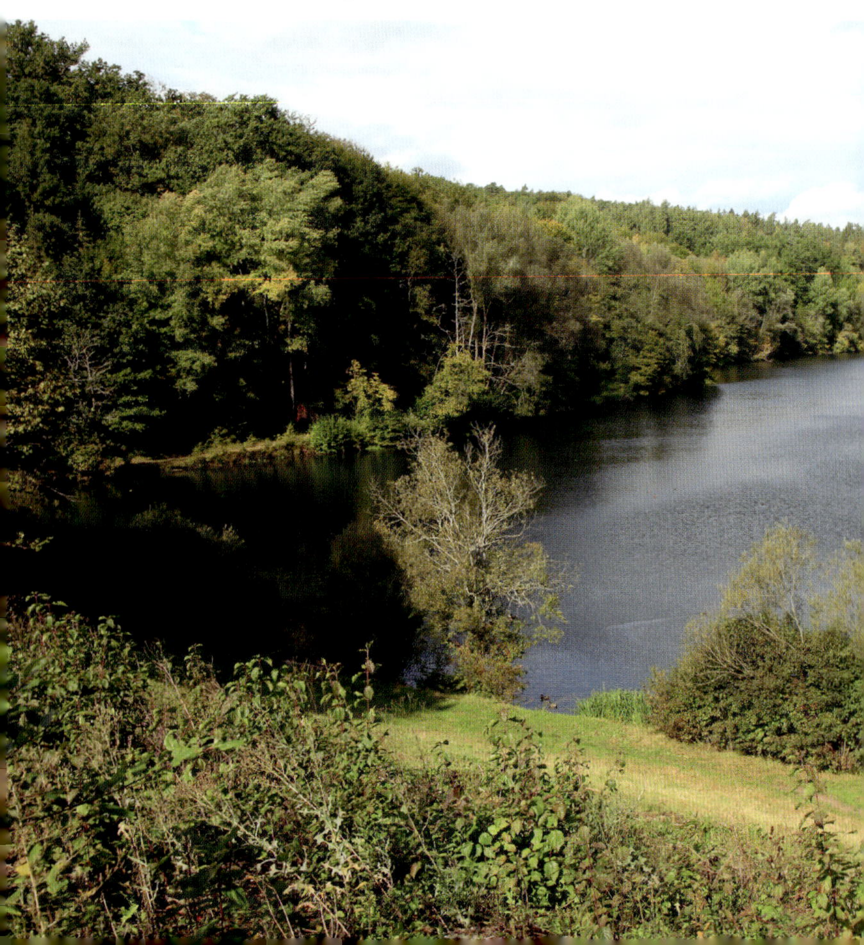

bald auf die Waldrefugien hin, die es hier gibt. Der Weg führt uns in einigen Windungen zu einem querenden Forstweg. Wir biegen links ab und verlassen bald den Wald. Es geht kurz durch die Wohnstraße, dann biegen wir am Schild **Weiler Weg** (444 m) 12 links ab. Nun wandern wir zwischen Wiesen, Feldern und Streuobstwiesen sanft ansteigend bis zu einem Haus, danach wieder hinab zum Sportplatz. Vor der **Sporthalle** 13 biegen wir rechts ab. Wir folgen nun der Seilerstraße durch Steinenbronn bis zur querenden **Tübinger Straße**. Dort biegen wir am Schild Tübinger Straße (425 m) links ab und kommen wieder zurück zum Kreisverkehr mit Bushaltestelle und Parkplatz.

INFOS

W228 Stuttgart, 1:25 000, Landesamt für Geoinformation und Landentwicklung Baden-Württemberg (LGL) in Zusammenarbeit mit dem Schwäbischen Albverein e.V.; Wanderkarte mit Radwegen Stuttgart Südwest Blatt 50-539, 1:25 000, NaturNavi

https://schoenbuch-heckengaeu.de; www.steinenbronn.de

Bus bis Steinenbronn, Haltestelle Kirche

Steinenbronn, Parkplatz westlich des Kreisverkehrs zwischen Schönaicher Straße, Stuttgarter Straße und Tübinger Straße, GPS 48.660091, 9.119026

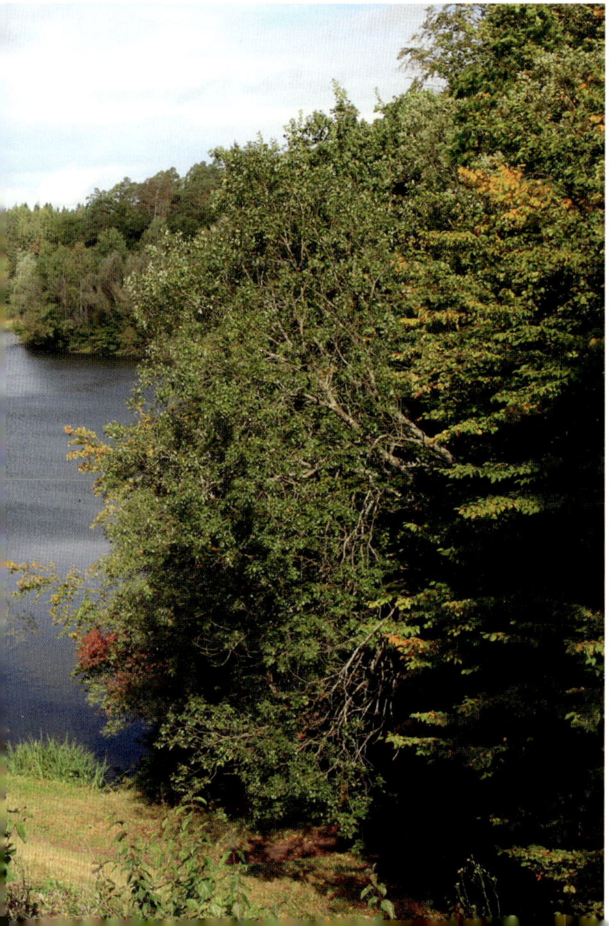

Wenn man den Sulzbachstausee in seiner Länge sieht erinnert er etwas an einen kleinen Fjord.

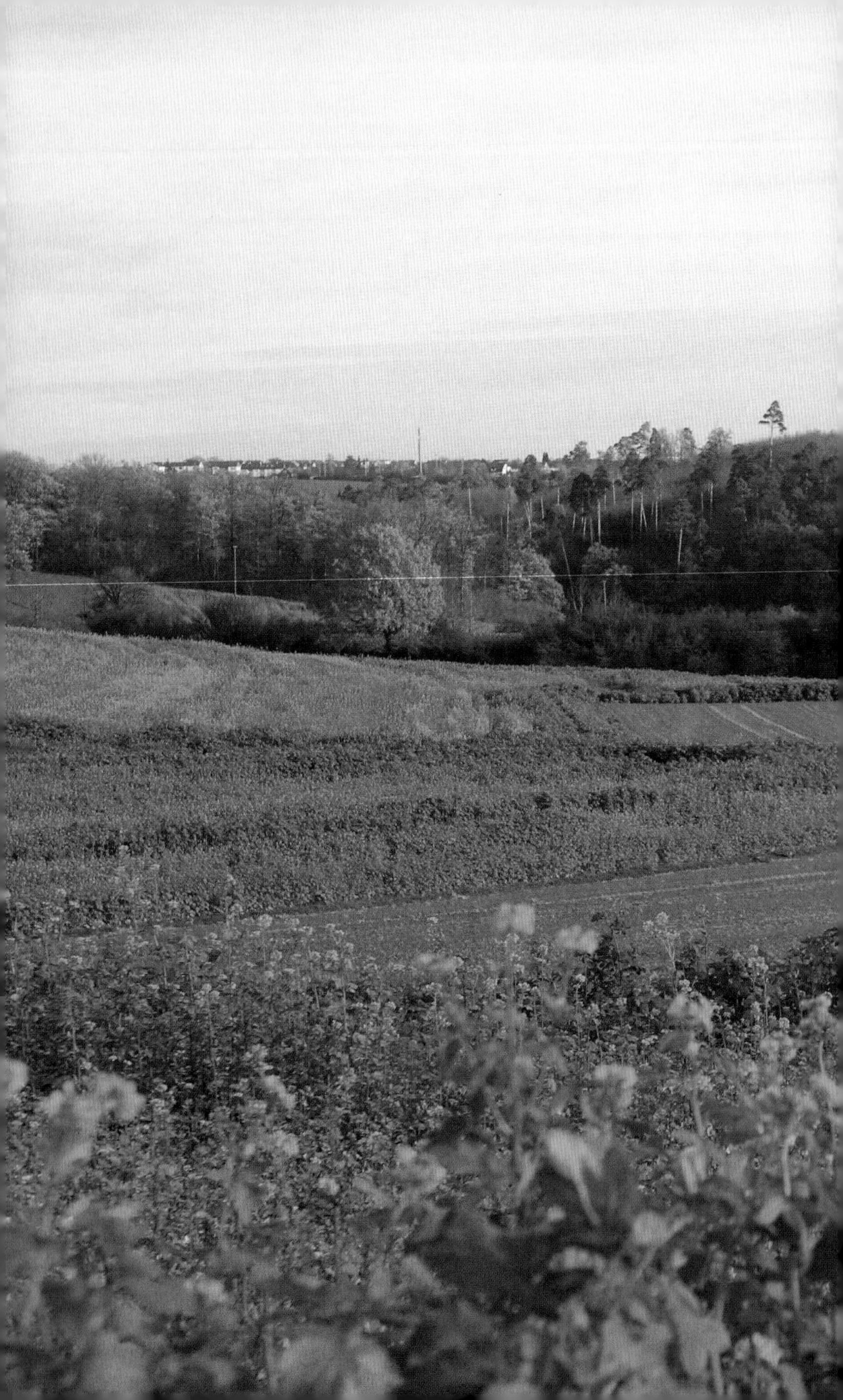

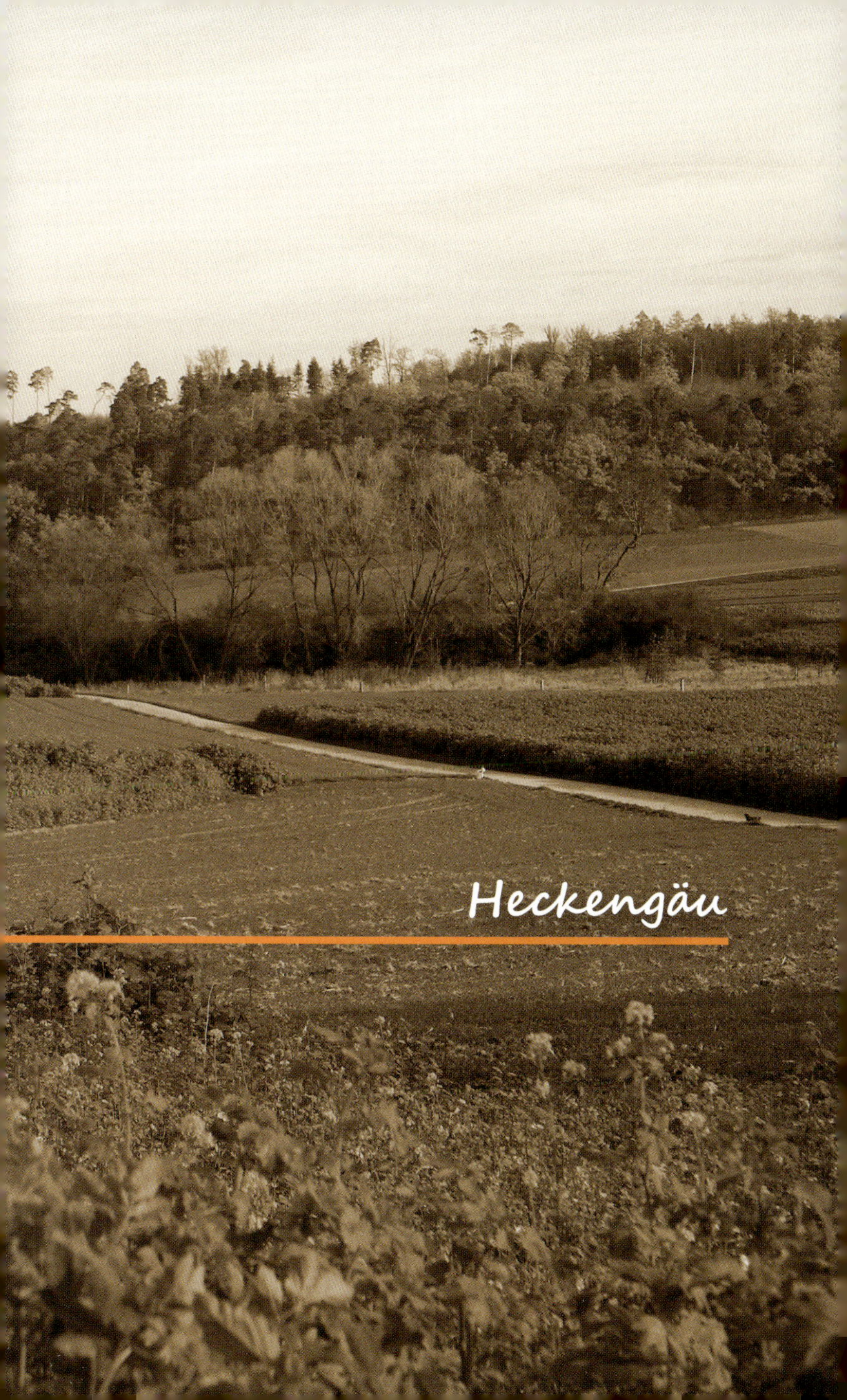

Heckengäu

Heckengäu

Das im Schnitt bis zu 400 Meter hoch gelegene Heckengäu weist einen ganz eigenen Landschaftscharakter auf, da ihm im Gegensatz zu den anderen Gäulandschaften des Stroh- und des Korngäus die fruchtbare eiszeitliche Lössschicht fehlt. Besonders reizvoll ist diese Landschaft im Frühjahr zur Zeit der Schlehenblüte, daher auch der andere Name Schlehengäu. So taucht der Name Heckengäu auch erst im 20. Jahrhundert auf und noch 1931 schrieb Robert Gradmann, man spreche »scherzhaft« vom Heckengäu. Es ist eine lebhaft modellierte Muschelkalklandschaft mit vielen Trockentälern und einem kleinteiligen Wechsel von Äckern, Wiesen und Waldstücken. Zu seinem Charakter gehören aber auch die Heiden mit ihren Trocken- und Halbtrockenrasen, Wacholdern und die Hecken mit dornenbewehrten Büschen wie Rosen, Schwarzdorn, Weißdorn und Berberitze. Sogenannten Trockenrasen findet man oft auf magerem, kalkhaltigem, ungedüngtem und trockenem Untergrund, oft an südexponierten Hängen. Echten Trockenrasen, der auch oft blanke Stellen oder Fels aufweist, gibt es allerdings selten. Häufiger ist der sogenannte Halbtrockenrasen. Er gedeiht auf etwas feuchteren und tiefgründigeren Nordhängen, die oft auch schattiger sind. Hier ist die Pflanzendecke auch geschlossen.

Die Bodenkrume aus Muschelkalk-Verwitterungsboden ist hier sehr dünn, die Böden sind arm und steinig; daher versickert das Regenwasser rasch im Boden und der Untergrund weist eine große Trockenheit auf. Durch die Kraft der Erosion werden auch immer wieder neue Steine aus dem Untergrund auf den Äckern freigelegt, sogenannt »nachwachsende« Steine. Sie wurden von den Bauern am Rand der Grundstücke auf Lesesteinriegeln abgelegt, auf denen im Laufe der Zeit oftmals Hecken wuchsen.

Die Hecken erfüllen wichtige Funktionen, denn sie schützen als lebende Zäune vor Wind und Erosion; sie sollen auf engstem Raum die größte Vielfalt an Kleinstandorten in den mitteleuropäischen Kulturlandschaften bieten. So können in einer Hecke bis zu 1800 verschiedene Tier- und 50 bis 70 verschiedene Pflanzenarten leben. Obwohl die

Wacholderheiden selbst relativ artenarm sind, findet der Pflanzenliebhaber doch viele seltene Pflanzen wie den Kreuz-Enzian, das Männliche und das Helm-Knabenkraut, die Bienen- und die Fliegenragwurz, Hyazinthen, Küchenschellen, die Mücken- und die Wohlriechende Händelwurz und das Weiße Waldvögelein. Weitere Blühpflanzen sind die pfirsichblättrige Glockenblume, die Ästige Graslilie in ihrem zarten Weiß, das Sichelblättrige Haselohr und das stark duftende, gelbe Echte Labkraut.

Beispiele für die Fauna sind das Rebhuhn, der Neuntöter, die Gartengrasmücke, die Mönchsgras- und die Klappergrasmücke, die Feld- und die Blattwespe, das Nachtpfauenauge und der Nachtschwalbenschwanz, Erdkröten und Zauneidechsen, außerdem verschiedene Spitzmausarten, die Haselmaus und der Siebenschläfer. Die oft sonnigen und heißen Hänge und Steinriegel sind Lebensraum für verschiedene Kriechtiere, wie Blindschleiche und Mauereidechse, außerdem Glatt- oder Schlingnatter. Auch unzählige Schmetterlingsarten wurden festgestellt.

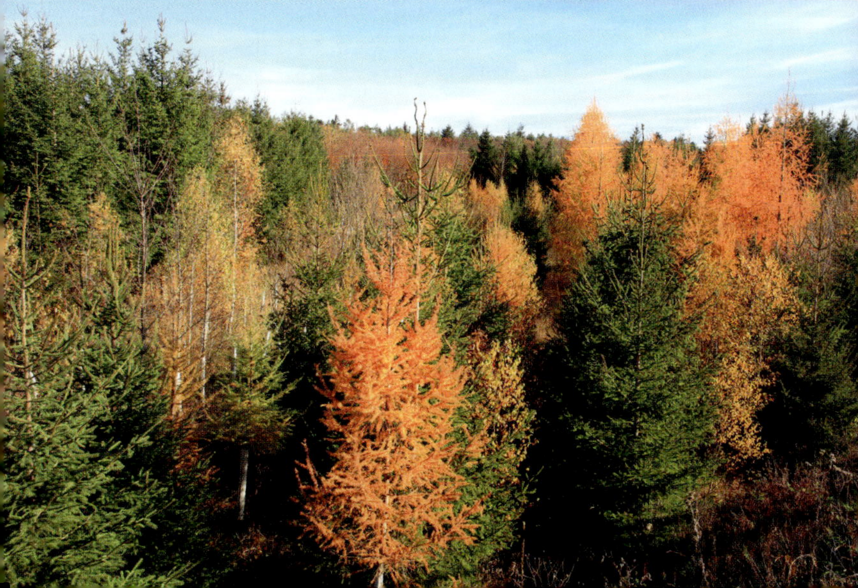

Auf dem Ettlesberg 6

Landschaftserlebnis zwischen Weissach und Flacht

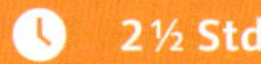

2½ Std.

9 km

160 Hm

Weissach/Bahnhof – Burgmühle – Höhenweg – Ettlesberg/Friedenshöhe – Lindenallee – Weissach

Wir wandern überwiegend auf festen Wegen, nur kurze Stücke sind unbefestigt.

Aussicht, Lindenallee auf dem Ettlesberg

Weissach

Die Gegend um die beiden Orte Weissach und Flacht weist zwar keine ganz großen Sensationen auf, ist aber dafür das, was man eine liebliche Landschaft nennen kann. Wir wandern zuerst neben dem mäandernden Strudelbach, danach geht es auf die Höhe. Hier beginnt eine aussichtsreiche Panoramastrecke zwischen Feldern, Wiesen, Streuobstwiesen und Hecken, die uns weite Blicke über die sanft gewellte Landschaft bietet. Durch die imposante Lindenallee, dann wieder zwischen Feldern und Wiesen geht es zurück nach Weissach.

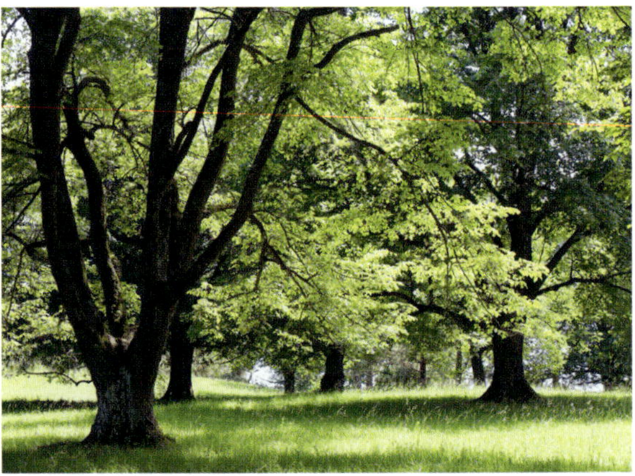

Die mächtigen Bäume der Lindenallee am Ettlesberg bezaubern zu jeder Jahreszeit.

Entlang der **Bahnhofstraße** 1 in Weissach finden wir einige Parkmöglichkeiten. Dann folgen wir der Straße ortsauswärts nach Osten. Nach der **Tankstelle** zweigen wir links ab und wandern am ehemaligen **Bahnhof** vorbei. Danach verlassen wir den Ort und spazieren gemütlich durch das idyllische Strudelbachtal. Schließlich liegt links die **Burgmühle**, hier halten wir uns kurz links, dann wieder rechts 2 und wandern auf den Pfaden über die Wiese oder direkt am Bach entlang.

Die Lindenallee und der Frieden

Die Lindenallee auf der Friedenshöhe entstand 1872, als anlässlich des Friedensschlusses nach dem Deutsch-Französischen Krieg fast 100 Linden auf einer Strecke von einem Kilometer gepflanzt wurden. Davor feierte die Gemeinde Flacht am 6. März 1871 ein Friedensfest. Zu diesem Anlass wurde auf dem höchsten Punkt des Ettlesberges eine von vier Friedenslinden umgebene Kaiserlinde eingepflanzt. Rund zwei Wochen später gab es eine weitere Feier, mit einem Friedensmarsch der Schule von Flacht, der über Rutesheim bis nach Perouse führte. Die Begeisterung war so groß, dass der Bäcker »Friedensbrezeln« backte. 2011 wurde der Friedensweg eingerichtet. Die Lindenallee ist mit ihrem Trockenrasen als Naturdenkmal geschützt. Von der Friedenshöhe hat man eine beeindruckende Aussicht, die bis zum Heuchelberg reicht.

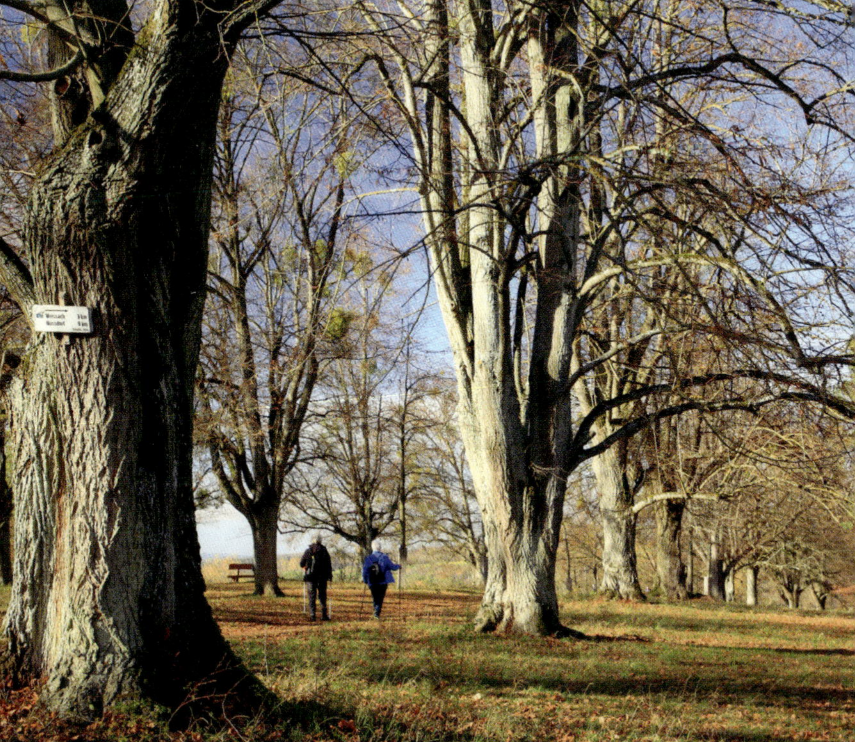

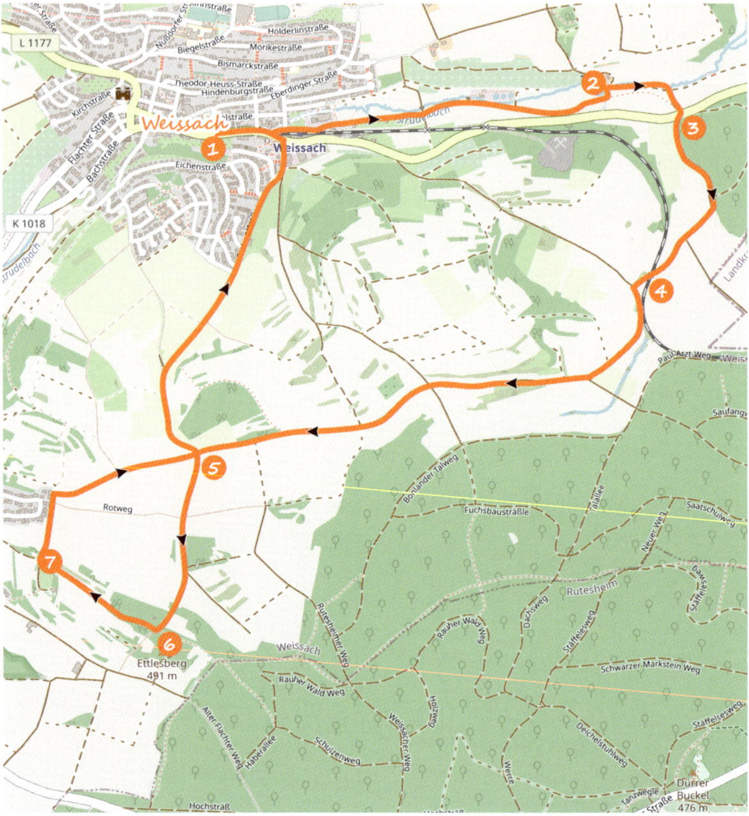

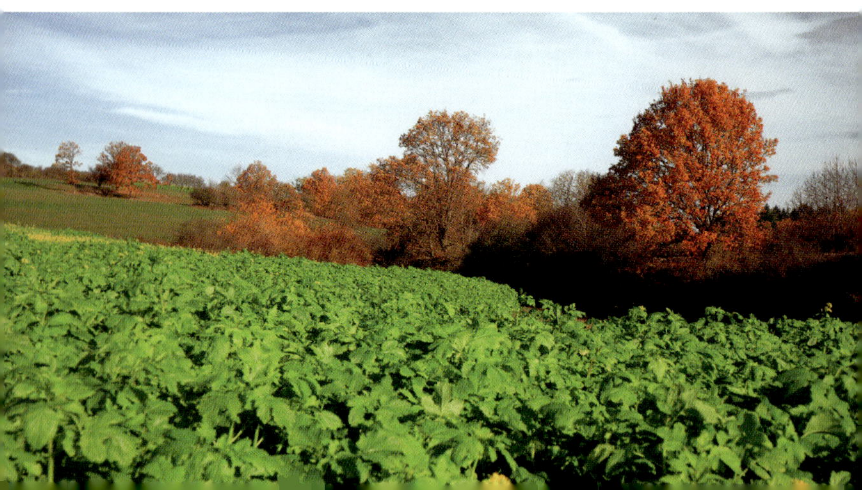

Etwas später folgen wir dem Weg, der nach rechts hinauf zur **Straße** 3 führt. Hinter ihr geht es auf einem Asphaltweg bergauf. Nach einiger Zeit überqueren wir die Gleise 4. Kurz danach biegen wir an dem querenden Weg links ab.

Wir folgen weiter dem Weg bis zu einer **Kreuzung** 5, an der ein Nussbaum steht und wir Radschilder sehen; hier quert der mit dem blauen Balken markierte Wanderweg. Nun biegen wir links ab und wandern sanft ansteigend bis hinauf zur querenden **Lindenallee** auf dem **Ettlesberg** 6.

Hier biegen wir mit dem Zeichen blaue Raute rechts ab und wandern zwischen den Linden wieder bergab. Wo links das **CVJM-Heim** liegt, befindet sich rechts ein **Rastplatz** 7 mit einer Grillstelle und vor uns ein Parkplatz. Wir folgen nun dem Wanderzeichen nach rechts bergab zu den **Häusern**. Dort nehmen wir den zweiten rechts abgehenden Weg. Er bringt uns zu der bekannten **Kreuzung mit dem Nussbaum** 5.

Jetzt biegen wir mit dem blauen Balken links ab und gehen auf Weissach zu. An einer **Verzweigung** nach einer kleinen Streuobstwiese weist das Wanderzeichen nach links. Wer ins Zentrum von Weissach will, weil er dort vielleicht einkehren möchte oder geparkt hat, folgt dem linken Weg. Ansonsten gehen wir auf dem rechten Weg bergab. Wir wandern bald rechts der Häuser. Bei Haus **Grabenstraße 7** zieht die Straße nach links zur nächsten Querstraße (Bahnhofstraße). Vor uns sehen wir das ehemalige Bahnhofsgebäude, nach links zum jeweiligen Ausgangspunkt führt hier die Bahnhofstraße.

INFOS

Freizeitkarte F520 Stuttgart, 1:50 000, Landesamt für Geoinformation und Landentwicklung Baden-Württemberg (LGL); Wanderkarte mit Radwegen Stuttgart Nordwest Blatt 50-541, 1:25 000, NaturNavi

www.weissach.de

S-Bahn bis Renningen oder Leonberg, weiter mit dem Bus bis Weissach, Haltestelle Bahnhof

Weissach, Bahnhofstraße, GPS 48.846582, 8.931662

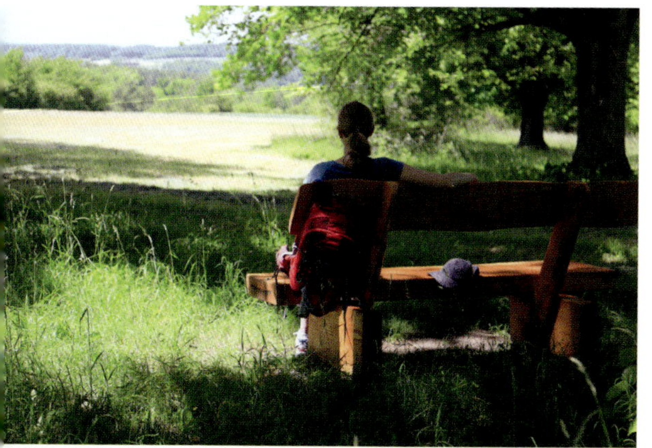

links: Felder, Hecken und Gehölzgruppen bilden eine reizvolle Mischung.

rechts: Rast mit Aussicht am Ettlensberg.

Wilder Wald und weite Wiesen 7

Waldwanderung bei Perouse

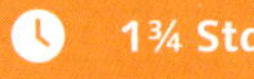 1¾ Std.
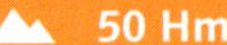 7,1 km
50 Hm

Perouse Waldparkplatz – Grillhütte – Mammutbaum – Doline – Waldrand – Perouse Waldparkpatz

Die Wanderung verläuft auf festen Wegen.

Mammutbäume, Perouse

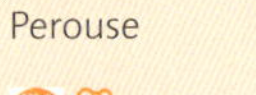
Perouse, Freizeitpark Rutesheim

Am Anfang dieser Tour wandern wir durch einen Wald, der zum Teil recht urige Szenerien aufweist. Auch zwei Mammutbäume, einer davon macht seinem Namen auch alle Ehre, liegen auf der Strecke. Vorbei an einer als Naturdenkmal geschützten großen Doline geht es zum Waldrand und entlang einer weiten Wiesenfläche wieder zurück. Nach dieser kurzen Wanderung kann man den Tag im nahen Freizeitpark Rutesheim ausklingen lassen. Dort gibt es einen Waldklettergarten, verschiedene Spielmöglichkeiten für Kinder und Einkehrmöglichkeiten.

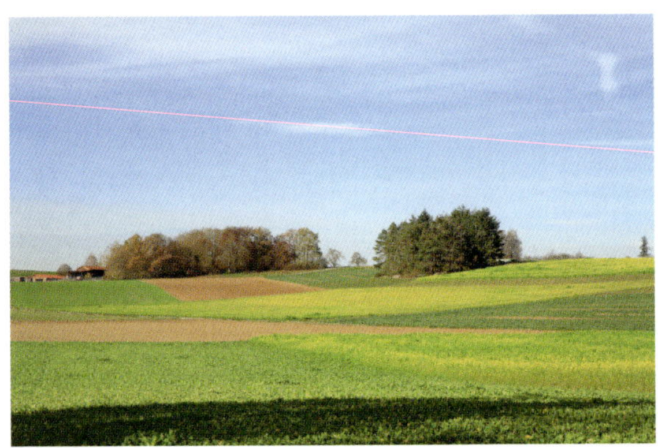

Die Felder zeigen ein schachbrettartiges Muster.

Wir gehen vom **Parkplatz** bei Perouse ❶ aus in den Wald. Dort biegen wir rechts in den Waldhüttenweg ein, ab jetzt begleitet uns das Wanderzeichen blauer Balken eine ganze Weile. Der Weg führt an der **Tannenwaldhütte** vorbei, danach beschreibt er eine Rechtskurve und bringt uns zu einer **Grillhütte** ❷. Vor ihr steht ein Mammutbaum, allerdings ist er noch nicht sehr groß.

Hier biegen wir links ab. Der Weg zieht bald zweimal nach rechts und wir erreichen wieder einen **Mammut-**

Perouse

Perouse wurde 1699 durch etwa sechzig Waldenserfamilien gegründet, die aus ihrer Heimat in der Region Piemont vertrieben worden waren und hier, in der vom Dreißigjährigen Krieg her noch nahezu unbewohnten Gegend, angesiedelt wurden. Das Kirchlein wurde 1738 als Betsaal errichtet und zum Jubiläumsjahr 1899 auf die heutige Größe erweitert. Bis 1823 wurde hier noch französisch gepredigt. Wir sollten die Inschrift über der Türe: »Gott alleinn zue Ehr 1738« und den Brunnen mit der Büste des Waldenserführes Henri Arnaud hinter ihr beachten.

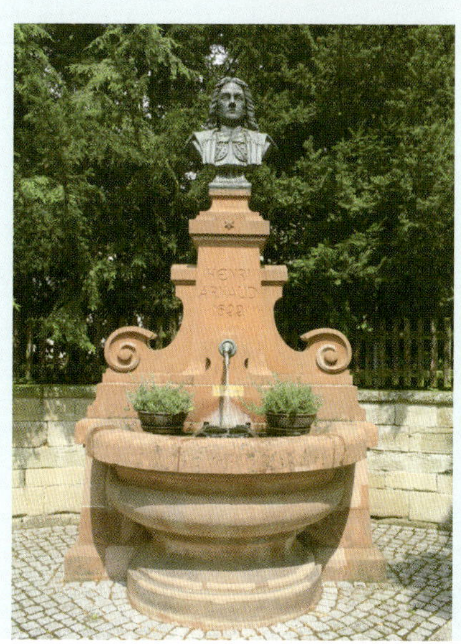

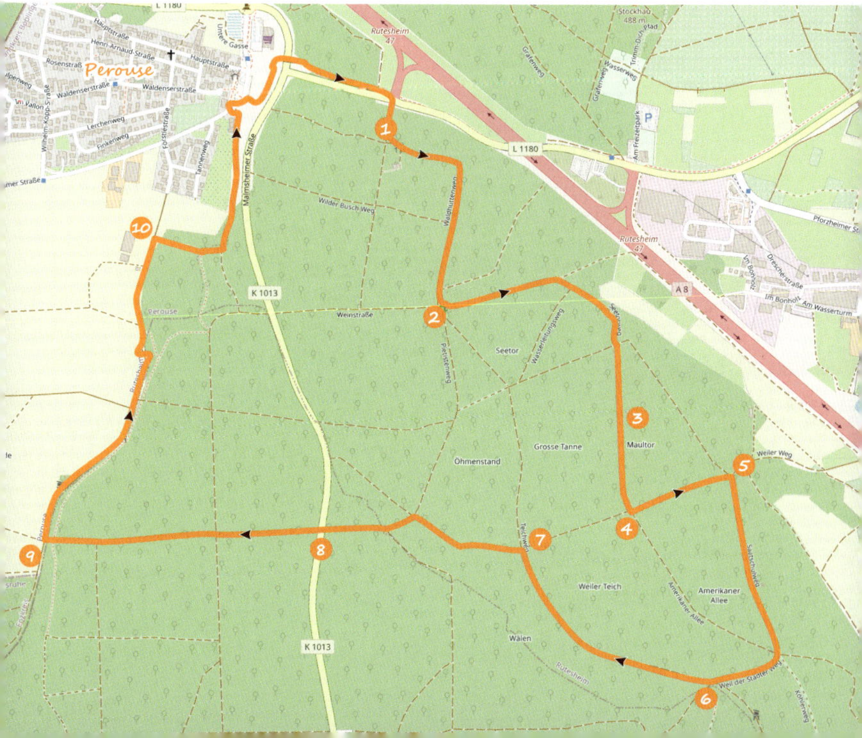

baum 3; dieses Mal ist es ein recht stattliches Exemplar. Auch eine Erklärung zu dieser Baumart steht auf einem Schild.

Wir erreichen eine **Kreuzung** 4, wo wir uns mit dem blauen Balken links halten. An der nächsten **Kreuzung** 5 vor einer Linkskurve folgen wir dem Wanderzeichen nach rechts in den Saatschulweg. An der nächsten Kreuzung gehen wir noch geradeaus weiter, der Weg beschreibt aber gleich eine Rechtskurve und fällt ab zu einer weiteren **Kreuzung** 6. Geradeaus sehen wir einen Grenzstein von 1840. Die Rille zeigt den genauen Grenzverlauf an, sie weist sogar einen Knick auf.

Wir halten uns an der Kreuzung rechts in den Teichweg. An der nächsten **Kreuzung** 7 biegen wir links ab in den Weilerweg. Gleich darauf liegt rechts die als Naturdenkmal geschützte **Doline Grandeloch**. An ihrem Namen kann man schön die Kombination der französischen Ursprache der Waldenser (grande) mit dem deutschen »Loch« erkennen.

Einer der Mammutbäume unterwegs ist ein recht stattliches Exemplar.

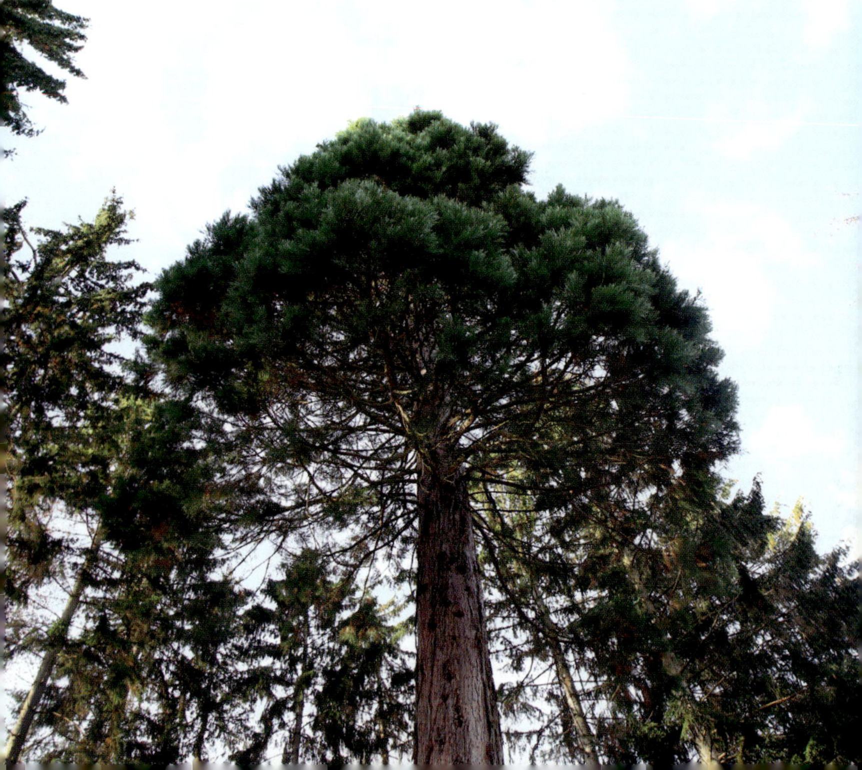

Der Weg steigt an bis zu einem Querweg. Hier biegen wir links ab. An der nächsten Verzweigung halten wir uns rechts zur bereits sichtbaren Schranke. Nach ihr überqueren wir die Straße **K1013** 8 und gehen dahinter in der Welschfeld Allee geradeaus weiter.

Wir behalten unsere Richtung bis zum **Waldrand** 9 bei. Dort biegen wir rechts ab. Nun wandern wir am Waldrand entlang und haben nach links einen schönen, weiten Blick über die Felder. Nach einem **Spielplatz** fällt der Weg etwas, danach biegen wir am nächsten Weg 10 rechts ab in den Wald. Dort halten wir uns an dem querenden Weg links und kommen etwas später zu den ersten Häusern von **Perouse**.

Nach einem Linksbogen halten wir uns an der Querstraße rechts, biegen aber gleich darauf mit dem Radwegschild nach »Rutesheim« rechts ab. Wir überqueren eine Straße und wandern bis zur Autobahneinfahrt, wo rechts davon unser **Parkplatz** liegt.

INFOS

Freizeitkarte F520 Stuttgart, 1 : 50 000, Landesamt für Geoinformation und Landentwicklung Baden-Württemberg (LGL); Wanderkarte mit Radwegen Stuttgart Nordwest Blatt 50-541, 1 : 25 000, NaturNavi

www.rutesheim.de

S-Bahn bis Leonberg, weiter mit dem Bus bis Haltestelle Perouse Hauptstraße

Perouse, Parkplatz an der L 1180, gegenüber der Einfahrt zur Autobahn A 8 in Richtung Stuttgart, GPS 48.813398, 8.914105

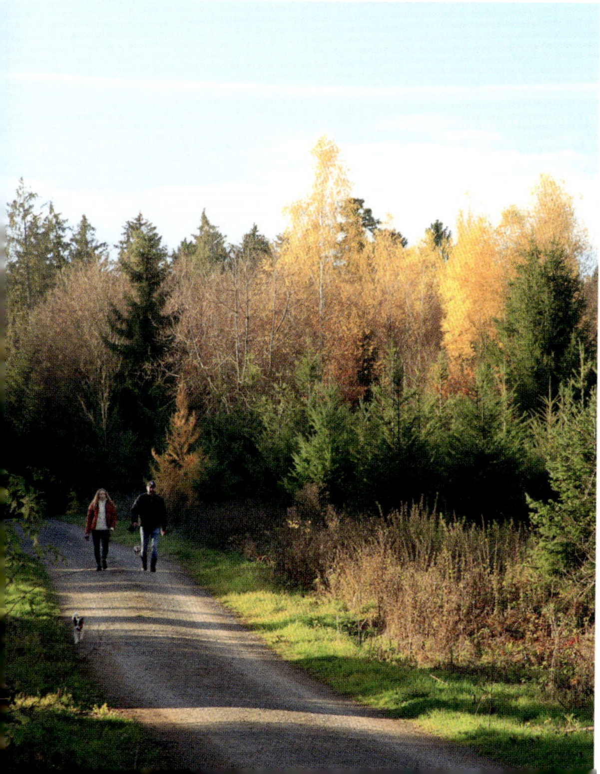

Die Mischung zwischen grünen und herbstbunten Bäumen ergibt ein reizvolles Bild.

Das höchste Lebewesen der Welt und ein Hochseilgarten

8

Von Gebersheim nach Rutesheim

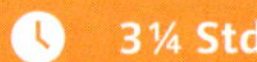 3¼ Std.
↦ 13 km
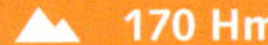 170 Hm

Gebersheim/Sportplätze – Spielplatz – Spielplatz Lerchenberg – Freizeitpark Rutesheim – Ettlesberg/Friedenshöhe – Gebersheim

Wir wandern auf festen Wegen. Wer den Grillplatz auf dem Spielplatz Lerchenberg nutzen möchte, muss sich vorher die Erlaubnis bei der evangelisch-methodistischen Gemeinde einholen.

Streuobstwiesen, Wald, Mammutbäume

Freizeitpark

Diese schöne Wanderung verläuft praktisch ohne Höhenunterschied am Waldrand entlang zum Freizeitpark Rutesheim, wo man einkehren kann. Außerdem gibt es dort jede Menge Spielmöglichkeiten für die ganze Familie, vom Hochseilgarten bis zu Minigolf oder PitPat. Zu Beginn der Wanderung kommt man an einem schönen Spielplatz vorbei, später folgt ein weiterer, bei dem wir zwei prächtige Mammutbäume entdecken – sie können sich zu den höchsten Lebewesen der Welt entwickeln. Auf dem Rückweg treffen wir im Wald zwei weitere Mammutbäume, die zwar unten nicht so ausladend sind, dafür aber eine beträchtliche Höhe entwickelt haben.

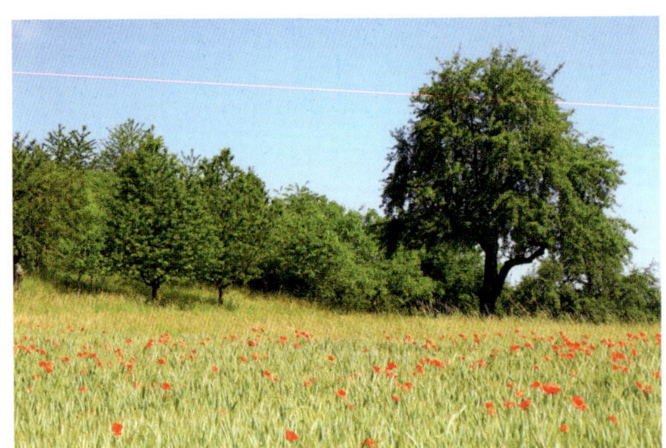

Der rote Klatschmohn in den Getreidefeldern gehört zu den reizvollsten Sommerbildern.

Wer mit öffentlichen Verkehrsmitteln nach Gebersheim anreist, wandert ab der Bushaltestelle Rathaus in der nach Norden abgehenden Dobelstraße hinauf zu den Sportplätzen; als Wanderzeichen gilt die blaue Raute. Dort oben gibt es auch einen **Parkplatz** 1. Danach folgen wir dem Wanderzeichen weiter bis zu einem **Spielplatz** 2 bei einem mächtigen Baum. Hier bietet sich uns nach links auch ein weiter Blick über die Landschaft.

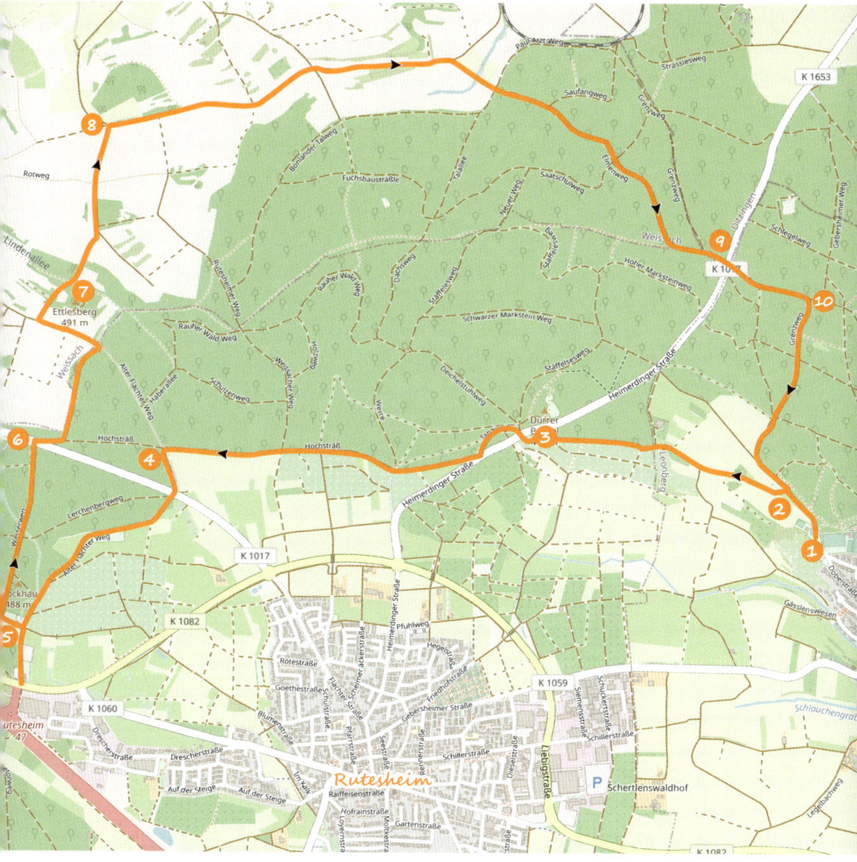

Wir biegen vor dem Spielplatz links ab und wandern erst zwischen den Feldern, danach am Waldrand entlang weiter. Unterwegs kommen wir an einigen Schildern vorbei, auf denen die verschiedenen Bäume des Jahres erklärt werden.

Schließlich erreichen wir die **Heimerdinger Straße** 3. Auf der anderen Seite folgen wir dem Tanzwegle kurz durch den Wald bis zum Weg Hochsträß. Ihm folgen wir bis zu einer Waldecke, wo wir links in den Alten Flachter Weg einbiegen 4. Bald überqueren wir die **Flachter Straße**, danach erreichen wir den **Spielplatz Lerchenberg**. Hier sehen wir auch die beiden erwähnten Mammutbäume.

Wir folgen weiter dem Weg am Waldrand entlang bis zum rechts im Wald liegenden **Hochseilgarten bzw. Frei-**

Mammutbäume

Der amerikanische (Gebirgs-)Mammutbaum (Sequoiadendron giganteum) wurde erst 1850 von dem Engländer Lobb in der Sierra Nevada (Kalifornien) entdeckt. Er fand dort einen Bestand von neunzig Bäumen des bis dahin unbekannten, zur Familie der Sumpfzypressen gehörenden Nadelbaumes. Die Entdeckung erregte ein derartiges Aufsehen, dass der Baum von den Engländern nach ihrem Nationalheiligen »Wellingtonia«, von den Amerikanern »Washingtonia« benannt wurde. Der lateinische Name entstand dadurch, dass man später eine Verwandtschaft zu der schon einige Jahre vorher entdeckten »Sequoia« feststellte. Der Gattungsname kommt von Se-Quo-Yah. Dies war ein Irokese, der als erster ein indianisches Alphabet entwickelte; er führte bei den Indianern Nordamerikas auch die Schrift ein. Die ersten Mammutbäume kamen 1853 nach Europa, in Württemberg ließ König Wilhelm I. (»der König unter den Landwirten und der Landwirt unter den Königen«) Samen in den Kalthäusern der Wilhelma aussäen. Die Topfpflänzchen wurden im Jahre 1865 an die Staatswaldungen im Land verteilt, um zu erproben, ob dieser Baum, der schnell wächst und große Holzmengen liefert, auch in unseren Wäldern heimisch werden würde. Allerdings sind in dem kalten Winter 1879/80 die meisten der Bäumchen erfroren. Die verbliebenen sind nun 40 bis 50 Meter hoch und damit höher als die heimischen Baumarten. In Amerika gibt es Mammutbäume im Alter von bis zu 4.000 Jahren, die bis zu 120 Meter hoch sind und deren Durchmesser über 15 Meter misst. Als dort im Jahr 1891 ein Riesen-Mammut gefällt wurde, zählte man auf seiner entrindeten Stammscheibe bei einem Durchmesser von 3,60 Meter 1 341 Jahresringe. Der – auch industriefeste – Baum kam in der Zeit des Tertiärs auf der gesamten Nordhemisphäre vor; sein Holz war wesentlich an der Braunkohlebildung beteiligt.

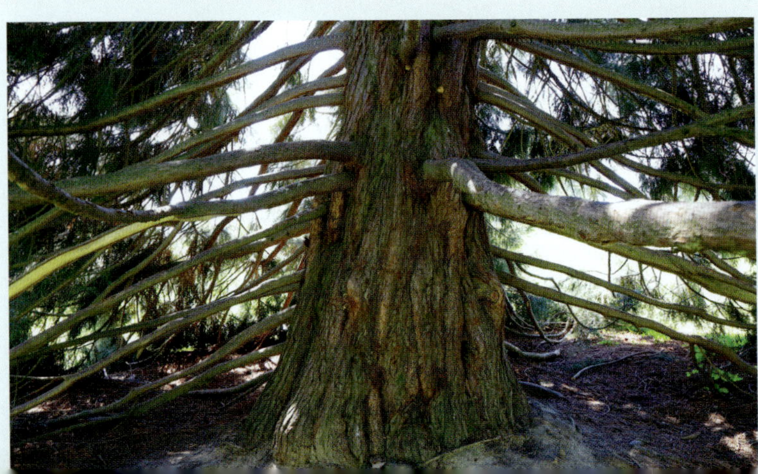

zeitpark Rutesheim ⑤. Danach kommen wir zu einer Gaststätte, in der man einkehren kann. Die Bushaltestelle Rutesheim Minigolfplatz liegt an der dahinter verlaufenden Pforzheimer Straße.

Wir gehen nach der Gastwirtschaft wieder etwas zurück und biegen dann links ab zum Hochseilgarten. Nach ihm gehen wir an der **Kreuzung** rechts ab. Nun wandern wir auf dem mit dem blauen Strich markierten Wanderweg bis zur **Flachter bzw. Leonberger Straße** ⑥. Auf

Freizeitpark Rutesheim und der Hochseilgarten

Beim Freizeitpark Rutesheim bzw. dem Hochseilgarten gibt es verschiedene Möglichkeiten zur Unterhaltung. Es gibt Minigolf, PitPat, man kann ab 16 Jahren an Segway-Touren teilnehmen oder seinen Mut im Waldhochseilgarten erproben. Der Parcours verläuft in 3 bis 16 Metern Höhe, wo man verschiedene Hindernisse wie Drahtseile, Seilbrücken, Schaukeln oder Holzstege überwinden muss. Für die Sicherheit ist auch gesorgt, denn alle Teilnehmer sind mit Helm und Klettergurt gesichert. Es gibt verschiedene Parcours: einen Kleinkinderparcours für Kinder zwischen drei und fünf Jahren, einen für Kinder von sechs bis zwölf Jahren, einen für Jugendliche von 13 bis 17 Jahre und einen Parcours für Erwachsene. Die Anlage ist geöffnet von März bis November.

Info: freizeitparkrutesheim.de.

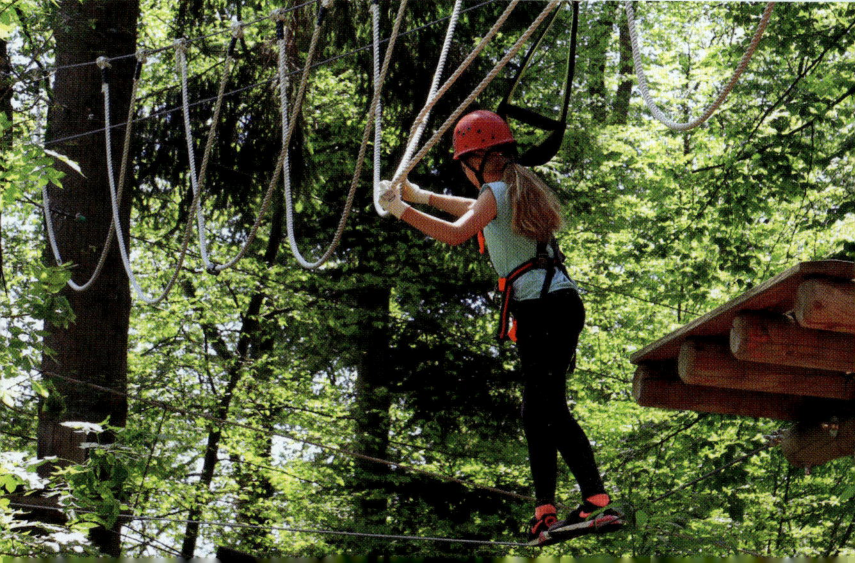

INFOS

Freizeitkarte F520 Stuttgart, 1:50 000, Landesamt für Geoinformation und Landentwicklung Baden-Württemberg (LGL); Wanderkarte mit Radwegen Stuttgart Nordwest Blatt 50-541, 1:25 000, NaturNavi

www.leonberg.de; www.rutesheim.de

Bus bis Gebersheim Haltestelle Rathaus oder Rutesheim Haltestelle Minigolf

Leonberg-Gebersheim, Parkplätze Freizeitanlage Käppel/Sportplätze, Dobelstraße, GPS 48.812853, 8.977210

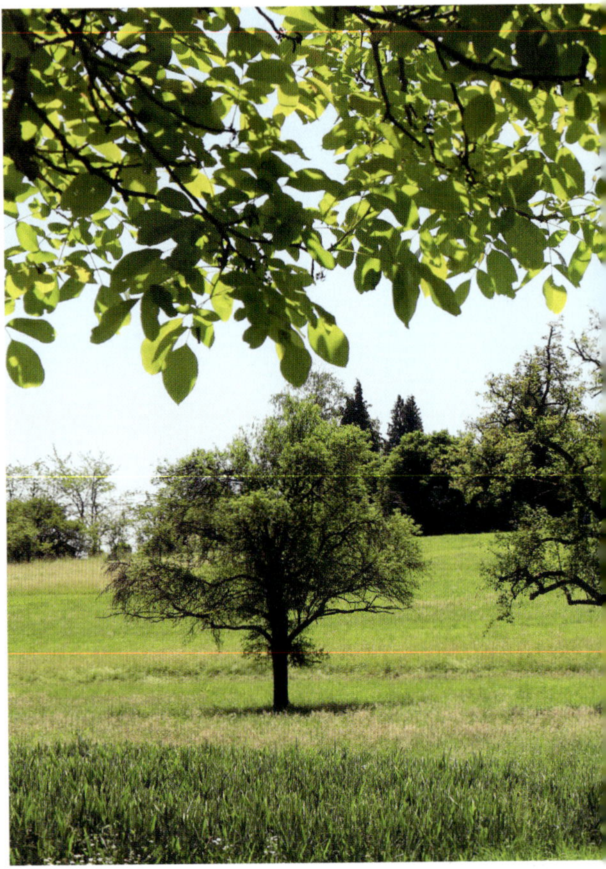

ihrer anderen Seite folgen wir dem Feldweg kurz nach rechts, dann biegen wir mit dem Zeichen links ab und wandern am Waldrand bzw. im Wald bis zu einem querenden Weg. Ihm folgen wir nach links zum **Ettlesberg/ Friedenshöhe** 7 (s. Tour 6).

Wir passieren die Allee der mächtigen Lindenbäume und gehen weiter, bis der mit dem blauen Balken markierte Weg rechts abgeht 8. Auf ihm gehen wir nach rechts leicht bergab bis zu einer Kreuzung vor einem mächtigen Nussbaum; unterwegs haben wir einen schönen Blick auf Flacht und Weissach. An der Kreuzung zieht der markierte Wanderweg nach links, wir halten uns aber rechts, vorerst ohne Zeichen.

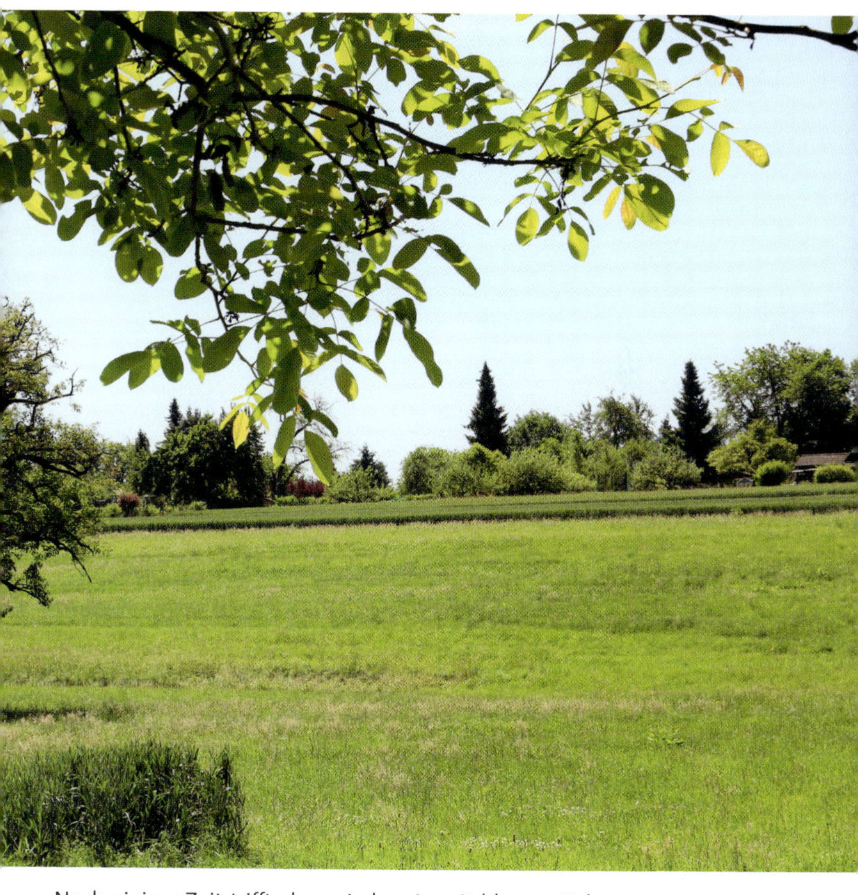

Die Wanderung berührt auch Streuobstwiesen und Felder.

Nach einiger Zeit trifft aber wieder ein mit blauem Balken markierter Weg ein, dem wir geradeaus weitergehend folgen. Etwas später knickt er rechts ab und wir kommen in den Wald. Dort wandern wir geradeaus weiter. Nach einiger Zeit sehen wir vor einer Kreuzung links zwei große Mammutbäume, die vielleicht zu den größten im Land gehören dürften.

Bald überqueren wir die **Heimerdinger Straße** 9. Danach geht es bis zu einer **Kreuzung** 10, wo wir ohne Zeichen rechts abbiegen. Etwas später verlassen wir den Wald und wandern an Feldern entlang bis zu einem querenden Weg. Nach links bringt er uns erst zu dem **Spielplatz**, den wir noch vom Anfang kennen, danach zurück zu den **Sportplätzen**.

Durchs Glemstal zu städtischer Herrlichkeit

9

Leonberg und sein Pomeranzengarten

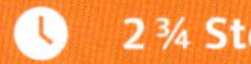 2 ¾ Std.

↦ 9,8 km

▲ 150 Hm

Höfingen/Sportplätze – Höfingen – Sternwarte – Streuobstwiesen – Glemstal – Leonberg – Pomeranzengarten – Glemstal – Sportplätze

Wir wandern fast durchgehend auf festen Wegen.

Glemstal, Altstadt Leonberg, Pomeranzengarten

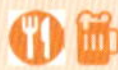

Sportplätze, Leonberg

Mit dem idyllischen Glemstal, der Altstadt von Leonberg und dem herrlichen Pomeranzengarten dort hat diese Wanderung allerlei an Sehenswertem zu bieten. Wir steigen zuerst aus dem Glemstal hinauf nach Höfingen und wandern durch Streuobstwiesen, dann geht es wieder hinab ins Glemstal. Von dort wandern wir nach Leonberg und besichtigen die Altstadt und den Pomeranzengarten. Danach geht es durch das Glemstal gemütlich wieder zurück zum Ausgangspunkt. Vor diesem liegt links das Höfinger Freibad.

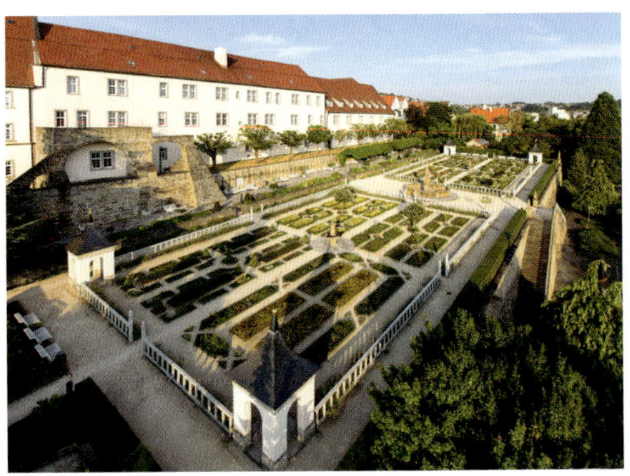

Der heute so reizvolle Pomeranzengarten war lange Zeit zugewachsen und nicht mehr zu erkennen. (Landratsamt Böblingen, Foto: Achim Mende)

Wir gehen vom **Parkplatz am Freibad** ❶ aus mit dem Wanderzeichen blaues Hufeisen durch das Glemstal in Richtung Ditzingen. Beim Schild **Tilghäuslesmühle** (330 m) ❷ biegen wir scharf links ab und steigen hinauf zur **S-Bahn-Haltestelle Höfingen**. An ihr vorbei gehen wir in der Felsgartenstraße mit dem blauen Strich weiter. Bald biegen wir an der Schillerstraße rechts ab und gehen hinauf zur querenden Ditzinger Straße ❸.

Hier halten wir uns links und gehen immer geradeaus. Nach der Kreuzung geht es in der Pforzheimer Straße am links liegenden ehemaligen **Rathaus** mit dem Brunnen und der **Kirche** vorbei. Danach steht rechts der 1555 erbaute Grafenhof; mit dem Rundbogentor bildet er eine sehenswerte Anlage. Anschließend zweigen wir mit dem blauen Strich rechts ab in die Lachentorstraße 4. Nach der Bushaltestelle halten wir uns mit dem Zeichen blaue Raute links in die Uhlandstraße 5.

Nach den Häusern wandern wir am Wasserbehälter und der **Sternwarte** vorbei. Nun geht es durch einen Mix aus **Feldern, Wiesen und Streuobstwiesen** zum **Waldrand** 6. Dort orientieren wir uns links. Bald erreichen wir nach dem Wald einen **Parkplatz**. Wir biegen mit dem Zeichen blauer Punkt rechts, gleich darauf links ab und kommen vor die Pforzheimer Straße. Hier orientieren wir uns rechts, unterqueren die Stromleitungen und gehen nach ihnen nach links unter der **Landstraße** 7 hindurch.

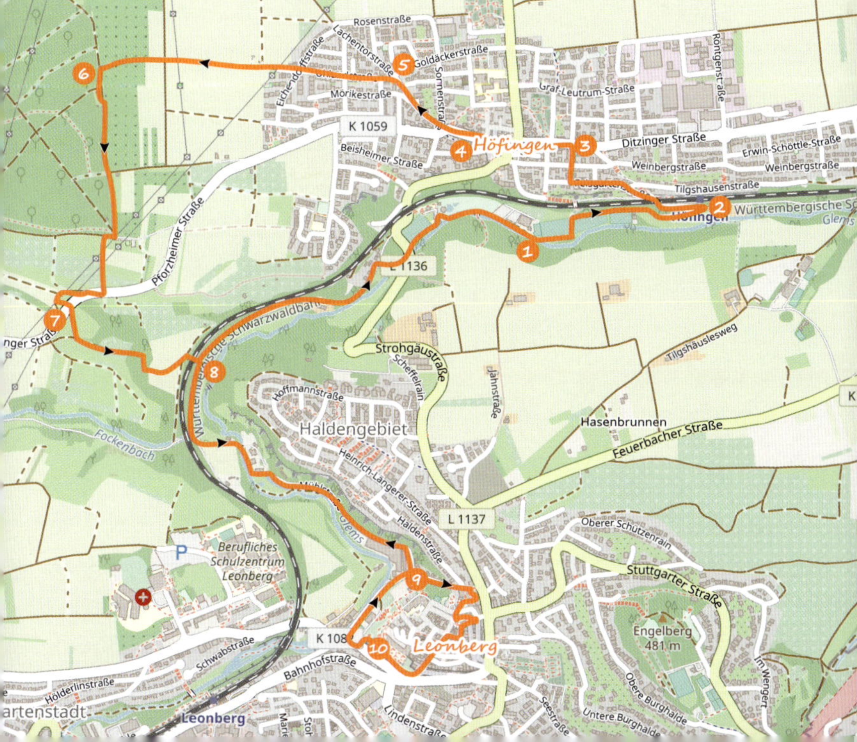

Etwas später treffen wir beim Wanderschild **Lettenberg** (387 m) und vor einem Hang mit Gebüsch auf einen Querweg. Ihm folgen wir mit dem blauen Punkt nach links abwärts. Bald unterqueren wir die S-Bahnlinie und sind wieder im **Glemstal**. Hier am Schild **Glemstal Abzweig Waldeck** (340 m) 8 geht es eigentlich nach links zurück, zuerst wollen wir aber noch Leonberg einen Besuch abstatten.

Hierzu biegen wir rechts ab. Der Weg durch das Glemstal führt uns an der **Lettenbergquelle**, danach an den **Hauerlöchern** und der **Felsensägmühle** vorbei. Danach biegen wir links in das Müllergässle ab 9. Nun steigt es steil an. Wo links die Haldenstraße abgeht, biegen wir noch vor der Treppe rechts ab; jetzt wird der Wegverlauf vorerst etwas kompliziert. Hier ist es gut, wenn man eine der in der Einleitung angegebenen Apps installiert hat. Wir folgen zuerst der Feuerbacher Straße. An der nächsten Querstraße (Graf-Ulrich-Straße) biegen wir rechts in die Straße Hinterer Zwinger ab, dann gleich darauf vor der Einfahrt zum Parkhaus wieder links und durchqueren den Hausdurchlass. Wir gehen in der Zwerchstraße, queren die Schmalzgasse und kommen zur querenden Klosterstraße und spazieren auf

Fachwerkpracht am Leonberger Marktplatz.

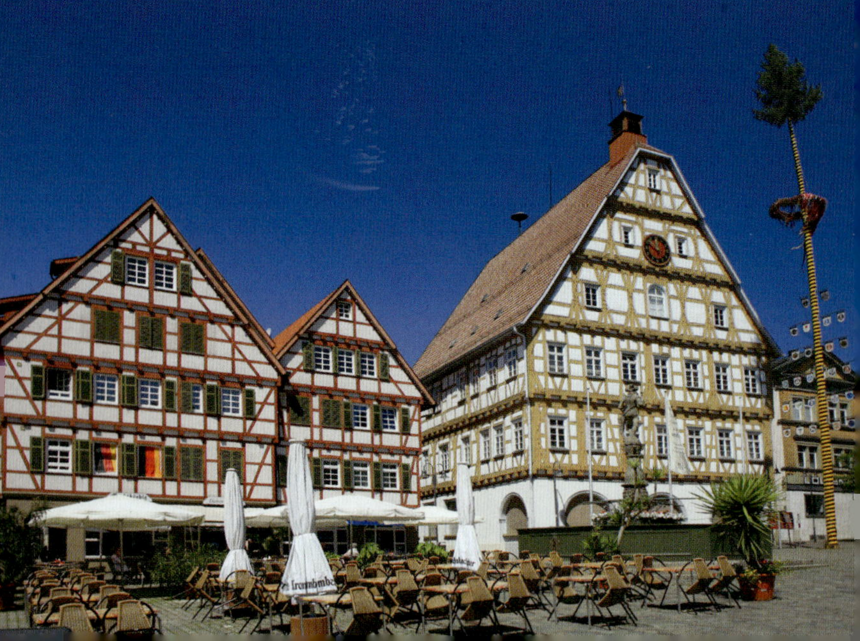

Pomeranzengarten

Der Pomeranzengarten unterhalb des Schlosses ist ein wahres Kleinod der Gartenbaukunst. Er wurde für die Herzoginwitwe Sibylla, die Tochter des Fürsten Joachim Ernst von Anhalt, die am 22. Mai 1581 in Stuttgart mit Graf Friedrich aus der Mömpelgarder Linie des Herrscherhauses vermählt worden war, angelegt. In den 1980er Jahren wurde er nach alten Plänen wieder angelegt und zudem auch mit denselben Pflanzen wie zur Zeit seiner Entstehung neu bepflanzt. Er ist einer der wenigen Terrassengärten, die in der Renaissance so beliebt waren, der heute in Europa noch erhalten ist. 1982 wurde erstmals der »Europa-Nostra-Preis« an diesen einzigartigen Garten verliehen.

Die Grundidee der Formen – vielfältige, kleine symmetrische Einheiten – geht auf italienische Vorgänger zurück, erfuhr in Deutschland aber ihre eigene Prägung. Der Hintergedanke war, den Garten als zur Kunst erhöhte Natur als irdisches, letztendlich naturenthobenes Paradies der ungeordneten und feindlichen Natur gegenüberzustellen. Die Abgrenzung von der »wirklichen« Natur schufen hierbei die vier kleinen, wehrturmartigen Pavillons an den Ecken, die Terrassenmauern und die mächtige Balustrade.

Das Merkmal der Renaissancegärten war, dass sie ohne direkten Bezug zu den Schlössern gestaltet wurden – im Gegensatz zum Barock, wo beides aufeinander

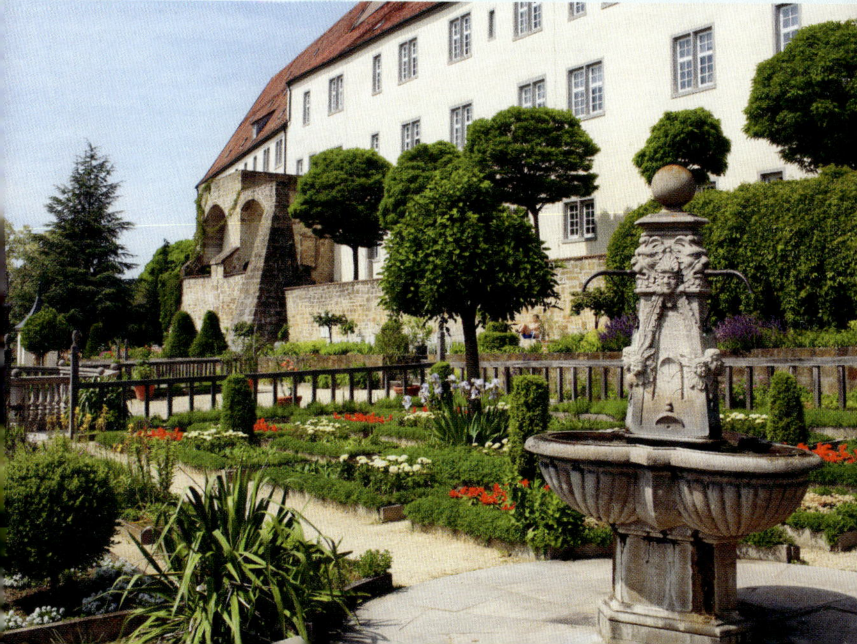

abgestimmte Einheiten waren. In zeitgenössischen Beschreibungen wurde der »Herzoginnen Garten« als der schönste Deutschlands bezeichnet. Er besteht aus zwei rechteckigen Beetbereichen, die jeweils in vier Quadrate unterteilt sind und in deren Mitte ein Brunnen stand. Wie in der italienischen Renaissance üblich, waren diese 16 Teile in viele kleine Beete aufgeteilt, die strenge geometrische Muster aufwiesen: Kreuz, Winkel, Dreieck und Kreis. In die Mitte der Beete wurden gemäß der damaligen Gartenbaumode Bäumchen gepflanzt. Die Pflanzbeete waren mit Gamander eingefasst. Der Garten sollte aber nicht nur der »Lust« dienen, sondern man wollte aus ihm auch Blumenschmuck sowie Obst und Küchen- und Heilkräuter für die herzogliche Tafel ernten. In einem der beiden eingezäunten Pflanzbereiche wuchsen die Nutz-, im anderen die Zierpflanzen. Beim Grundriss wurde streng auf das Prinzip der Symmetrie und Axialität geachtet.

Der achteckige Brunnen besitzt einen Durchmesser von 5,30 Meter, sein Obelisk ist fast ebenso hoch und mit vier wasserspeienden Löwenköpfen und vier ebenfalls wasserspeienden Delfinen verziert. Am Obelisken sind außerdem noch die Wappen von Sibylla und des Herzogtums Württemberg angebracht.

In den Beeten wurde eine Vielfalt von Pflanzen eingebracht. Typisch für jene Zeit waren Tulpen – früher eine äußerst wertvolle Pflanze –, Narzissen, Primeln, Goldlack, Vergissmeinnicht, Hyazinthen, Kaiserkronen, Salbei, Löwenmäulchen und Lilien. Die Pomeranze, die diesem Garten ihren Namen gab, ist eine Bitterorange, die als Symbol für die goldenen Äpfel der Hesperiden die Renaissancegärten den Paradiesgärten der Antike gleichsetzte. Ihre Zucht hatte für das württembergische Herrscherhaus Tradition. So wurde fünfzig Jahre vorher in Stuttgart der erste Pomeranzengarten in Deutschland angelegt. Die frostempfindliche Pflanze wurde in Kübeln gezogen, die man im Winter in geschützte Räume bringen konnte.

ihr nach links zum **Marktplatz**. Hier können wir mächtige Fachwerkhäuser und einen prächtigen Brunnen bewundern.

Über ihn gehen wir nach rechts bis zur querenden Schlossstraße. Hier halten wir uns rechts, bis rechts die Zwerchstraße abgeht. Hier weist uns ein Schild nach links zum »Pomeranzengarten«. Nach zwei Treppenabsätzen gehen wir nach rechts durch ein Tor in der Mauer. Es geht erst auf Treppen weiter abwärts, dann spazieren wir nach rechts weiter. Bald führt rechts eine Treppe an der Mauer hinauf zum **Pomeranzengarten** 10.

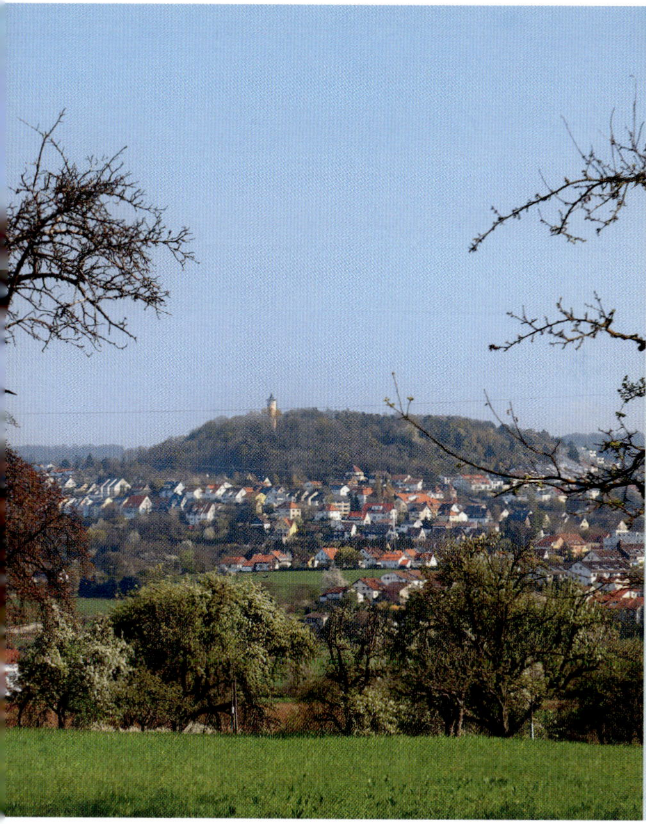

INFOS

Wanderkarte W228 Stuttgart, 1:25 000, Landesamt für Geoinformation und Landentwicklung Baden-Württemberg (LGL) in Zusammenarbeit mit dem Schwäbischen Albverein e.V.; Wanderkarte mit Radwegen Stuttgart Nordwest Blatt 50-541, 1:25 000, NaturNavi

www.leonberg.de

S-Bahn bis Höfingen

Leonberg-Höfingen, Parkplatz bei den Sportplätzen/Freibad, GPS 48.814492, 9.016788

Unterwegs hat man einen schönen Blick auf den Engelsberg.

Nach der Besichtigung gehen wir auf der Treppe wieder hinab und in der ursprünglichen Gehrichtung weiter. Nach dem Spielplatz wandern wir steil hinab ins **Glemstal**. Wir umgehen den Bolzplatz links und kommen zur Mühlstraße. Ihr folgen wir nach rechts durch das Glemstal. Zuerst gehen wir auf bekanntem Weg bis zu der Stelle, wo wir von links gekommen sind. Danach führt uns der Weg an der mächtigen **Scheffelmühle** vorbei. Wo danach links **Wohnhäuser** stehen, folgen wir dem Radwegschild nach »Ditzingen« nach rechts. Der unbefestigte Weg unterquert erst die Straße, danach erreichen wir die Höfinger Sportplätze und folgen der Zufahrtsstraße zum **Ausgangspunkt**. Vorher noch liegt links das **Freibad**.

Idyllisches Ried und eine alte Kirchenburg

10

Über das Merklinger Ried nach Merklingen

2 ¾ Std.
10 km
70 Hm

Weil der Stadt – Merklinger Ried – Heidehöfe – Merklingen – Merklinger Ried – Weil der Stadt

Die Wanderung verläuft auf asphaltierten Wegen.

Merklinger Ried, Merklingen, evtl. Weil der Stadt

Merklingen, evtl. Weil der Stadt

Man weiß nicht, was bei dieser Wanderung schöner und sehenswerter ist – das idyllische Merklinger Ried mit seiner wild wuchernden Natur oder die Fachwerkpracht in Merklingen mit seiner Kirchenburg und, falls man noch Lust dazu hat, das ebenso sehenswerte Weil der Stadt. Da die Tour nicht allzu lang ist, hat man Zeit, sich alles genau anzusehen.

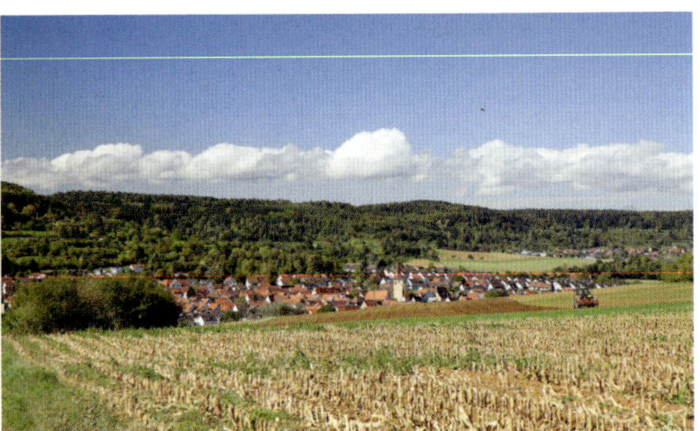

links: Blick von der Höhe nach Merklingen.

rechts: Teilweise sieht man im Merklinger Ried wilde Szenerien.

Wer mit der S-Bahn kommt, läuft am **Bahnhof Weil der Stadt** 1 zur Nordseite der Gleise, wo sich auch die Parkplätze befinden. Hinter ihnen geht man in der Eisenbahnstraße kurz nach rechts, dann nach links in die Daimlerstraße. Kurz darauf quert die Josef-Beyerle-Straße. Hier hält man sich erst kurz rechts, dann links.

Nach den Gewerbebauten verlässt man die Stadt und ist in der Natur. Wir wandern geradeaus weiter, passieren das Wanderschild **Riedsträßle** (391 m) 2 und kommen nun zum rechts liegenden **Merklinger Ried**.

Nach einer Weile liegt rechts eine **Vogelbeobachtungskanzel**. An ihrer Außenseite ist eine Erklärung zum Ried angebracht. Etwas später biegen wir an der **Kreuzung** 3 rechts ab und wandern weiter am Ried entlang bis zur querenden Würm 4.

Naturschutzgebiet Merklinger Ried

Das Naturschutzgebiet Merklinger Ried weist große Schilfflächen und Tümpel auf. Früher war es größer, es wurde aber zunehmend trockengelegt. Einst wurde das Ried als Wiese, aber auch für Ackerbau genutzt. Als es auszutrocknen drohte, wurden ab 1980 ein See und verschiedene Wasserflächen angelegt, zudem hat man das Wasser aus drei Quellen ins Ried geleitet. Seit 1982 stehen 18,7 ha unter Naturschutz. Hier wachsen Schnabel- und Steif-Seggengesellschaften, und in den Flachwasserbereichen findet man zahlreiche gefährdete Pflanzen wie Rauhaariges Weidenröschen, Sumpf-Vergissmeinnicht, Mädesüß, Kohl-Kratzdistel, Schild-Ehrenpreis, Tannenwedel, Gift-Hahnenfuß, Froschlöffel und Blutweiderich. Insgesamt hat man hier schon über 200 Pflanzenarten gezählt. Auch die Tierwelt ist umfangreich, vor allem leben hier zahlreiche Vogelarten. Darunter befinden sich auch Durchzügler oder solche, die den Winter hier verbringen. Als Beispiele seien Bekassine, Wasserralle, Teichrohrsänger, Neuntöter, Weidenlaubsänger und Eisvogel genannt. Für sie ist das Merklinger Ried Brut-, Nahrungs-, Rast- und Mauserbiotop. Wenn man Glück hat, sieht man auch Heidelibellen, Hasel- und Wasserspitzmäuse.

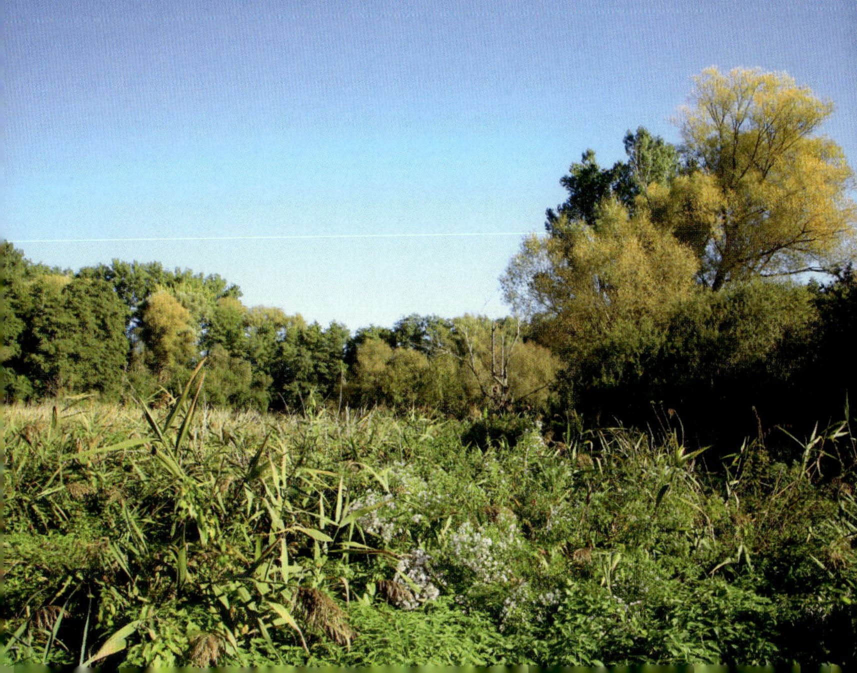

INFOS

Freizeitkarte F520 Stuttgart, 1:50 000, Landesamt für Geoinformation und Landentwicklung Baden-Württemberg (LGL)

www.weil-der-stadt.de

S-Bahn bis Weil der Stadt

Weil der Stadt, Bahnhof oder gebührenpflichtiger P & R-Parkplatz nördlich des Bahnhofs in der Eisenbahnstraße, GPS 48.755411, 8.872183

Direkt nach der Brücke biegen wir rechts ab, jetzt spazieren wir entlang der munter rauschenden Würm auf der anderen Seite des Rieds praktisch wieder zurück. Bei der nächsten **Brücke** 5 über die Würm halten wir uns allerdings links zum Waldrand und dort rechts. Nun führt uns der Weg durch eine offene Tallandschaft mit mächtigen Bäumen. Die Bahngleise begleiten bald den Wanderweg, dann steigt unser Weg auch etwas an bis zum Schild **Weißleder** (407 m) 6.

Hier orientieren wir uns links in Richtung »Heidehöfe, Merklingen«, wandern an den Heidehöfen vorbei und kommen nach ihnen zum Schild **Heidehöfe** (432 m) 7. Nun halten wir uns links in Richtung »Merklingen«. Der Weg führt uns zwischen den Äckern über eine weite Hochfläche. Nach links haben wir einen Blick auf Weil der Stadt mit der markanten Kirche, etwas später sehen wir vor uns im Tal Merklingen. Nun fällt der Weg und wir wandern rechts des Gewerbegebiets bis zur querenden **Bühlstraße** 8. Wir biegen links in sie ein und folgen ihr, auch nach der Linkskurve, wo sie in die Mittlere Straße übergeht. Kurz darauf sehen wir links die **Wendelinskapelle** 9.

Danach spazieren wir weiter auf das Zentrum zu, überqueren die Würm und passieren das Schild **Bauhof** (387 m). Immer geradeaus gehend erreichen wir bald das mächtige Fachwerkrathaus und die dahinter liegende **Kirchenburg** 10.

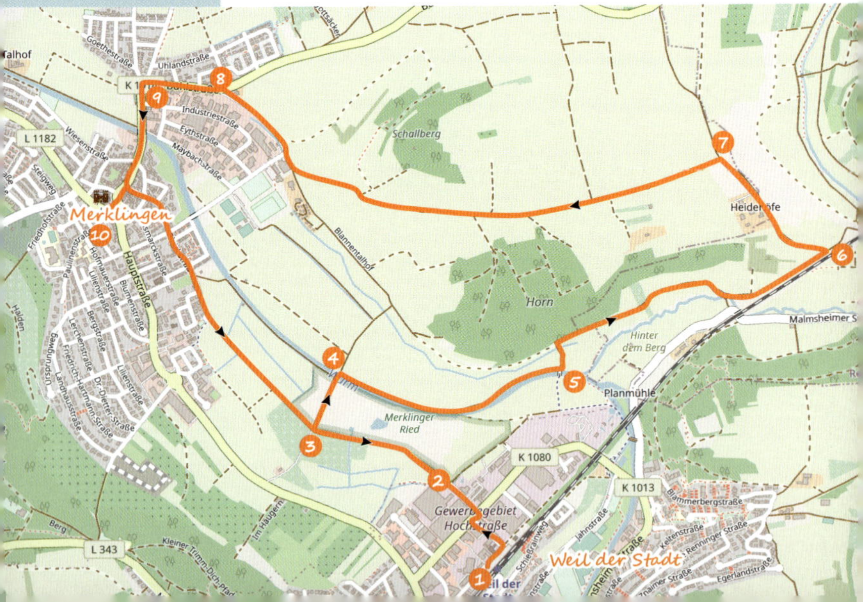

Wendelinskapelle

Die Wendelinskapelle geht vermutlich auf die Zeit um 1500 zurück, der Hochzeit der Verehrung des heiligen Wendelin. Erstmals erwähnt wurde sie 1523. Der Heilige war der Schutzpatron der Hirten und Bauern. Auf der Außenseite der Kapelle sind neben der spitzbogigen Pforte Sühnekreuze eingemauert. Beachten sollte man auch die Hochwassermarken der Würm von 1702, 1778, 1874 und 1914. Innen sieht man einen barocken Grabstein des Rösslewirts Johann Dürr (1681–1765) und seiner Ehefrau. Hier befand sich einst auch ein Friedhof.

Merklingen

Die alte Kirchenburg in Merklingen ist ein seltenes Beispiel einer solchen Anlage. Der Ort gehörte von 1296 bis zur Reformation dem Zisterzienserkloster Herrenalb, danach war es Mittelpunkt eines württembergischen Amtes. Die einstigen Befestigungsanlagen wurden 1797 bis 1800 abgebaut. Zusammen mit der Kirche, dem Steinhaus und den Amtsgebäuden bildeten sie die sogenannte »Stadt«. Im zur Kirche führenden Torbogen kann man einen Plan von Merklingen in den Jahren 1417 bzw. 1797 sehen. Viele der alten Häuser sind auf Schildern erklärt.

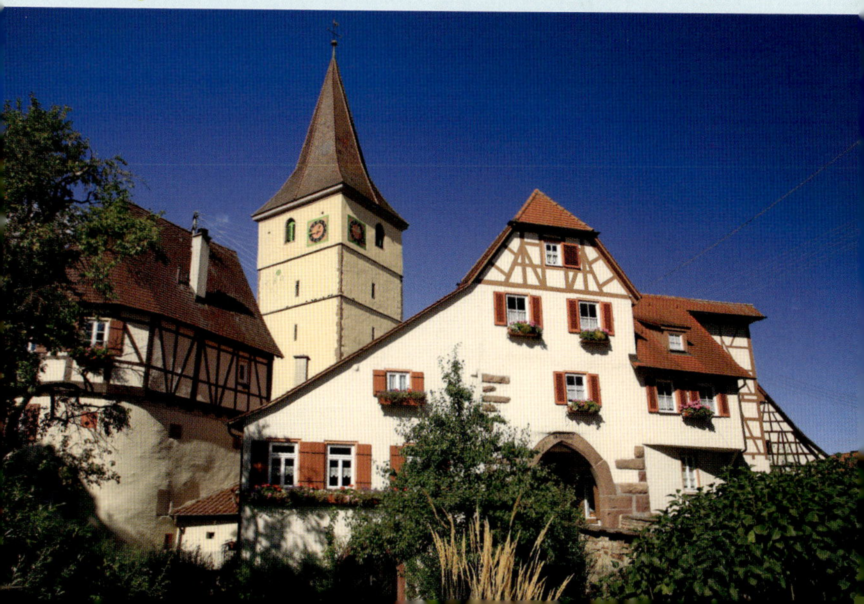

Auch das ist das Merklinger Ried: Bachidylle pur.

Nachdem wir uns an der Pracht satt gesehen haben, gehen wir wieder ein Stück zurück, biegen jedoch gleich nach der Kurve rechts ab in die Querstraße. Nach der Kreuzung beim ehemaligen Gasthof Adler und dem Brunnen führt sie als Stieglitzenstraße weiter. Später geht sie in die Bleichstraße über.

Nun wandern wir immer geradeaus weiter auf das Merklinger Ried zu, wobei uns der Weg bald bekannt vorkommt. Wir kommen an der **Kreuzung** 3, der Vogelbeobachtungskanzel und dem Schild **Riedsträßle** (391 m) 2 vorbei, danach geht es weiter auf bekanntem Weg zum Parkplatz oder zum Bahnhof.

Jetzt muss man sich entscheiden, ob man sich noch das alte Zentrum von Weil der Stadt ansehen, ein Museum besuchen oder einkehren will. Hierzu geht man auf der anderen Bahnhofseite zum von der Bahnhofstraße abgehenden Schießrainweg. Er bringt uns hinab zur querenden Jahnstraße. Ihr folgen wir nach rechts, überqueren die Paul-Reusch-Straße und kommen nach dem Königstor, einem Durchlass durch die Stadtmauer, ins alte Zentrum von Weil der Stadt. Die Badtorstraße bringt uns zur querenden Stuttgarter Straße. Hier geht es nach links zur Spitalkapelle, nach rechts zum Narrenbrunnen und weiter zum Marktplatz mit dem prächtigen Rathaus, dem Brunnen, dem Keplerdenkmal und Standbild von Kaiser Karls V. Rechts davon liegen die Kirche und das Keplermuseum.

Weil der Stadt

Am schönsten zeigt sich Weil der Stadt an seinem Marktplatz. Er ist nicht nur von prächtigen alten Gebäuden umstanden, man findet hier mit dem Keplerdenkmal, dem Unteren Marktbrunnen mit dem von einem Löwen gehaltenen Adlerschild, der auf den Status einer Reichsstadt hinweist, dem Oberen Marktbrunnen mit dem Standbild Kaiser Karls V. und dem Rathaus auch einige Sehenswürdigkeiten. Oberhalb steht die Stadtkirche St. Peter und Paul. Am östlichen Ende der Stuttgarter Straße findet man das lang gestreckte Spital mit der 1364 geweihten und 1747 umgebauten Spitalkapelle. Die Kapelle besitzt ein schönes Fresko (14. Jh.), einen berühmten spätgotischen Schnitzaltar (um 1480) und zwei Barockaltäre. Auf der anderen Straßenseite befindet sich das Narrenmuseum. Das ehemalige Spitaltor wurde 1454 erwähnt. Der Seilerturm (15. Jh.) diente einst als Gefängnis. Außer ihm sind noch weitere Türme und Reste der Ummauerung zu sehen.

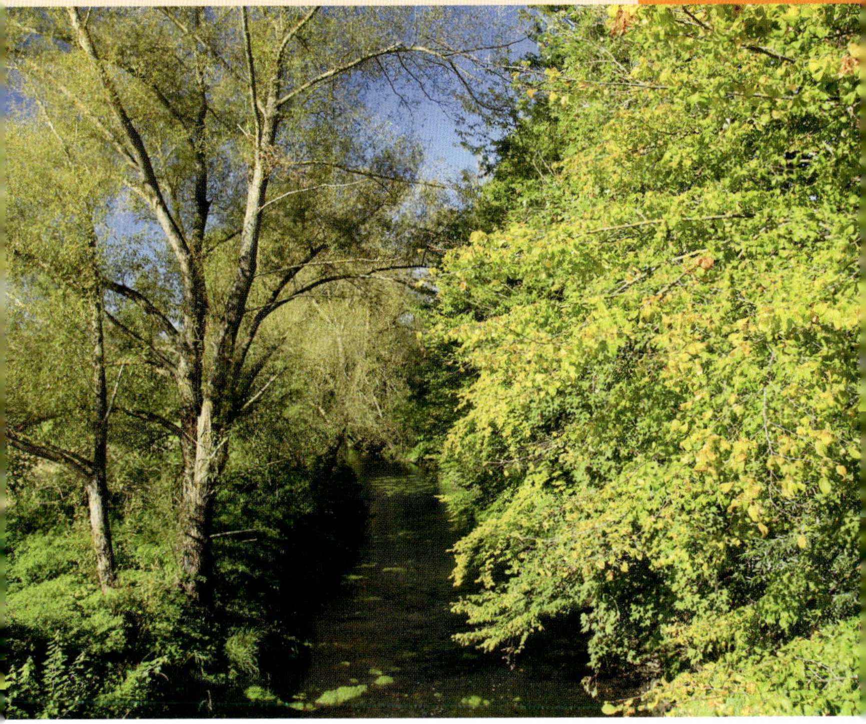

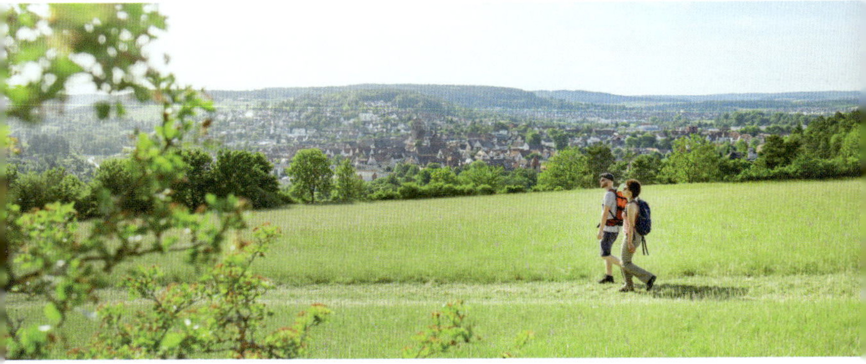

Auf dem HW 5 durchs Heckengäu 11

Über Schafhausen und den Käppelesberg nach Weil der Stadt

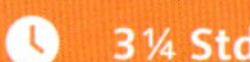
3 ¼ Std.
12,3 km
190 Hm

Weil der Stadt – NSG Hacksberg und Steckental – Schafhausen – Käppelesberg – Mittelberg – Weil der Stadt

Wir wandern auf festen und Naturwegen. Die steile Steintreppe nach dem Schild Steckental sollte man bei feuchtem Wetter, Eis und Schnee nicht begehen.

Wald, Heide am Käppelesberg, Heckenlandschaft, Aussicht, Weil der Stadt

Weil der Stadt

Der »Schwarzwald-Schwäbische-Alb-Allgäu-Weg HW 5 – Hauptwanderweg 5 des Schwäbischen Albvereins« – ist ein Mehrtageswanderweg, der in Pforzheim beginnt und bis auf den Schwarzen Grat im Allgäu reicht. Ein Teil davon verläuft auch im Landkreis Böblingen. Wir schauen uns bei dieser Wanderung ein Teilstück der Strecke zwischen Weil der Stadt und Schafhausen an. Dabei wandern wir durch eine ausgesprochen abwechslungsreiche Landschaft. Zuerst geht es im Wald durch ein Naturschutzgebiet, danach durch Streuobstwiesen. Nach Schafhausen wandern wir über den Käppelesberg mit seiner Wacholderheide, die einen Eindruck aufkommen lässt, als sei man auf der Schwäbischen Alb.

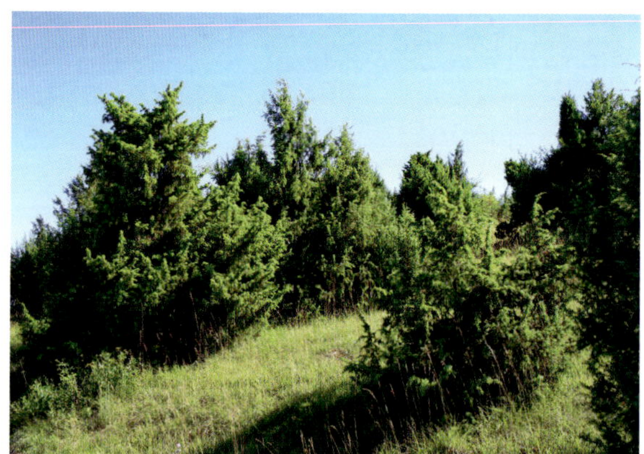

Wacholderheide am Käppelesberg.

Wir gehen vom **Parkplatz** 1 aus zum **Kreisverkehr** und nach ihm in der Grabenstraße in Richtung Innenstadt. Nach der Tankstelle halten wir uns rechts 2 in die Schafhausener Straße, gehen aber mit der gelben Raute gleich links auf einem schmalen Weg an den Gartenzäunen entlang. Er bringt uns zur Hermann-Schnaufer-Straße, in der

Schafhausen

Das Rathaus in Schafhausen wurde 1681 als Rat- und Schulhaus erbaut und enthielt auch Wohnungen für die Lehrer. Diesem Zweck diente es bis 1953. Die Skulpturengruppe am Brunnen wurde 1995 aus getriebenem Kupfer geschaffen. Sie stellt den letzten hauptamtlichen Schäfer des Ortes, Fritz Weida, seinen Hund und zwei Schafe dar. Der Brunnen wird aus einer Quelle bei der Mühle gespeist. Sehenswert ist auch das Fachwerk-Pfarrhaus gegenüber auf der anderen Straßenseite.

wir zur **Wendelinskapelle** (407 m) 3 gehen. Hier biegen wir mit der blauen Raute rechts ab. Gleich darauf steigen wir auf einer Treppe rechts hinauf, jetzt sehen wir zum ersten Mal den roten Balken des HW 5.

Wir überqueren die Schafhausener Straße und gehen etwas nach links versetzt weiter. Bei den nächsten Häusern biegen wir am Wanderschild **Ostelsheimer Steige** (419 m) links ab in den Schelmenweg 4. Nun folgt ein abwechslungsreicher Weg zwischen Wald, Waldrand, Gärten, Wiesen und Streuobstwiesen.

Nicht nur bei Sonnenschein lohnt sich das Wandern – Blick auf die wolkenverhangene Landschaft des Würmtals.

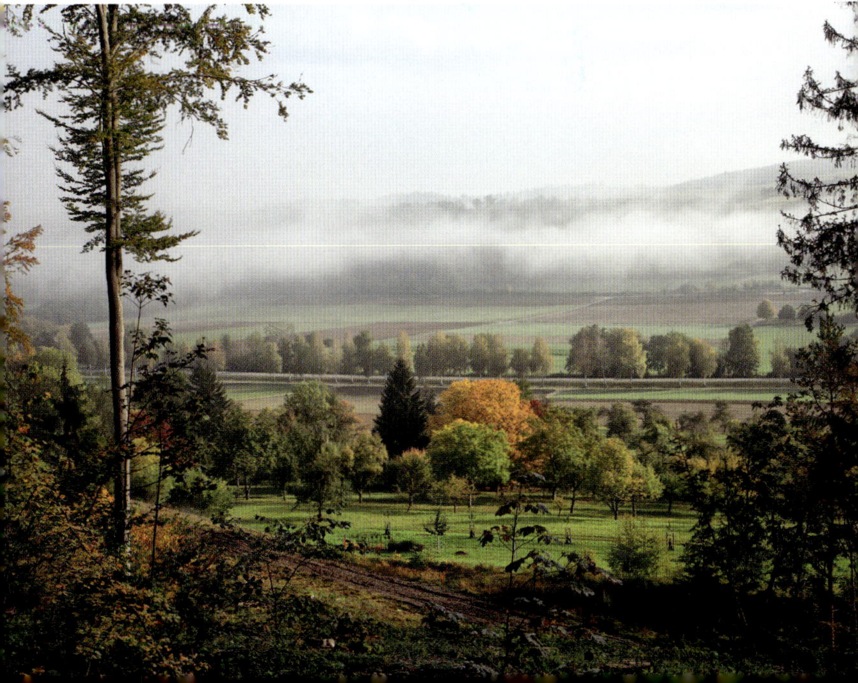

Bald kommen wir an der Tafel 1 des Vermessungswegs vorbei. Bevor der Weg abfällt, werden wir bei einem Haus nach 5 rechts in den Wald verwiesen. Bei Tafel 2 des Vermessungsweges müssen wir uns links halten. Gleich darauf überqueren wir einen Weg. Später treffen wir auf einen querenden Weg, hier steht auch das Schild **NSG Steckental** (478 m) 6. Der Vermessungsweg führt hier nach rechts weiter, wir biegen aber links ab. Bei der Landstraße gehen wir am Schild **Steckental** (448 m) 7 nach links, auch links der Leitplanken, weiter. Als Zeichen orientieren wir uns an der blauen Raute des Schwarzwaldvereins. Gleich darauf werden wir noch einmal nach links verwiesen. Nun geht es auf einer steilen Steintreppe bergab. Bei Eis und Schnee ist ihre Begehung nicht zu empfehlen. Wer bei solchen Verhältnissen unterwegs ist, folgt vielleicht besser dem Sträßchen bis Schafhausen, wo man wieder auf den beschriebenen Weg trifft.

Nach dem Wald wandern wir durch Wiesen und Streuobstwiesen, uns immer an der blauen Raute orientierend, hinab ins Würmtal. Bei einem eingezäunten Garten werden wir nach rechts 8 auf einen asphaltierten Weg verwiesen und wandern nach **Schafhausen**.

Dort halten wir uns links in die Althengstetter Straße 9, überqueren die L1182 und gehen in der Magstadter Straße hinauf bis vor das **Rathaus**.

An einem kalten Wintertag über dem Würmtal auf dem Weg nach Weil der Stadt.

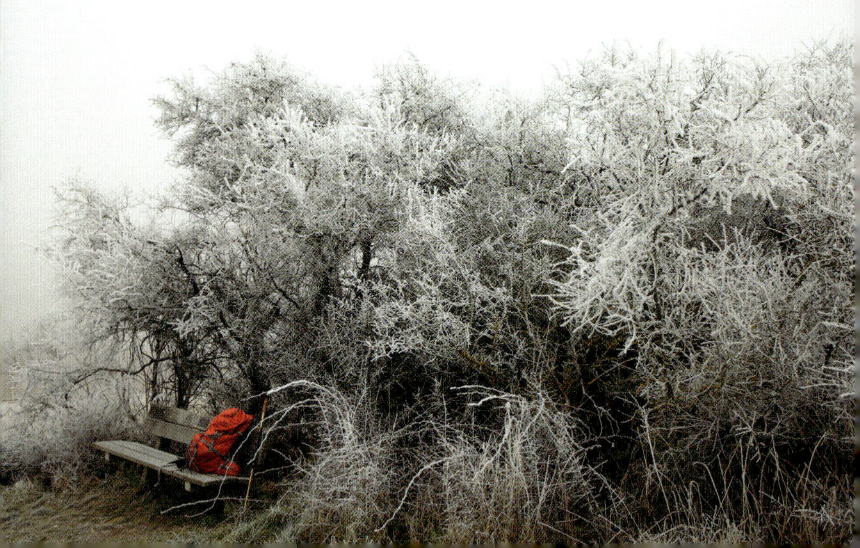

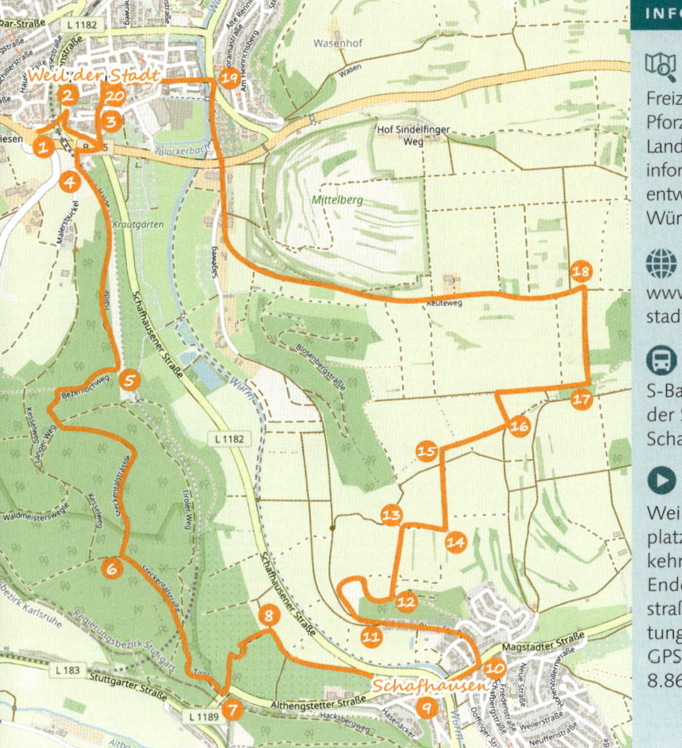

INFOS

Freizeitkarte F502 Pforzheim, 1:50 000, Landesamt für Geoinformation und Landentwicklung Baden-Württemberg (LGL)

www.weil-der-stadt.de

S-Bahn nach Weil der Stadt; Bus nach Schafhausen

Weil der Stadt, Parkplatz am Kreisverkehr am westlichen Ende der Grabenstraße in Richtung Simmozheim, GPS 48.717595, 8.865123

Nach dem Rathaus 10 biegen wir links ab in die Obere Straße. Es geht erst am Pfarrhaus, dann an der Kirche vorbei. Später passieren wir den **Friedhof** (404 m). An der Verzweigung am Ortsende nehmen wir den rechten Weg. An der nächsten Verzweigung gehen wir nach rechts bergauf 11. Mit einer weiten Rechtskurve durchqueren wir das **Naturschutzgebiet Käppelesberg**. Hier findet man nicht nur eine Wacholderheide, die an die Schwäbische Alb erinnert, auch Enziane wie der Deutsche Enzian wachsen hier.

Wo auf der Höhe der Asphaltweg endet, werden wir nach links verwiesen 12, nun auf einen Naturweg. Vor querstehenden Bäumen weist uns die gelbe Raute nach rechts 13, etwas später nach links 14. Wir ignorieren, dass der Weg nach der Hecke nach rechts abknickt und wandern auf einem Wiesenweg geradeaus weiter.

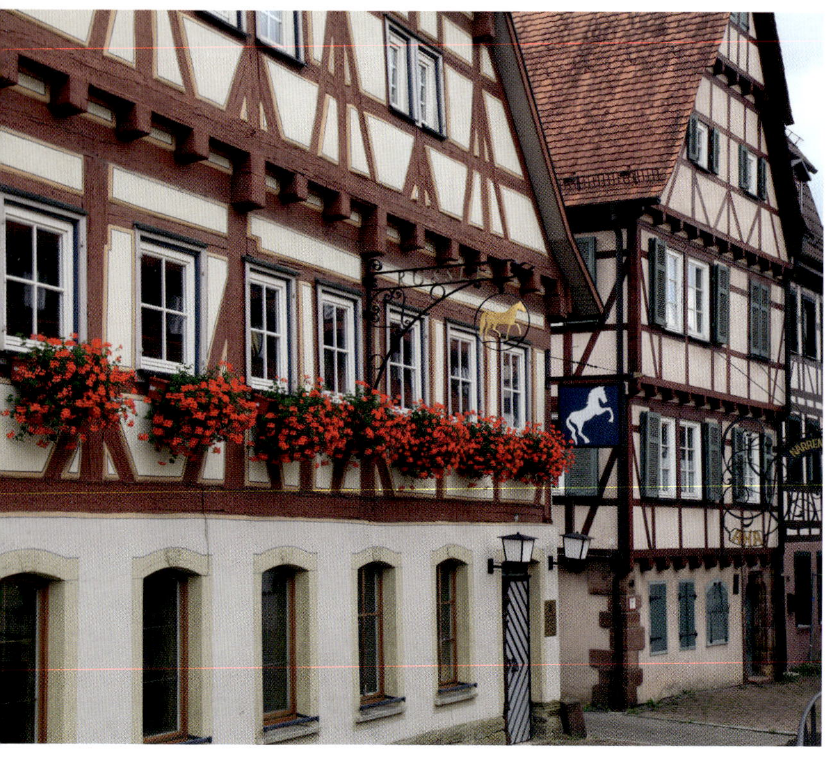

oben: Fachwerkzeile in der Stuttgarter Straße in Weil der Stadt.

Kurz nach einem querenden Asphaltweg werden wir nach rechts auf einen Wiesenweg verwiesen [15]. Am nächsten Asphaltweg biegen wir links ab [16]. Am Querweg danach halten wir uns rechts. Anschließend folgen wir dem Asphaltweg nach links [17]. Am nächsten Querweg gehen wir nach links weiter [18], bald an einem von zwei Bäumen flankierten Flurkreuz vorbei.

Nun wandern wir links am **Naturschutzgebiet Mittelberg** entlang. Nach einer Rechtskurve kommen wir an Bauernhöfen vorbei, danach unterqueren wir eine Straße und kommen zum **Friedhof**. Wir gehen geradeaus weiter bis zur links abgehenden Stuttgarter Straße [19]. Ihr folgen wir nach links in die Weil der Städter Altstadt hinein und gehen bis zum Marktplatz. An dessen Ende [20] biegen wir links ab in die Herrenberger Straße. Sie bringt uns zur **Wendelinskapelle** [3]. Hier gehen wir nach rechts auf bekanntem Weg zurück zum Ausgangspunkt.

rechts: Vor dem Weil der Städter Rathaus.

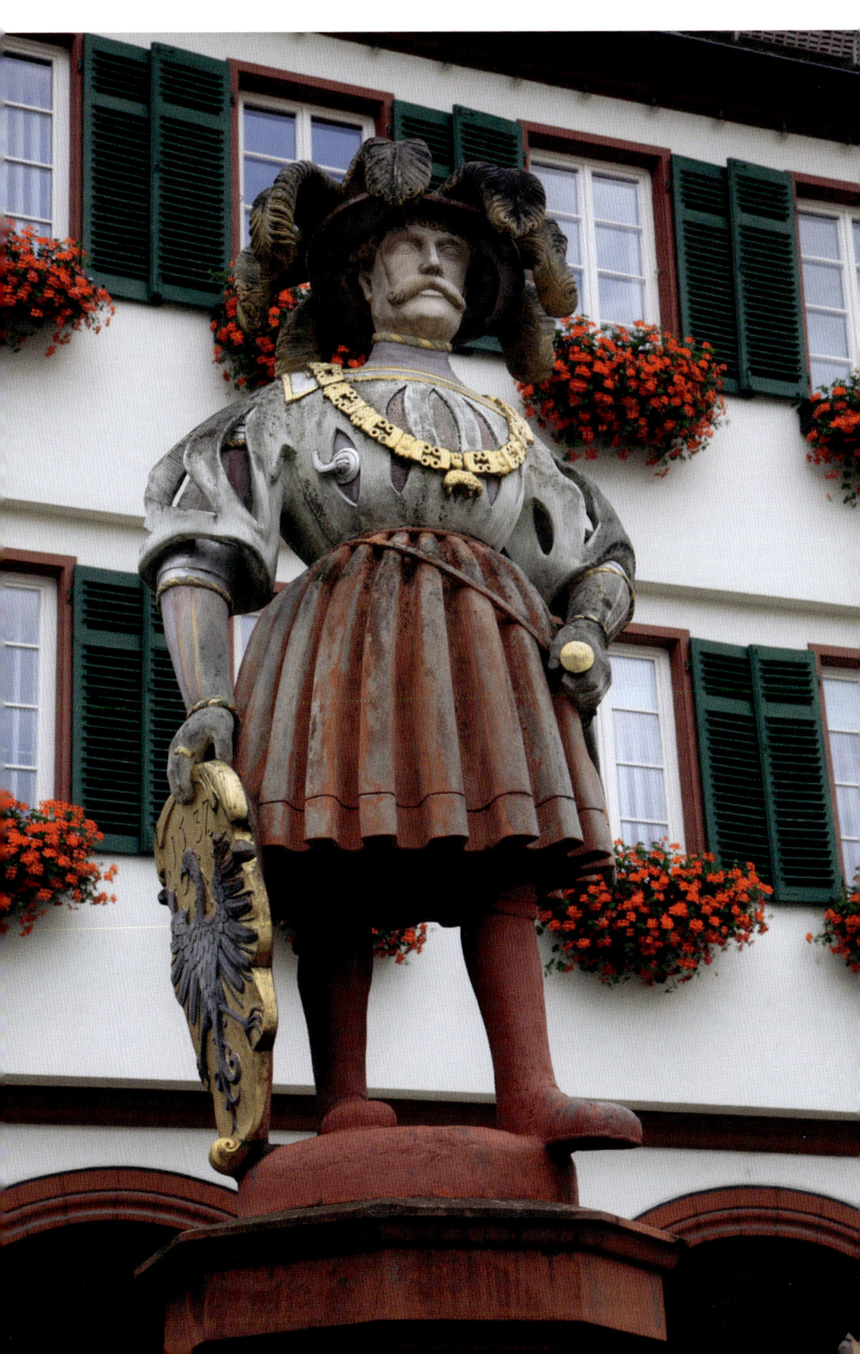

Land.Tour Venusberg

12

Zwischen Wacholderheiden und Feldern

3½ Std.
12,5 km
190 Hm

Aidlingen/Parkplatz Kirchtalhof – Blähhalde – Station Bodenlehrpfad – Wasserbehälter – Venusberg – 3 Buchen – Berghöfe – Berghof – Parkplatz Kirchtalhof

Wir wandern auf festen und unbefestigten Wegen. Die Höhenmeter verteilen sich gut über die gesamte Tour. Auf manchen Wegabschnitten, insbesondere beim komplizierten Wegverlauf durch die Hecken, muss man gut auf das Wanderzeichen gelbe Raute achten, das uns auf der ganzen Tour begleitet.

Venusberg, verschiedene Aussichtspunkte

Aidlingen

Der Venusberg ist eine der schönsten Ecken im ohnehin landschaftlich reizvollen Heckengäu. Mit seinen Wacholderheiden, der bewegten Landschaft, die durch Heckenzüge unterbrochen und gegliedert ist, und den verschiedenen Aussichtspunkten verlockt er dazu, immer wieder zu kommen. Hier in dieser Gegend verläuft der Land.Tour-Weg Venusberg, der uns die Landschaft auf Pfaden erschließt, auf die man ohne Hinweise vielleicht gar nicht kommen würde.

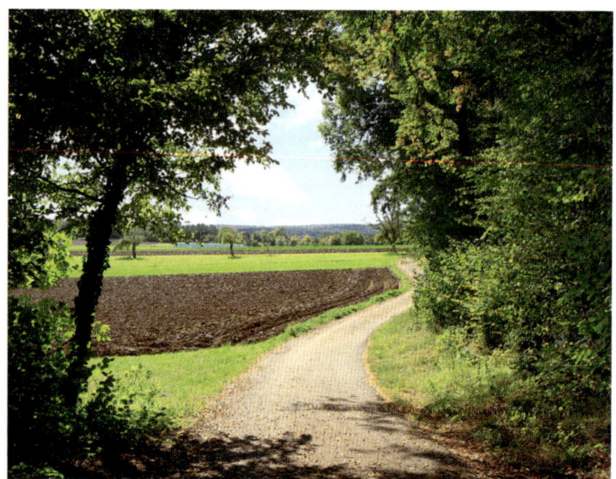

Wir gehen vom **Wanderparkplatz** 1 zwischen dem Kirchtalhof und den Kleintierzüchtern auf der Zufahrtsstraße etwas hinab. Unterhalb des Kleintierzüchterheims biegen wir am Wanderschild **Kleintierzüchter** (461 m) links ab. Nun wandern wir eben auf einem Feldweg weiter. Es geht am Schild **Kirchweg** (506 m) vorbei, dann knickt der Weg links ab. Die Gegend steht als Naturschutzgebiet Venusberg-Wolfsäcker-Besental/Halde unter Naturschutz. Später durchwandern wir Streuobstwiesen,

Landschaftsportale

Immer wieder trifft man bei Wanderungen im Heckengäu auf sogenannte Landschaftsportale. Dies sind große hölzerne Rahmen, welche die Landschaft in einem ganz anderen Licht erscheinen lassen. Sie bieten Landschaftsbilder, die den Blick auf natürliche und kulturhistorische Besonderheiten lenken. Texttafeln an den Rahmen erklären markante landschafts- und damit oft lebensprägende Orte vergangener Zeiten.

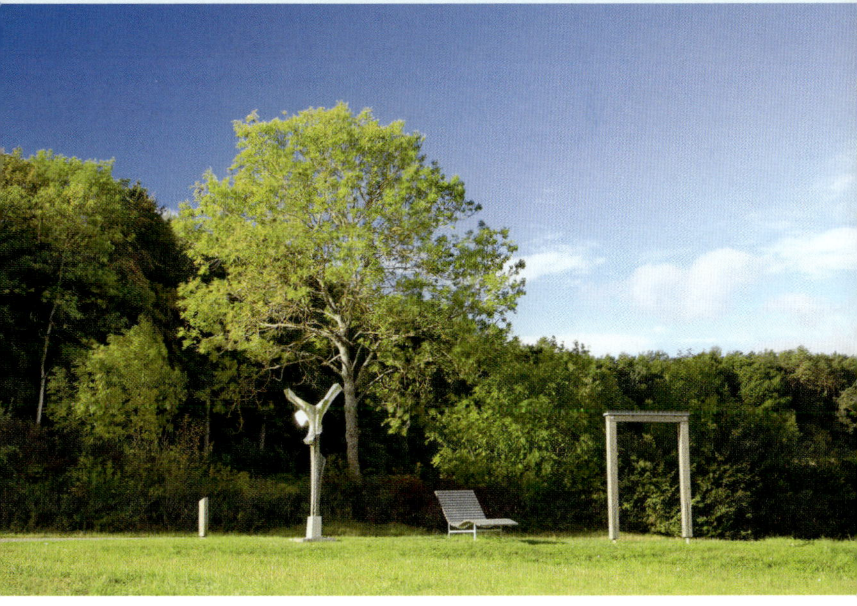

Kunstwerke und »Landschaftsportal« genannte Rahmen begleiten uns auf dieser Wanderung.

haben einen schönen Blick ins Würmtal und auf Döffingen und kommen an der **Blähhalde** 2 vorbei, wo wir auch ein Landschaftsportal finden.

Danach kommen wir in den Wald, wo der Weg nach links zieht. Nach dem Wald sehen wir rechts die **Station Braunerde des Bodenlehrpfads** und stoßen dahinter auf ein Sträßchen. Hier stehen das Kunstwerk Phönix – Mensch/Technik/Natur von Ulrich Kittel, ein Landschaftsportal, mit dem die Landschaft gleich ein ganz anderes Gesicht bekommt, und das eine Erklärung zur Wacholderheide trägt, sowie eine Bank zum Ausruhen.

Wir halten uns rechts, biegen aber gleich wieder links ab 3. Nun steigt der Weg noch etwas an und mit einem

Linksbogen kommen wir zu einem **Wasserbehälter** und einem Kunstwerk. Auf dem Weg haben wir das erste von einigen Lehrpfadschildern gesehen, die zwar eigentlich für Kinder gedacht sind, aber auch für Erwachsene manch Interessantes berichten. Um uns herum sehen wir eine schöne Wacholderheide.

Danach erreichen wir den Waldrand mit dem Schild **Beim Hochbehälter** (528 m) 4. Hier haben wir verschiedene Möglichkeiten. Der markierte Wanderweg führt nach links weiter. Wer will, kann aber auch als Abkürzung geradeaus zum Schild Venusberg weitergehen.

Schöner ist es jedoch, wenn man den Schildern der Tour Venusberg nach links folgt. Der Weg führt am Waldrand vorbei und zieht dann nach rechts zu einer großen Wiesenfläche. Hier halten wir uns mit der gelben Raute rechts und kommen zum Schild **Wolfsäcker** (529 m) 5. Wir wandern geradeaus weiter bis zum Schild **Venusberg** (535 m) 6, wo wir uns links halten. Hier kann man aber einen Abstecher zu einem **Relikt aus der Zeit des Zweiten Weltkriegs** 7 machen, wenn man an der Kreuzung geradeaus ein Stück in den Wald geht.

Zurückgekehrt halten wir uns rechts. Nun fällt der Weg. Nach dem Wald gehen wir geradeaus durch die Felder und

Venusberg

Eines der reizvollsten Gebiete im ohnehin schönen Heckengäu ist der Venusberg. In einer amtlichen Beschreibung des Naturschutzgebietes Venusberg heißt es: »Die offene Heidelandschaft, durchsetzt mit säulenförmigen Wacholdern, Rosen, Hecken auf alten Steinriegeln und mit den knorrig gewachsenen Solitärkiefern bewirken ein eigentümliches, überaus reizvolles Landschaftsbild.« Die markanten Wacholderbüsche, die einzeln stehenden Kiefern – manche erwecken fast den Eindruck eines großen Bonsaibaumes – und die alten, verbuschten Steinriegel verleihen dem Venusberg fast das Gepräge eines Labyrinths. Der Venusberg trägt eine beweidete Heide, dessen Heckenbestände 1985 als Naturschutzgebiet Venusberg–Wolfsäcker–Besental/Halde ausgewiesen wurden. Woher der Name kommt, ist nicht bekannt, früher sprach man in Aidlingen nur vom »Berg«; er könnte in der Zeit der Landvermessung 1830 entstanden sein, als man für diese Erhebung eine Bezeichnung braucht.

Relikt aus dem Zweiten Weltkrieg

Die Ruine ist ein Bauwerk der ehemaligen Bernhards-Anlage, die ab 1944 von der Organisation Todt für ein Funknavigationsgerät für Flieger erbaut wurde. Ende 1944 kamen noch Flakgeschütze dazu. Im April 1945 wurde die Anlage von Pionieren der Wehrmacht gesprengt. Heute ist sie ein »Lost Place / Verlorener Ort« für Leute, die sich für Geschichte und solche Anlagen interessieren.

überqueren bald einen querenden Feldweg. Nun geht es auf einem unbefestigten Weg weiter zum **Waldrand** 8. Hier gehen wir nach links weiter, immer am Waldrand entlang. An der nächsten Waldecke weist uns die gelbe Raute noch einmal nach links, danach nach rechts. Nun wandern wir innerhalb des Waldes, aber an dessen Rand. Etwas später haben wir nach links einen Blick hinaus zu den Feldern. Dort sehen wir in einer Baumgruppe eine der Harthäusle genannten Schutzhütten der Gegend. Es waren einst Schutzhäuschen vor der Witterung für die Bauern und den Feldschützen.

Wir gehen immer geradeaus weiter bis zu einem breiten **Schotterweg** 9. Ihm folgen wir nach links zu dem Schild

Die Harthäusle sind kleine Schutzhütten für die Bauern und Feldschützen bei der Feldarbeit.

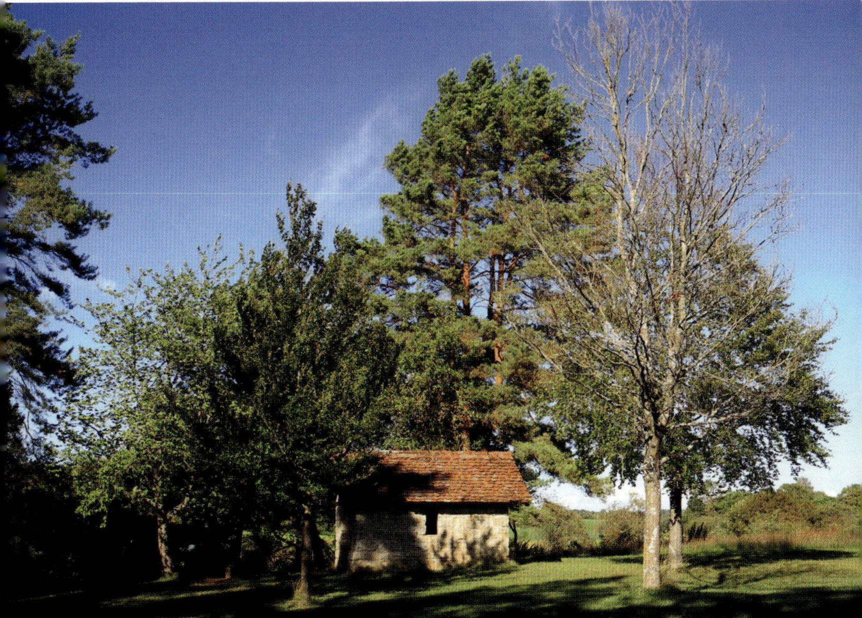

INFOS

Freizeitkarte F520 Stuttgart, 1:50 000, Landesamt für Geoinformation und Landentwicklung Baden-Württemberg (LGL)

https://schoenbuch-heckengaeu.de/; www.aidlingen.de

Bus bis Lehenweiler oder Aidlingen, Haltestelle kath. Kirche

Aidlingen, Wanderparkplatz beim Kirchtalhof/Kleintierzüchterheim, erreichbar über die Straße Furtholz, GPS 48.685712, 8.889035

3 Buchen (500 m) 10. Rechts stehen die Buchen, gegenüber ebenfalls ein Harthäusle.

Wir biegen nun links ab. Kurz darauf zweigen wir rechts ab. Der Weg steigt jetzt wieder an und geht etwas später in einen unbefestigten Weg über. Auf der Höhe knickt er links ab. Etwas später biegen wir vor dem **Berghof** links ab 11. Wir wandern weiter und erreichen den **Lerchenhof**. Beim Schild **Berghöfe** (533 m) 12 orientieren wir uns links. Am nächsten Querweg halten wir uns rechts und wandern auf einem unbefestigten Weg weiter. Dieser knickt bald rechts ab zum Schild **Bei den Berghöfen** (522 m) 13.

Jetzt wandern wir nach links auf einem asphaltierten Weg weiter. Nach einer Kuppe sehen wir links wieder ein **Landschaftsportal** und eine Bank. Wir behalten aber unsere Richtung bei. Nach dem rechts liegenden **Waldeckhof** erreichen wir eine Kreuzung. Rechts steht das Schild **Lindenallee** (500 m) 14. Wir halten uns links, biegen aber gleich mit der gelben Raute rechts ab.

Etwas später kommen wir zum Schild **Grubbank** (515 m) 15. Nun wird der Wegverlauf etwas komplizierter und wir müssen gut auf die reichlich angebrachten Schilder mit der gelben Raute achten. Dafür wandern wir aber auch ein Stück zwischen den für das Heckengäu namengebenden Hecken – auf Wegen, die man ohne Beschilderung wohl gar nicht finden oder sich auf ihnen wie in einem Labyrinth verlaufen würde.

Wir biegen zuerst links ab und gehen auf einem Wiesenweg zu einem querenden Schotterweg. Ihm folgen wir nach rechts. Kurz darauf nach der Rechtskurve biegen wir links ab auf einen Grasweg. Vor einer querenden Hecke halten

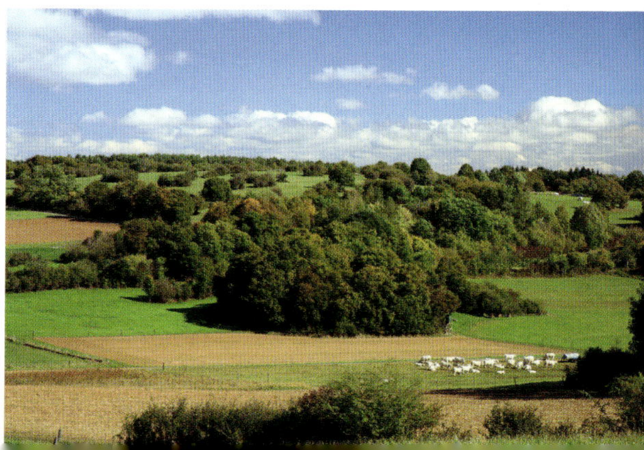

Blick von der Höhe hinab ins Kirchtal.

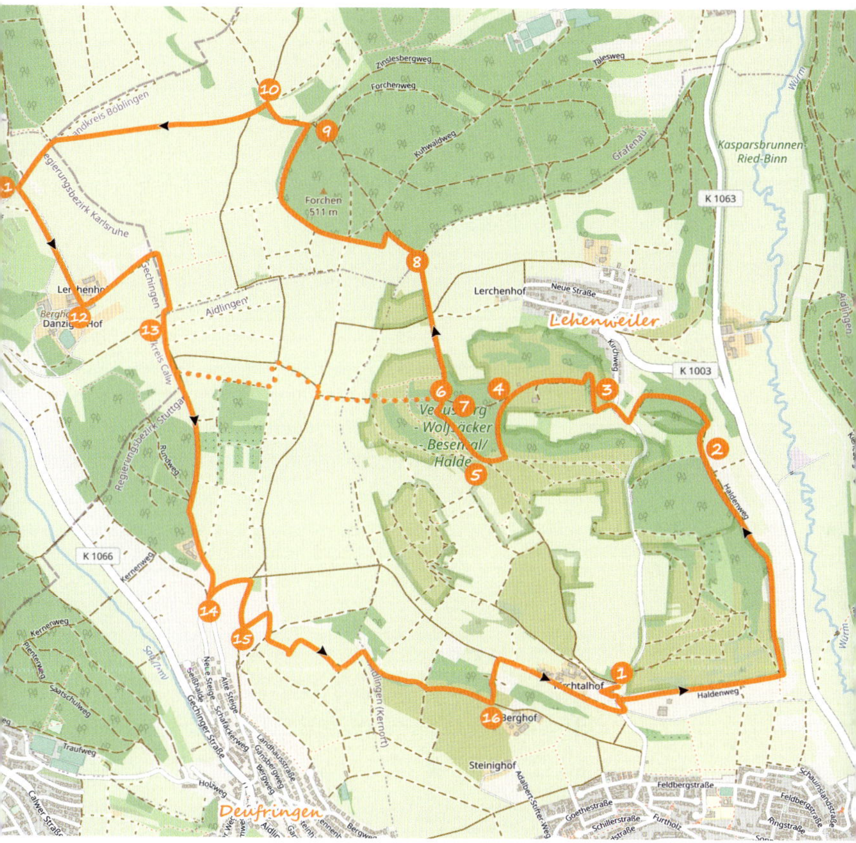

wir uns links, gehen durch einen Durchlass zwischen den Hecken hindurch und biegen vor der nächsten querenden Hecke nochmals links ab.

Bald stoßen wir auf einen querenden Feldweg. Auf ihm wandern wir nach links. Vor dem Wald zieht er nach rechts. Nun gehen wir eine ganze Weile im Prinzip geradeaus. Wir ignorieren die links hinab ins Kirchtal abgehenden Wege. Dafür bietet sich uns ein Blick hinab in dieses Tal. Schließlich werden wir aber vor dem **Berghof** doch nach links verwiesen 16. Nun geht es steil hinab ins Kirchtal.

Dort biegen wir rechts ab und wandern unterhalb des **Kirchtalhofs** zu dem bekannten Kleintierzüchterheim. Hier gehen wir nach links hinauf zum **Ausgangspunkt**.

Land.Tour SchafSpuren

Durch die Heiden um Deufringen

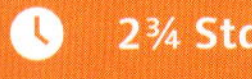

2¾ Std.

9,2 km

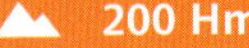

200 Hm

Deufringen – Dachtel – Storrenberg – Aidursprung – Steinenberg – Höhnle – Deufringen

Wir wandern auf festen und unbefestigten Wegen.

Heidelandschaften

Sportheim bei den Deufringer Sportplätzen

Die Umgebung von Deufringen war und ist wie das ganze Heckengäu eine Landschaft, in der viele Schafe gehalten wurden bzw. Wanderschäfer durchzogen. Von daher ist auch der Name des Weges verständlich. Für uns ist es heute eine wunderbare Heckengäulandschaft mit Wiesen, Waldstücken, Feldern – und natürlich den Wacholderheideflächen und namengebenden Hecken. Diese Wanderung führt uns mit Auf und Ab hier hindurch und zeigt uns die ganze Schönheit des Heckengäus.

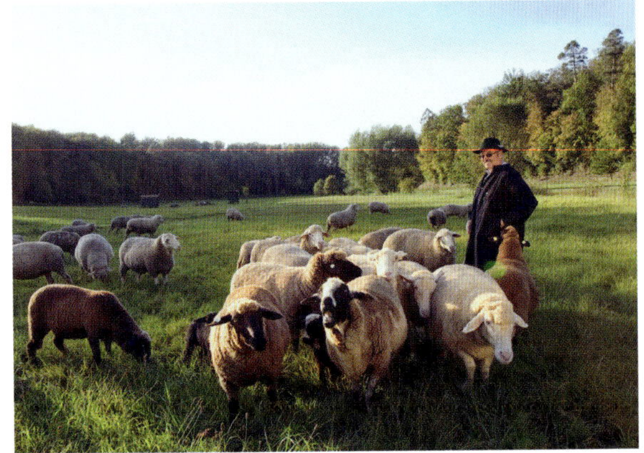

Begegnung mit den Schafen, die der Tour ihren Namen geben. (Landratsamt Böblingen)

Wir gehen vom **Parkplatz am Schlosshof** 1 beim ehemaligen **Rathaus Deufringen** zur Gechinger Straße, wo sich auch die Bushaltestelle Rathaus befindet. Dort steht auch das Wanderschild **Deufringen Rathaus** (444 m). Auf ihm ist auch bereits das Zeichen für unseren Weg Schafspuren zu sehen. Im Prinzip müssen wir auf dem Weg immer auf das Zeichen gelbe Raute achten.

Wir gehen vom Wanderschild aus hinab, überqueren den Bach und gehen am »Dorfplatz« mit den Sportgeräten vorbei zur nächsten Straße. Dort sehen wir das Schild **Deufrin-**

Storrenberg

Der Storrenberg wurde 1985 mit 12,4 Hektar als Naturschutzgebiet ausgewiesen. Er besteht aus Heideflächen, Hecken, Gebüschen, Waldstücken, in denen viele Forchen zu finden sind, Wiesen und Obstbaumwiesen. Sein Erscheinungsbild hat sich vor allem unter dem Einfluss der langen Beweidung mit Schafen herausgebildet.

gen Kreuzstraße (443 m). Hier gehen wir auf dem Holzweg weiter, der nach rechts steil ansteigt.

Bald verlassen wir den Ort und steigen auf dem Sträßchen noch etwas an bis zu einer Verzweigung auf der Höhe, wo in der Grasfläche der **Gedenkstein** zum hundertjährigen Jubiläum 1984 des gemischten Chors Deufringen steht. Hier zweigen wir rechts ab und kommen in den Wald. Etwas später erreichen wir eine mächtige **Linde mit einer Bank** 2.

Dort gehen wir nach links in den Wald, halten uns gleich links und wandern am Waldrand entlang. Am ersten rechts abgehenden Weg kurz vor Ende des zweiten Sportplatzes können wir nach rechts zu dem **Niederseil-**

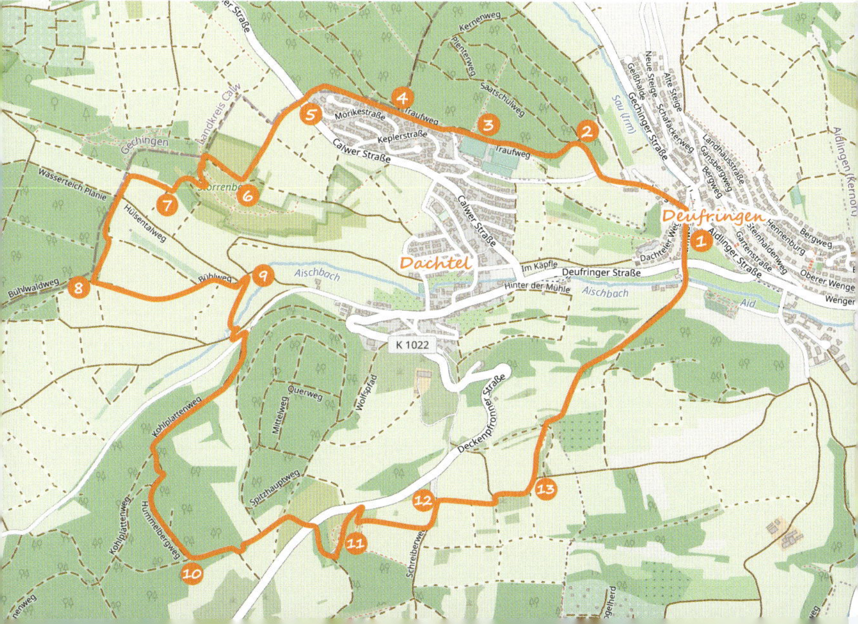

parcours ③ gehen, der für Kinder wahrscheinlich eine willkommene Abwechslung ist, aber er gefällt auch Erwachsenen. Danach wandern wir weiter entlang der Sportanlagen. Der Weg zieht nach ihnen nach links zum Schild **Deufringen Sportheim** (502 m), wo wir auch auf die ersten Häuser treffen. Hier gehen wir nach rechts weiter. Am Schild **Keltenhügel** (515 m) können wir dem Weg kurz in den Wald folgen. Dort finden wir eine Beschreibung des Keltenhügels ④.

Danach gehen wir zurück und wandern weiter entlang der Häuser. Schließlich fällt der Weg und beschreibt eine Linkskurve. Bald endet der Wald und wir treffen auf eine **Straße** ⑤. Wir überqueren sie und gehen danach zwischen Wiesen und Feldern geradeaus weiter. Vor einer Gehölzgruppe beginnt das Naturschutzgebiet Storrenberg. Wir gehen links an dem Gehölz vorbei und geradeaus bis zum

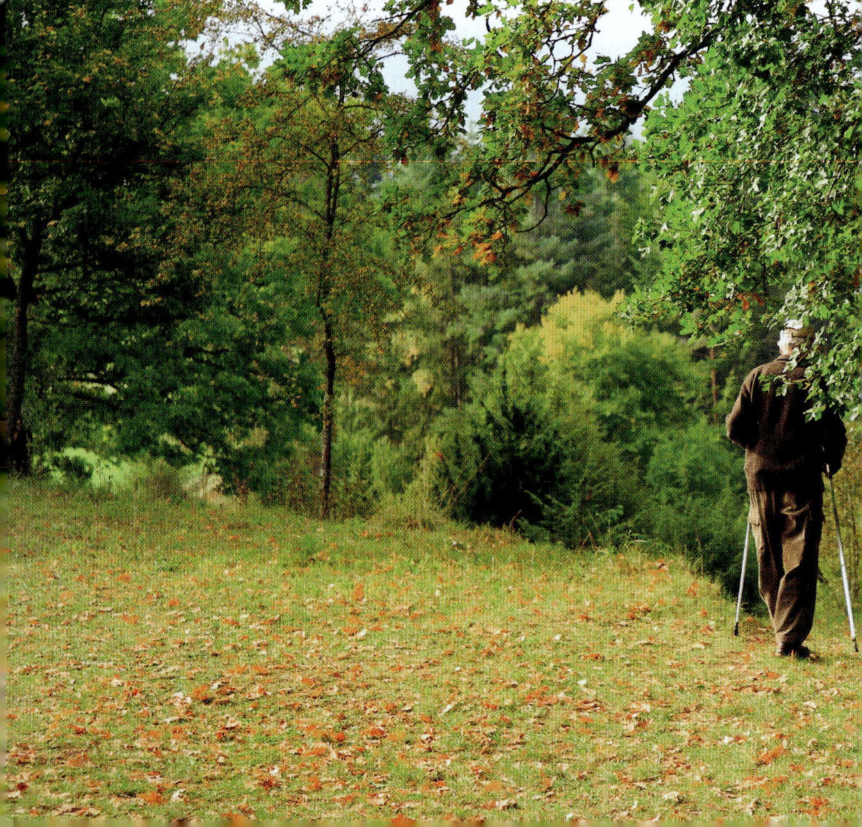

Schild **Storrenberg** (508 m) 6. Dort sind wir in der wunderbaren Heidelandschaft des Storrenbergs.

Hier biegen wir rechts ab und erreichen kurz darauf das Schild **Grenzstein** (498 m). Hier steht auch eine Infotafel. Nun biegen wir links ab. Jetzt müssen wir gut auf die Schilder mit der gelben Raute achten, denn nun geht es im Zickzack durch die Heidelandschaft, später durch den Wald hinab ins **Hülsental** 7. Am Waldrand werden wir vor den Feldern nach rechts, kurz darauf an einer Waldecke nach links verwiesen. Nun steigt unser Weg wieder an. Am Waldrand überqueren wir einen Weg und gehen zwischen Baumwiesen und dem Waldrand weiter bergauf. Etwas später liegt rechts eine durch eine Infotafel erklärte ehemalige **Lehmgrube**.

Danach zieht der Weg nach rechts in den Wald. Nach dessen Ende folgen wir dem querenden Feldweg nach links 8. Jetzt haben wir auch einen schönen Blick nach

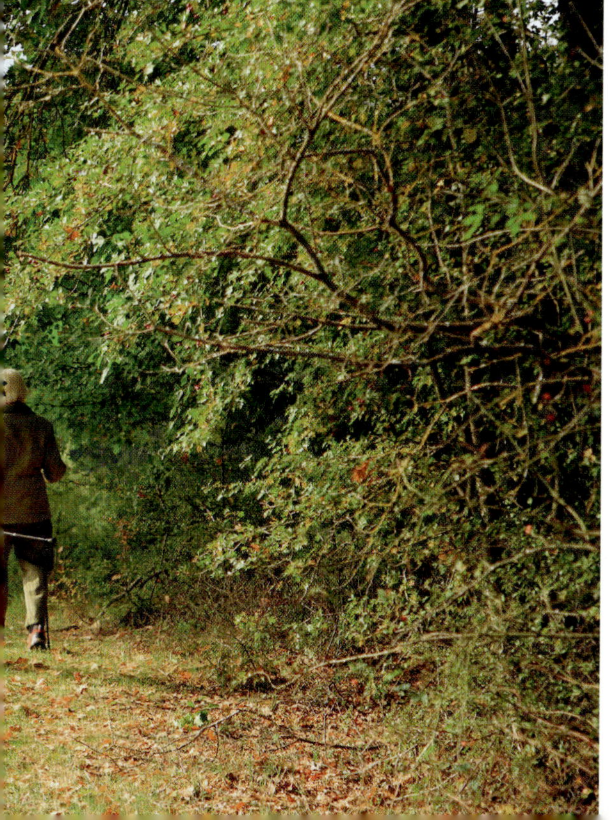

Die Wanderung führt durch idyllische Landschaftsteile.

INFOS

Freizeitkarte F520 Stuttgart, 1:50 000, Landesamt für Geoinformation und Landentwicklung Baden-Württemberg (LGL)

www.schoenbuch-heckengaeu.de; www.aidlingen.de

Bus bis Haltestelle Deufringen Rathaus

Aidlingen-Deufringen, Schlosshof, GPS 48.681137, 8.867643

links in Richtung Dachtel, Deufringen und Aidlingen und nach links zum Storrenberg.

Im Tal werden wir nach rechts auf den unbefestigten Hans-Mozer-Rundwanderweg 9 verwiesen. Er führt uns zum **Aidursprung**. Dahinter kommen wir zur Straße. Ihr folgen wir kurz nach links, dann weist uns das Zeichen nach rechts. Auf einem schmalen Pfad geht es nun hinauf zu einem querenden Asphaltweg mit dem Schild **Bierkeller** (472 m). Hier zweigen wir rechts ab. Wir folgen nun 100 Meter dem Asphaltweg bis zum Schild **Hummelbergweg** (486 m), wo wir rechts auf einen Schotterweg abzweigen. Bald überqueren wir eine waldfreie Schneise mit Obstbäumen, dahinter geht es im Wald bergauf.

An einer Verzweigung halten wir uns links in den Hummelbergweg. An einem querenden Weg orientieren wir uns links, am **Waldrand** 10 noch einmal in einen Schotterweg. Dieser zieht bald nach links. Wir gehen aber am Wanderschild **Hochbehälter Buchhalde** (560 m) auf einem unbefestigten Weg geradeaus weiter. Jetzt führt die Wanderung durch eine recht urige und heideartige Landschaft. Hier müssen wir gut auf die Wanderzeichen und die Pfadspuren achten. Etwas später treffen wir auf eine Straße. Hinter ihr leitet uns die gelbe Raute weiter in den Wald.

Dort biegen wir am Schild **Höhnle** (564 m) links ab. Links sehen wir eine Hütte, eine Grillstelle, Tisch und Bänke. Wir folgen den Zeichen zu dem rechts davon stehenden **Land-**

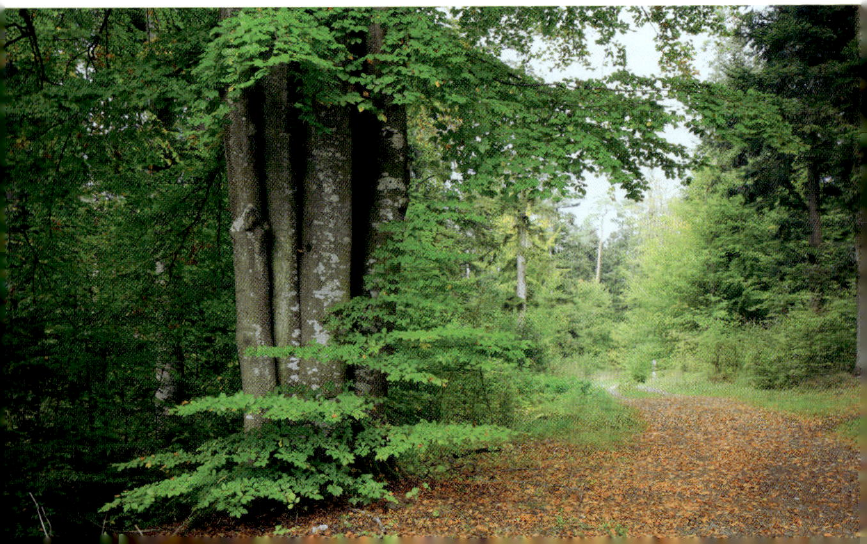

Die Tour führt über freie Flächen, aber auch durch idyllische Wälder.

schaftsportal 11 mit der Erklärung zum Höhnle; von hier aus bietet sich uns auch eine weite Aussicht über das Heckental. Danach geht es weiter zur Straße. Vor ihr werden wir scharf nach rechts verwiesen. Auch jetzt wird der Wegverlauf etwas kompliziert, aber wenn wir immer die Schilder beachten, können wir den Rückweg nicht verfehlen.

Am Schild **Heckental** (539 m) gehen wir links auf dem Sträßchen etwas bergauf zum Schild **Schreiberweg** (541 m) 12. Hier biegen wir rechts ab und gehen zu dem bereits sichtbaren Landschaftsportal. Dort finden wir eine Erklärung zu Steinriegeln.

Wir halten uns links und wandern auf dem Sträßchen an der rechts stehenden Wacholderheide vorbei. Am nächsten **Wanderschild** 13 biegen wir links ab. Nun wandern wir über eine Wiesenfläche mit Wacholderheiden und ausgesprochen vielen Silberdisteln. Vor einer großen Ackerfläche und einer Baumwiese halten wir uns links. Der Weg fällt und bald treffen wir auf einen Asphaltweg. Auf ihm geht es – nun mit schönem Blick auf Deufringen – hinab in diesen Ort. Vor ihm überqueren wir die Aid, danach die Straße. Hinter ihr spazieren wir geradeaus links der Irm im Irmweg nach Deufringen hinein. Ab dem Schild **Kreuzstraße** (443 m) kennen wir den Weg. Wir biegen kurz danach rechts ab, überqueren den Dorfplatz und die Irm und erreichen wieder die Gechinger Straße mit **Bushaltestelle** und **Parkplatz am Schlosshof**.

Blick auf Deufringen.

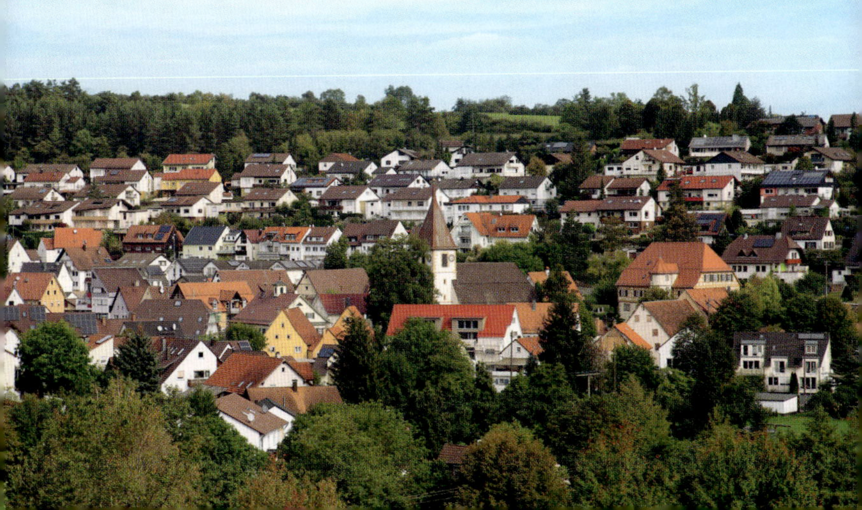

Heide und Aussicht

14

Über den Killberg mit Sicht nach Gültlingen

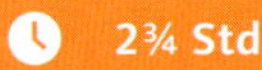

2¾ Std.

10,7 km

130 Hm

Deckenpfronn/ Sportzentrum – Wald – Felder – Killberg – Schafhof – Kreuz – Parkplatz B 296 – Deckenpfronn/Sportzentrum

Wir wandern auf festen und unbefestigten Wegen.

Wald, Heide am Killberg, Aussicht

Rucksackvesper mitnehmen

Der zu den Gültlinger und Holzbronner Heiden gehörende Killberg weist eine abwechslungsreiche Struktur auf: Es geht immer leicht auf und ab, die Wiesen und Felder sind durch Hecken und Waldstücke strukturiert und immer wieder wandert man durch Wacholderheiden. Etwas Besonderes ist auch der Aussichtspunkt beim Schafhof, der sogar ein »Gipfel-«Kreuz besitzt. Am Anfang wandern wir durch einen schönen, naturnahen Wald, am Ende mit weitem Blick auf Deckenpfronn entlang des Waldrands.

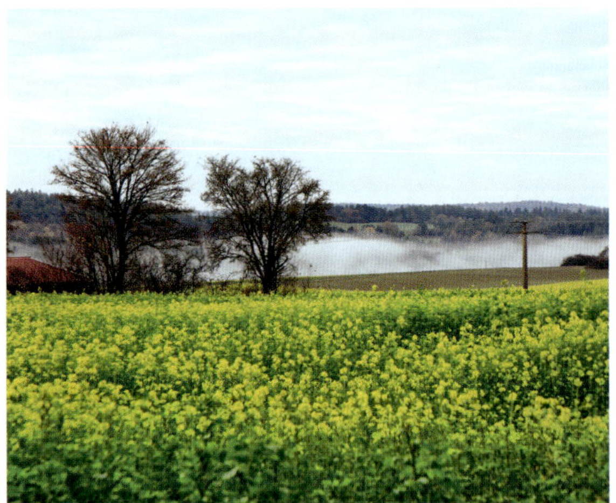

Schön ist es, wenn sich an einem Herbstmorgen die Nebel lichten.

Wir gehen vom **Parkplatz an der Gemeindehalle** 1 zum **hinteren Sportplatz**. Dort biegen wir am Wanderschild **Deckenpfronn Sportzentrum** (555 m) rechts ab in den Lindenweg. Es geht auf einem Naturweg bergab zu einem **Haus**. Dort biegen wir links ab und kommen auf einem Schotterweg in den Wald. Bald erreichen wir eine Kreuzung mit dem Schild **Unterer Wald** (517 m). Hier wandern wir geradeaus weiter, jetzt bergauf.

Wir überqueren einen Weg und gehen noch kurz weiter zum Schild **Steinenberg** (553 m) 2. Dort biegen wir links ab. Jetzt wandern wir eine Weile auf einem Naturpfad durch einen Wald, der mit mächtigen alten Bäumen, Totholz und einer abwechslungsreichen Natur idyllische Szenen bietet. Nach einiger Zeit kommen wir am Schild **Heimenwald** (566 m) vorbei. Etwas später verlassen wir den Wald und gehen an dessen Rand nach rechts zum Schild **Lerchenberg** (565 m).

Etwas nach rechts versetzt queren wir die **B296** 3 und wandern geradeaus, bis der asphaltierte Weg nach rechts abknickt. Hier kommen wir am Schluss wieder zurück. Wir gehen aber geradeaus auf einem unbefestigten Weg.

Etwas später sehen wir das Wanderschild blaue Raute, das uns auf dieser Tour eine Weile begleiten wird. Nach einer links stehenden **Feldscheune** biegen wir links ab. Danach halten wir uns rechts. Wir kommen bald an einem Gehölz vorbei und biegen nach ihm links ab 4 in Richtung des **Wäldchens**, wo wir auch ein Schild des Naturschutzgebiets sehen. Wir gehen zu diesem Schild, wo wir auch das Wanderzeichen wieder finden. Danach zieht der Weg nach rechts durch den Waldstreifen.

Das Kreuz beim Schafhof markiert einen wunderbaren Aussichtspunkt.

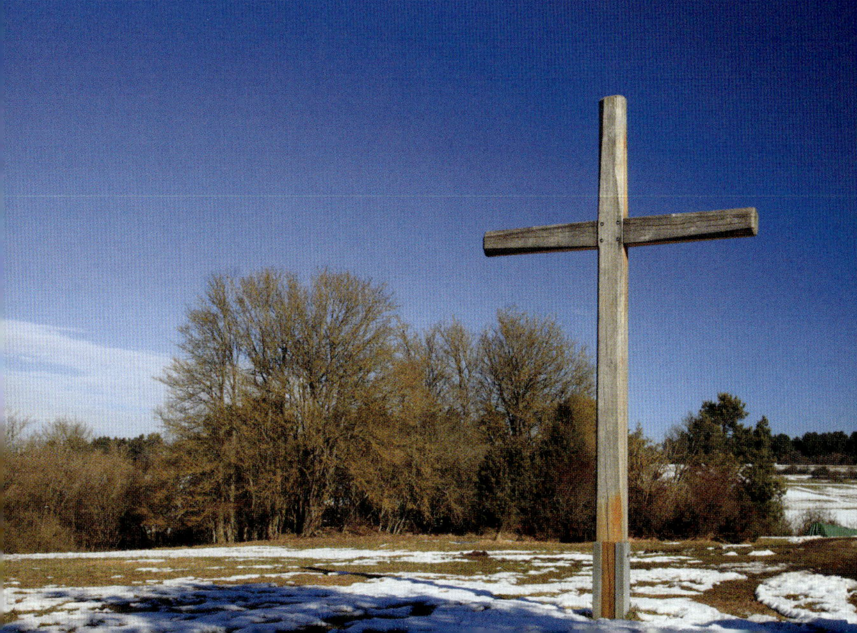

Nun wandern wir durch eine heideartige Landschaft mit Wacholdern und verschiedenen Nadelgehölzen, die insgesamt einen recht unberührten Charakter aufweist. Schließlich geht es hinab zu einem querenden Asphaltweg. Hier biegen wir rechts, dann gleich wieder scharf links 5 ab. Bald darauf werden wir nach rechts auf einen Feldweg verwiesen.

Nun wandern wir in einem weiten Bogen eben am Hang entlang. Wo links ein **Gehölz** beginnt, müssen wir aufpassen: Hier werden wir mit der blauen Raute nach rechts verwiesen 6. Wir gehen auf Pfadspuren durch die Wiese

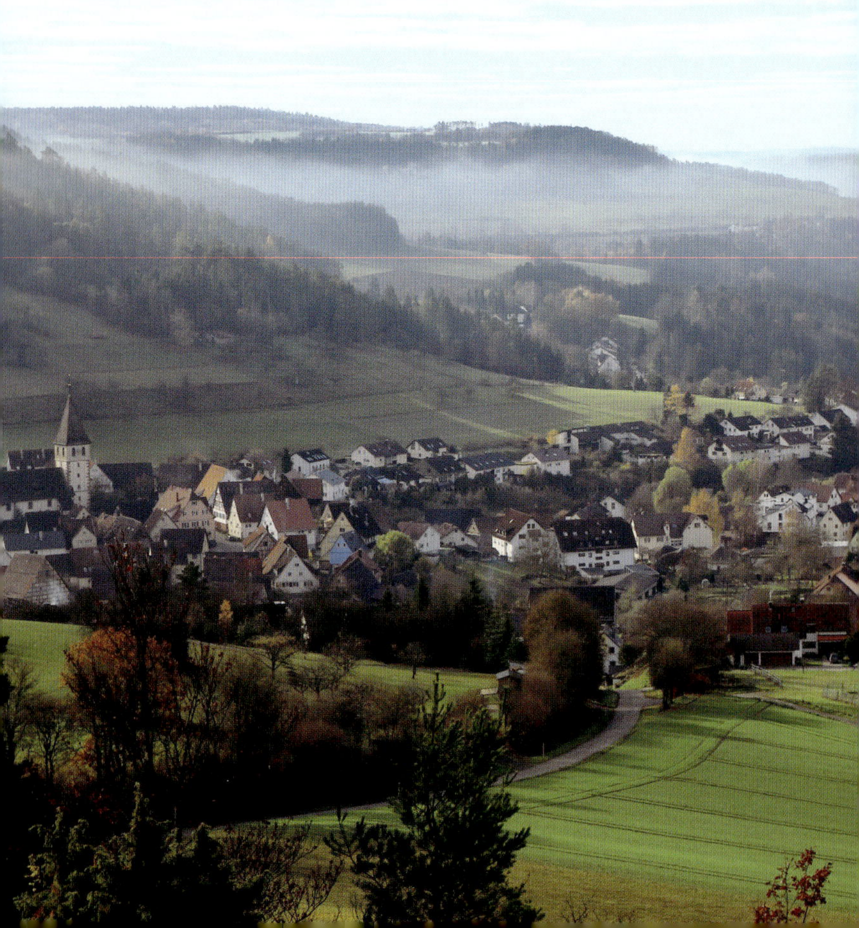

Tiefblick vom Kreuz auf Gültlingen.

hinauf zum **Waldrand**. Hier sollten wir uns umdrehen, weil wir im Rückblick ganz gut die durch Hecken strukturierte Landschaft erkennen können.

Wir gehen kurz in den Wald, dann weist uns das Zeichen nach links bergab. An einem querenden Naturweg biegen wir rechts ab. Nun wandern wir direkt durch die Heckenlandschaft. Wenn wir ein paar Schritte nach links hinaus gehen, haben wir einen schönen Blick hinab nach Gültlingen.

Bald kommen wir mit einem Linksknick zur Straße und dem Wanderschild **Schafhof** (530 m). Wir halten uns rechts, dann gleich wieder links und wandern am **Schafhof** vorbei.

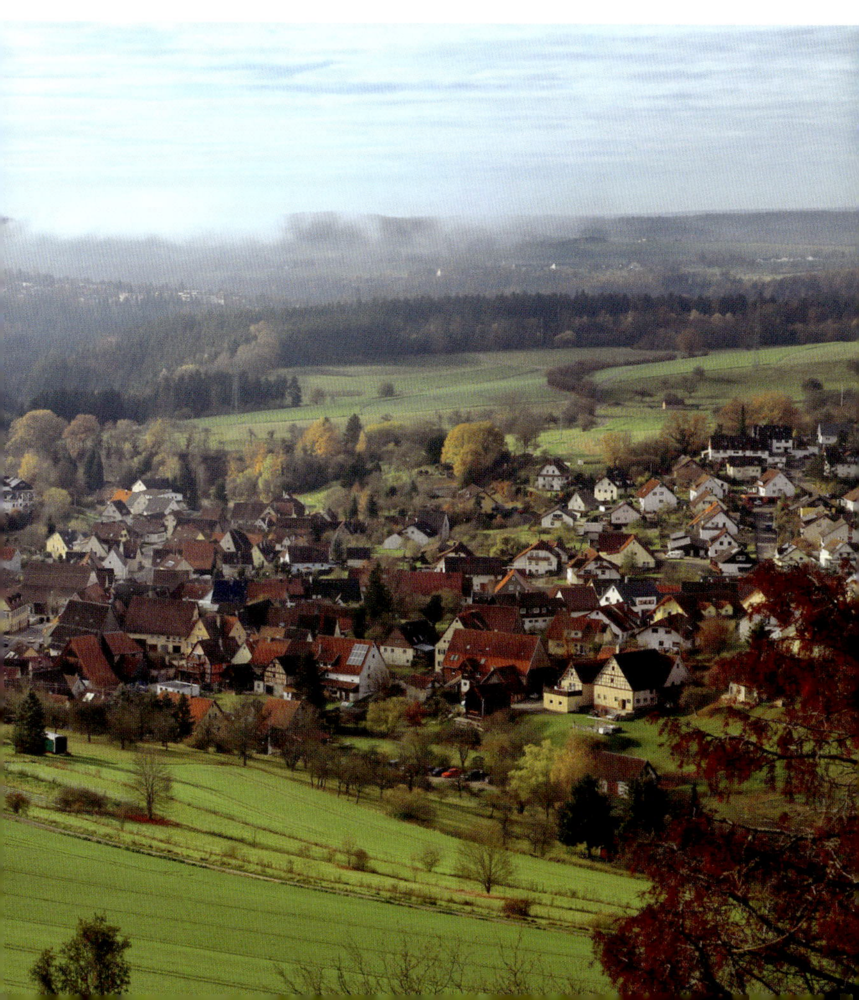

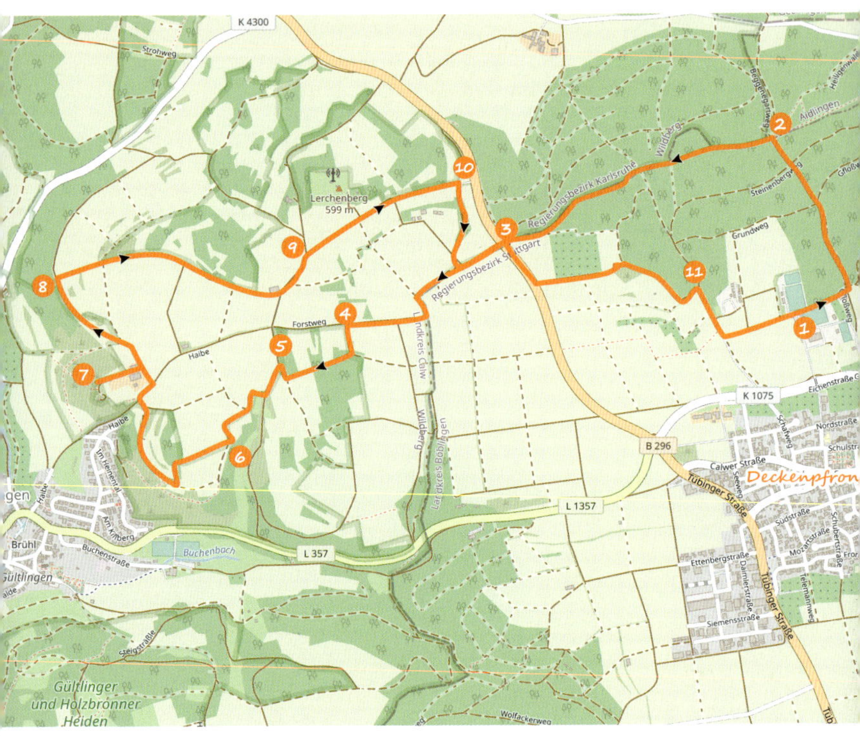

Zwischen den beiden **Scheunen** biegen wir links ab. Nun geht es hinaus zum Steilabfall oberhalb von Gültlingen. Hier haben wir nicht nur eine weitere schöne Sicht, sondern hier steht auch ein **Kreuz** mit einem Feldaltar 7.

Nachdem wir die Aussicht ins Gäu genossen haben, gehen wir wieder zurück und biegen links ab. Nach einiger Zeit führt der Weg in den Wald, wir biegen aber vorher rechts ab in den ansteigenden Asphaltweg 8. Auch jetzt haben wir nach rechts eine weite Aussicht. Das Schild Naturschutzgebiet weist uns darauf hin, dass wir wieder in einer recht urtümlichen Natur wandern.

An einem Querweg nach einer großen **Scheune** orientieren wir uns links. An der nächsten **Verzweigung** 9 halten wir uns an das nach rechts weisende Radwegschild nach »Deckenpfronn«. Auf diesem Weg erreichen wir bald einen **Parkplatz an der B296** 10; hier befindet sich auch die genannte Bushaltestelle.

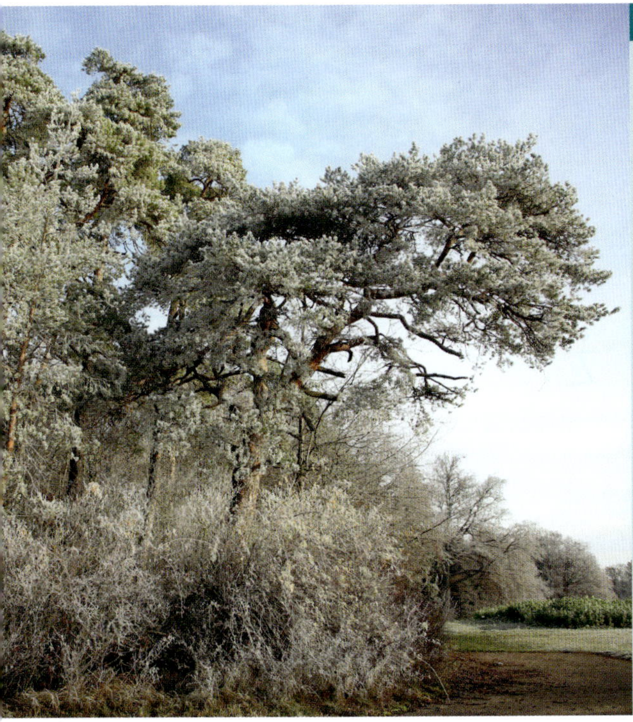

INFOS

Freizeitkarte F502 Pforzheim, 1:50 000, Landesamt für Geoinformation und Landentwicklung Baden-Württemberg (LGL)

www.deckenpfronn.de

S-Bahn bis Herrenberg oder Gärtringen, dann Bus bis Deckenpfronn

Deckenpfronn, Parkplatz an der Gemeindehalle, Weißenberger Allee, GPS 48.657958, 8.821226

Die Tour hat zu jeder Jahreszeit ihren Reiz.

Wir nehmen den vor dem Parkplatz rechts abgehenden Weg und folgen ihm bis nach der Rechtskurve. Dort halten wir uns mit dem Radwegschild nach »Deckenpfronn« links. Gleich darauf sind wir an der Stelle, an der wir anfangs auf dem unbefestigten Weg nach rechts gewandert sind. Jetzt biegen wir aber links ab und gehen zurück zum bekannten Schild **Lerchenberg**. Dort gehen wir nach rechts parallel und oberhalb der Straße weiter.

Bei einer Leitplanke folgen wir dem Wanderzeichen blaue Raute nach links. Nach rechts haben wir jetzt einen schönen Blick nach Deckenpfronn. Nach einem eingezäunten Grundstück mit Obstbäumen wandern wir an einem von einer hohen Hecke umgebenen Grundstück vorbei zum Waldrand. Dort folgen wir dem Weg nach links. Am Schild **Grund** (545 m) 11 zieht der Weg nach rechts. Nun steigt es ein wenig an. Wir folgen dem zweiten links abgehenden Weg und kommen zurück zum **Ausgangspunkt**.

Vom Egelsee zum Schwarzwaldblick

15

Natursehenswürdigkeiten bei Deckenpfronn

2¼ Std.

8,1 km

90 Hm

Deckenpfronn/Egelsee – Kreuz – durch Wiesen, Felder und Wald – Schwarzwaldblick – Schillerlinde – Egelsee

Wir wandern meist auf festen Wegen, stellenweise auf Naturwegen.

Egelsee, Heiligkreuz, Aussicht am Heiligkreuz und Schwarzwaldblick, Naturdenkmal Eiche und Schillerlinde

Flugplatz

Der Name der Tour sagt bereits, was den Wanderer bei Deckenpfronn erwartet. Man startet bei einem kleinen, idyllischen Weiher und trifft kurz darauf mit dem Gedenkkreuz auf eine historische Besonderheit. Von hier aus bietet sich auch ein herrlicher Blick zur Schwäbischen Alb. Danach wandert man zwischen Wiesen und Feldern, am Schluss durch den Wald, zum Schwarzwaldblick. Hier hat man ebenfalls eine grandiose Aussicht, aber dieses Mal nach Westen. Wieder durch den Wald kommt man zur mächtigen Schillerlinde, bevor es zurück zum Ausgangspunkt geht.

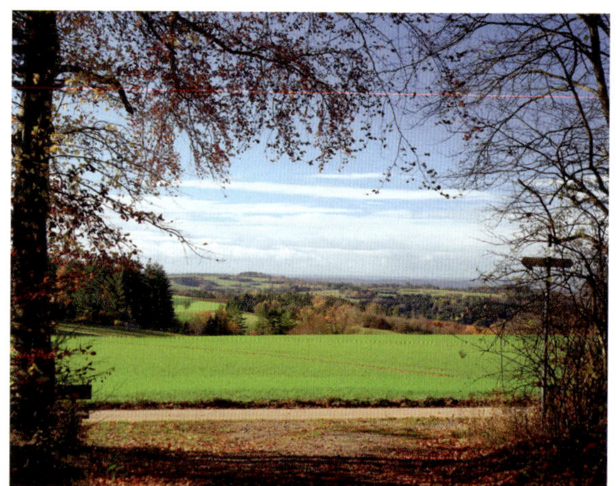

Die Bezeichnung Schwarzwaldblick sagt, was man bei klarer Sicht an dieser Stelle sieht.

Wir überqueren am **Egelsee** 1 südlich von Deckenpfronn die B296 und gehen auf der anderen Seite auf dem Feldweg zum **Heiligen Kreuz** 2.

Danach folgen wir dem Feldweg weiter. Es geht am **Wanderschild Heiligkreuz** (571 m) vorbei, danach treffen wir am zweiten Gehölz auf das Schild **Schömberg** (559 m) 3. Hier biegen wir mit dem Wanderzeichen

Gedenk- und Aussichtsplatz »Heiliges Kreuz«

An der Stelle des »Heiligen Kreuzes« verlief einst eine Römerstraße, die von Rottenburg nach Pforzheim führte. In diesem Bereich war sie als Hohlweg gestaltet, der aber in jüngerer Zeit aufgefüllt wurde. Durch eine leichte Mulde in der Landschaft lässt sich aber sein Verlauf noch erkennen. Im Juli 1253 war Graf Burkhardt von Hohenberg auf einem Ausritt vermutlich auf dem Heimweg zum Schloss Wildberg unter einem Baum vom Blitz tödlich getroffen worden. Er war der Vater der Gattin von Kaiser Rudolf I. von Habsburg gewesen, die als Urmutter des Habsburger Geschlechtes gilt. Zu seinem 750. Todestag wurde an der mutmaßlichen Todesstelle ein Gedenkkreuz aus Granit aufgestellt. Eine Tafel erklärt zudem die Aussicht auf die Berge der Schwäbischen Alb.

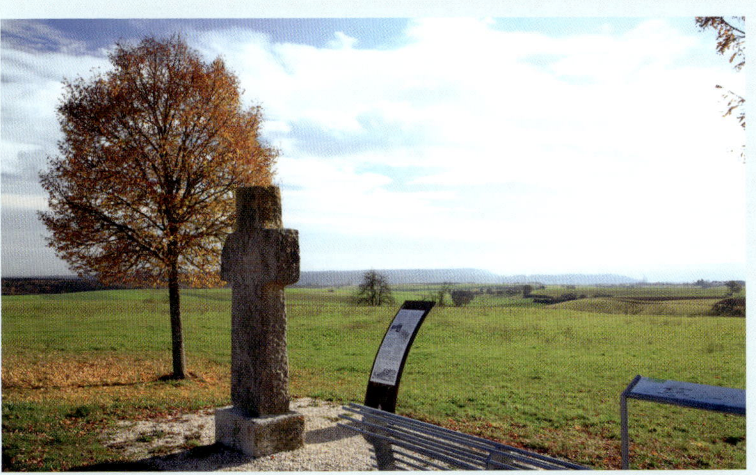

Schillerlinde

Die Schillerlinde wurde 1905 anlässlich des 100. Todesjahres von Friedrich Schiller gepflanzt. Vor ihr steht ein steinerner Feldaltar.

gelbe Raute, das uns auf fast der gesamten Tour begleitet, rechts ab. Es geht hinab zu einer kleinen **Hütte** und einem Graben, dahinter wieder etwas hinauf.

Nach der **Hecke** 4 werden wir nach rechts verwiesen. Es steigt sanft an bis zur Straße B296 5. Wir überqueren sie und wandern zwischen den Wiesen und Feldern zum Wald. Vor ihm biegen wir rechts ab. Kurz vor der Halle

INFOS

Freizeitkarte F502 Pforzheim, 1:50 000, Landesamt für Geoinformation und Landentwicklung Baden-Württemberg (LGL)

www.deckenpfronn.de

S-Bahn bis Herrenberg oder Gärtringen, dann Bus bis Deckenpfronn

Deckenpfronn, Parkplatz beim Egelsee an der B296, GPS 48.641470, 8.823231

des Flugplatzes orientieren wir uns rechts in den **Hardtwaldweg** 6. Nach einer Weile kommen wir an einer Tafel mit einer Erklärung zu Habitat-Baumgruppen vorbei. Nach einer Rechtskurve nehmen wir an einer Verzweigung den linken Weg. Bald quert der Jägerweg. Ihm folgen wir nach rechts. Kurz darauf quert der Gültlinger Weg, hier halten wir uns rechts 7.

Nach einer Straße verlassen wir am Schild **Dreiländereck** (596 m) den Wald. Jetzt wandern wir am Waldrand mit prächtiger Sicht nach links zum Schild **Schwarzwaldblick** (590 m) 8. Hier sollten wir eine Weile verweilen und die Aussicht genießen. Dann biegen wir rechts ab und wandern wieder durch den Wald.

Wir passieren wieder eine Tafel, auf dem die **Waldrefugien** erklärt sind Etwas später stoßen wir am Waldrand auf das Wanderschild **Lehmgrube**, wo wir links abbiegen. Es geht bald an einer als Naturdenkmal geschützten Eiche vorbei, danach biegen wir am ersten links abgehenden Weg ab. Auf ihm wandern wir bergauf zur bereits sichtbaren **Schillerlinde** 9.

Wir folgen dem Weg noch etwas weiter, dann biegen wir vor der Hecke und der Gärtnerei rechts ab. Danach spazieren wir an Wohnhäusern vorbei und treffen nach einem

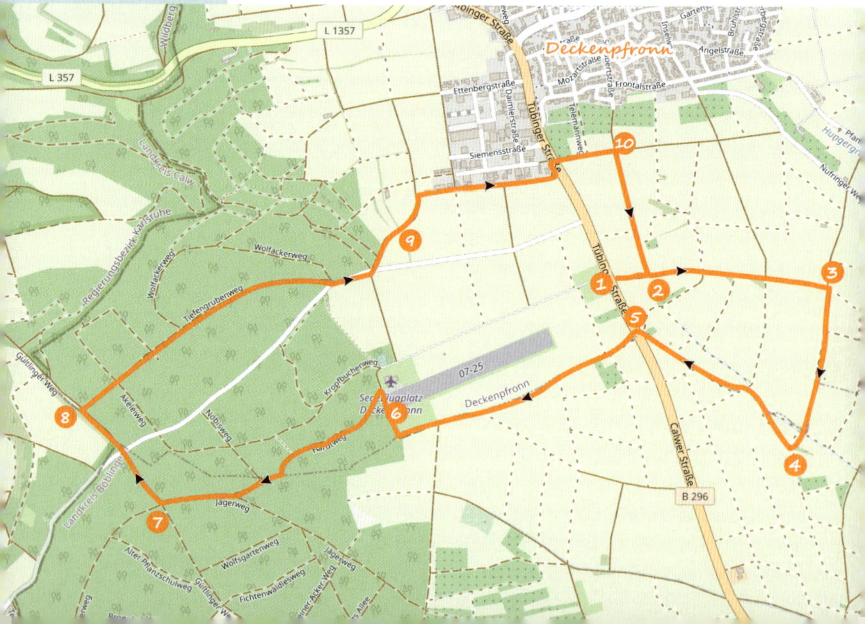

Linksbogen auf die Bundesstraße. Wir überqueren sie und wandern auf der anderen Seite mit schönem Blick nach links nach Deckenpfronn weiter.

An der nächsten **Kreuzung** 10 biegen wir rechts ab. Nun wandern wir auf die ferne Schwäbische Alb zu. Etwas später treffen wir auf den bekannten Querweg, der uns nach rechts wieder zum Heiligen Kreuz und zurück zum Egelsee bringt. Hier können wir uns jetzt auf der Bank ausruhen.

Egelsee

Der mit Pappeln umsäumte Egelsee unweit des einstigen Militär- und heutigen Segelflugplatzes ist eine geologische Besonderheit, denn eigentlich ist die verkarstete Hochfläche des Gäus wasserdurchlässig, sodass es keinen See geben dürfte. Unter dem See befindet sich aber in einer Tiefe von etwa zwei Metern eine wasserundurchlässige Lettenkohleschicht. Hier wurde früher Lehm ausgegraben und zum Hausbau verwendet. Dadurch entstand ein großes Loch im Erdreich, an dessen Boden das auf der Lettenkohleschicht befindliche Oberflächenwasser austritt und so den See bildet. Daher ist der Wasserstand des Sees von der Ergiebigkeit der Regenfälle abhängig. Besonders schön ist es hier, wenn im Frühsommer gelbe Schwertlilien und Seerosen blühen.

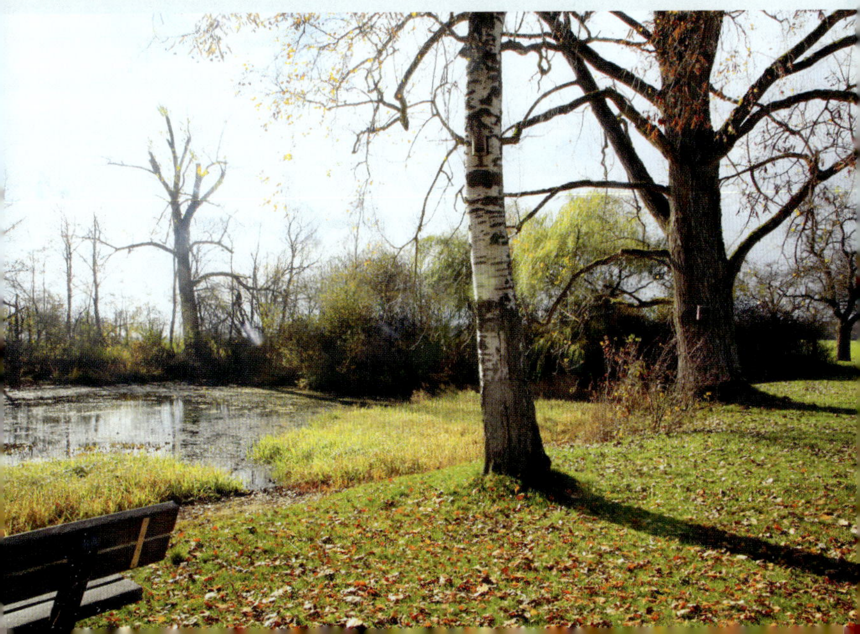

Erinnerung an dunkle Zeiten 16

Von Bondorf zur Gedenkstätte

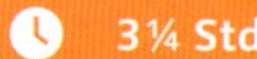 3 ¼ Std.

↦ 12 km

80 Hm

Bondorf/Bahnhof – Hailfingen – KZ-Gedenkstätte – Höfe – Kochart – Bondorf/Bahnhof

Wir wandern auf festen Wegen.

Landschaft, Gedenkstätte

Bondorf

Bondorf ist einer der typischen Orte im Gäu, umgeben von einer relativ flachen Landschaft, die intensiv landwirtschaftlich genutzt wird und im Sommer gut die Fruchtbarkeit dieser Gegend zeigt. Auf der Tour bieten sich uns immer wieder weite Blick über die Landschaft, zeitweise auch zum Schönbuchtrauf. Nicht so ganz zu der schönen Landschaft passt die Erinnerungsstätte an das ehemalige Konzentrationslager, in dem viele Menschen schwer leiden mussten.

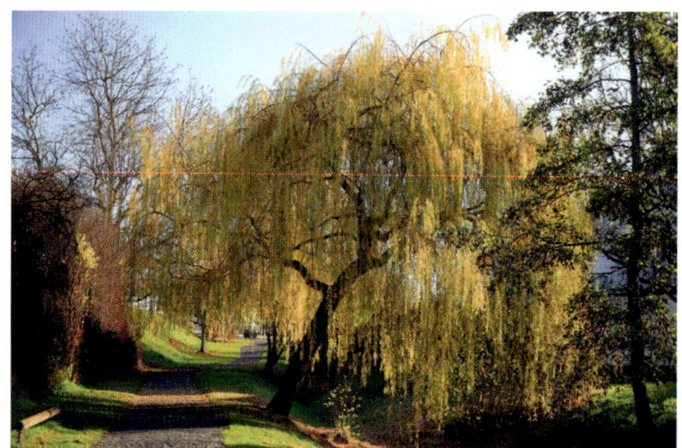

Prächtige Herbstfarben am Früchtepfad.

Wir gehen vom **Bahnhof** 1 von Bondorf bzw. vom dort liegenden Parkplatz aus nach Norden, rechts am Parkhaus vorbei und biegen danach bzw. vor dem Parkplatz mit der Bahnhofstraße rechts ab. Kurz danach mündet sie in den Öschelbronner Weg, in den wir nach links einbiegen. Nach einem kurzen Stück bergab geht rechts die Straße Im Steiner Tal ab. Links sehen wir eine Freifläche mit einigen Obstbäumen. Wir überqueren den Bach Kochhart, der später vor Reusten das landschaftliche Juwel Kochhartgraben bildet, und halten uns danach rechts in den **Grünstreifen** 2.

Nun geht es auf einem feingeschotterten Weg, dem »Früchtepfad« weiter. Er hat seinen Namen von einigen Obstbäumen, die hier wachsen; schön sind aber auch die mächtigen Trauerweiden.

Wir wandern durch die vom Kochhart durchflossene Grünanlage, bis danach die Hainbuchenstraße quert. Hier halten wir uns rechts, dann gleich vor dem Fußballplatz links und überqueren am **Kreisverkehr** die Nebringer Straße. Nach ihr geht es kurz in die Daimlerstraße, dann folgen wir dem Radwegschild nach links zum **Jugendhaus**. An diesem Gebäude zieht der Weg nach rechts.

Wir gehen nun eine Weile geradeaus, unterqueren die L1184 und wandern auf **Hailfingen** zu. Vor dem Ort beschreibt der anfangs gerade Weg Kurven und nach einer Rechtskurve treffen wir auf einen querenden Weg 3, der mit Radschildern versehen ist. Hier halten wir uns links in Richtung »Reusten«. Nun wandern wir ein Stück auf dem Weg »Tour des Erinnerns«, womit die dunkle Vergangenheit gemeint ist, die wir in der Gedenkstätte noch kennenlernen werden. Nach dem Bach beschreibt unser Weg eine

INFOS

Wanderkarte W237 Tübingen Schönbuch, 1:25000, Hrsg.: Schwäbischer Albverein e.V., Kartographie: Landesamt für Geoinformation und Landentwicklung Baden-Württemberg (LGL)

www.bondorf.de; www.gedenkpfad.info

Bahn

Bondorf, Bahnhof, Bahnhofstraße, GPS 48.523453, 8.828038. Vor und nach dem Bahnhof gibt es (kostenpflichtige) Parkmöglichkeiten, außerdem ein Parkhaus.

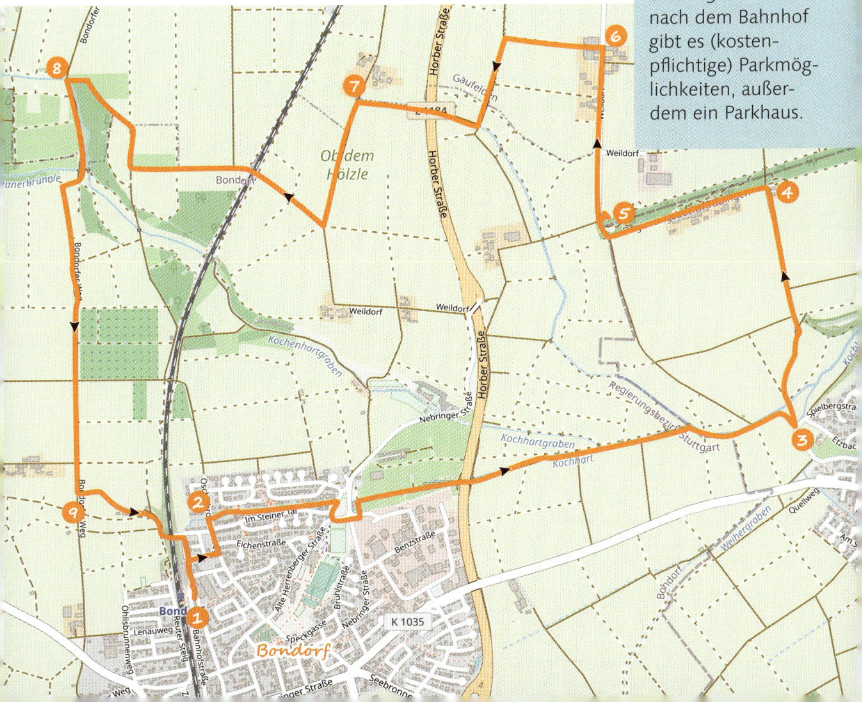

KZ-Gedenkstätte Hailfingen-Tailfingen

1944 wurde geplant, den Hailfinger Flugplatz so zu erweitern, dass er sich für Nachtjäger eignet. Dazu wurden bis Ende des Zweiten Weltkriegs etwa 2 000 Kriegsgefangene, Zwangsarbeiter und KZ-Häftlinge zur Arbeit gezwungen. Die ersten 601 stammten aus dem Konzentrationslager Stutthof (bei Danzig) und kamen am 19. November 1944 an. Die aus 16 verschiedenen Ländern stammenden Gefangenen waren zwischen 14 und 60 Jahre alt. Sie waren unter katastrophalen Umständen in einer Flugzeughalle untergebracht, in der sie auf dem blanken Boden schlafen mussten. Viele Häftlinge starben durch die schwere Arbeit, Kälte, Krankheit und Unterernährung. Mitte Februar 1945 wurden die überlebenden Häftlinge in die Konzentrationslager Vaihingen/Enz, Dautmergen, Allach und Bergen-Belsen verbracht, wo viele von ihnen starben. Der Weg vom Lindenhof führte entlang der ehemaligen Start- und Landebahn. Die Vorgeschichte der Gedenkstätte und der Gedenkpfad »Auf den Spuren des KZ Hailfingen/Tailfingen« sind ausführlich auf Tafeln beschrieben. Hinter dem großen Denkmal findet man eine Reihe von Kunstwerken zum Thema. Info: www.gedenkpfad.info

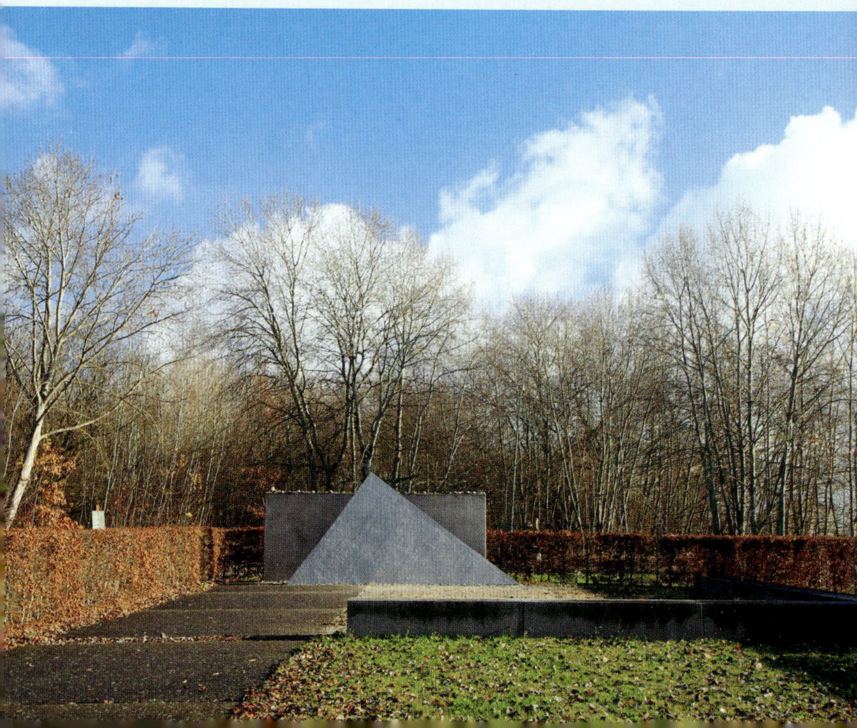

Rechtskurve. Bald sehen wir rechts die **Büste von Abraham Szkolnik**, einem der KZ-Opfer.

Wir gehen weiter auf die Zeile der Bauernhöfe zu. Links des Weges steht bald ein großes **Flurkreuz**, nach rechts haben wir einen schönen Blick zum Schönbuchtrauf. Am **Lindenhof** 4 biegen wir links ab in Richtung »Mahnmal«. Wir wandern an den Höfen vorbei und immer links des bewaldeten Gehölzstreifens bis an dessen Ende. Hier befindet sich rechts die **Gedenkstätte** 5.

Nach der Gedenkstätte biegen wir rechts ab und wandern auf die Ansiedlung **Weildorf** zu. Wir durchqueren sie und gehen danach an einem eingezäunten Grundstück vorbei. Nach ihm quert der von den Sportplätzen kommende Weg 6. Hier halten wir uns links.

Am nächsten Querweg biegen wir wieder links ab und wandern, bis vor einem Graben rechts ein asphaltierter Weg abgeht. Ihm folgen wir. Wir unterqueren die L1184 und gehen bis zum **Lindenhof** 7. Dort biegen wir links ab. Dem nächsten rechts abgehenden Asphaltweg folgen wir wieder und unterqueren die **Bahngleise**. Danach wandern wir immer geradeaus weiter, bis es vor einem Waldstück nicht mehr weitergeht. Nun biegen wir rechts ab. Etwas später zieht der Weg nach links. Am folgenden Querweg halten wir uns links 8.

Jetzt geht es eine Zeitlang nach Süden. Nach einem **Gebäude** und einem querenden Bach zieht der Weg in Kurven nach oben, danach wandern wir wieder geradeaus nach Süden. Nach einem querenden Radweg liegen rechts die **Herdweghöfe** 9. Kurz danach biegen wir links ab. Es geht hinab zur **Bahnlinie**; wir unterqueren sie und halten uns nach ihr rechts. Jetzt steigen wir auf einer Treppe hinauf zum Parkplatz. Geradeaus kommt man wieder zurück zum **Bahnhof** und dem dort liegenden Parkplatz, unserem Ausgangspunkt.

Einige Kunstwerke um die Gedenkstätte erinnern an die dunklen Zeiten und die Opfer des Dritten Reiches.

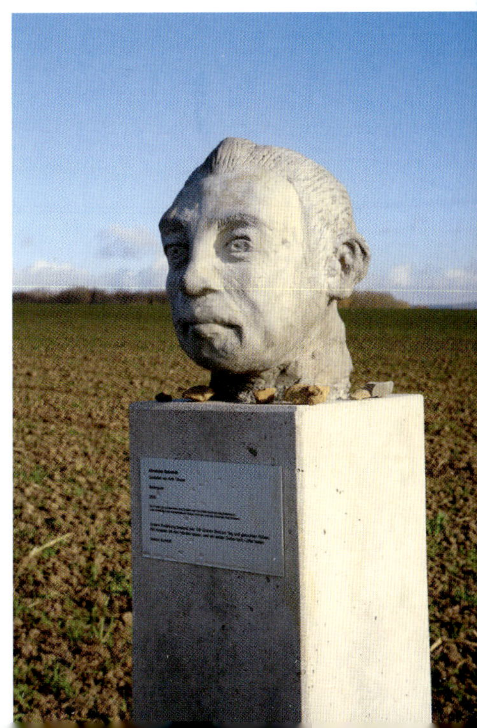

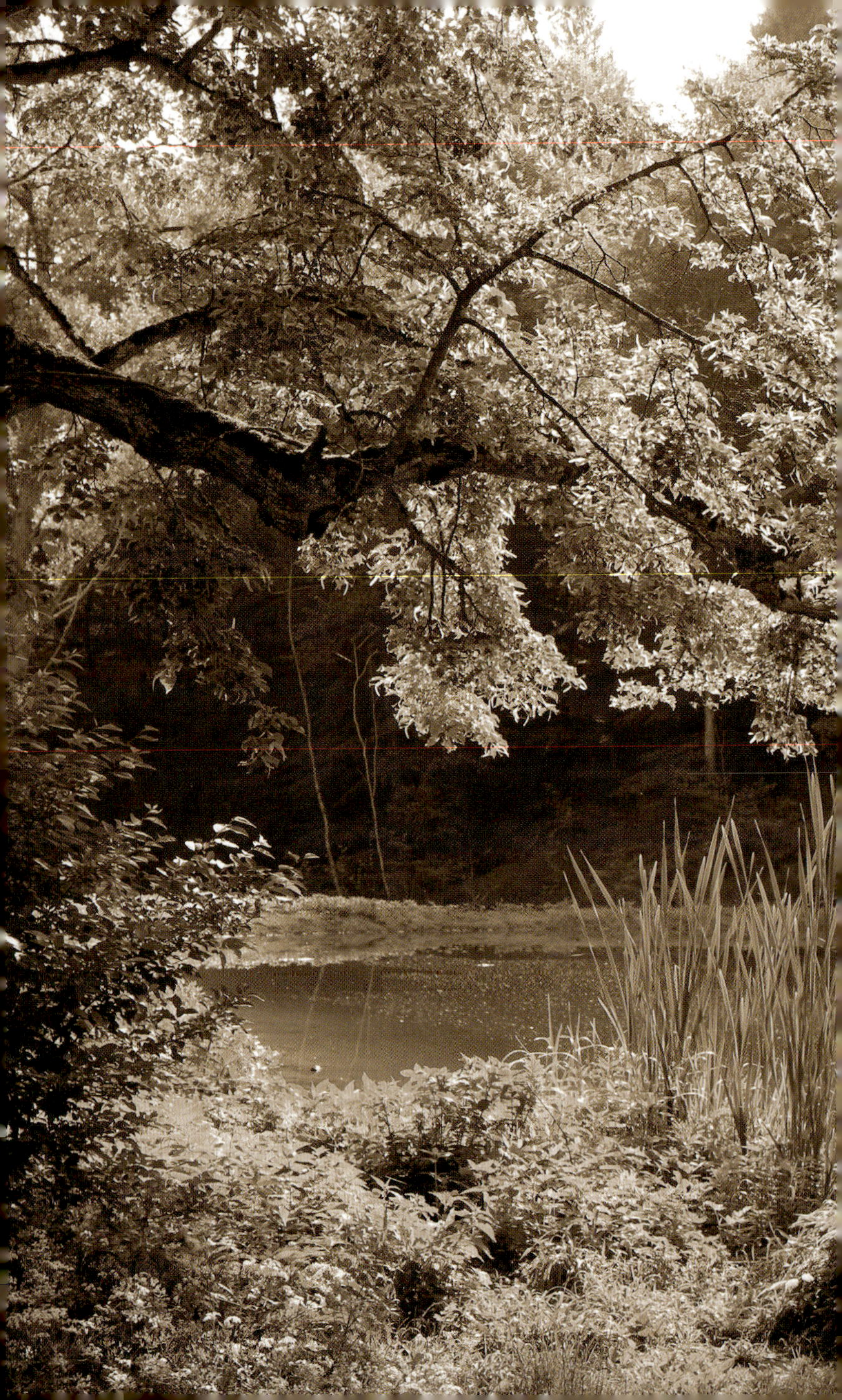

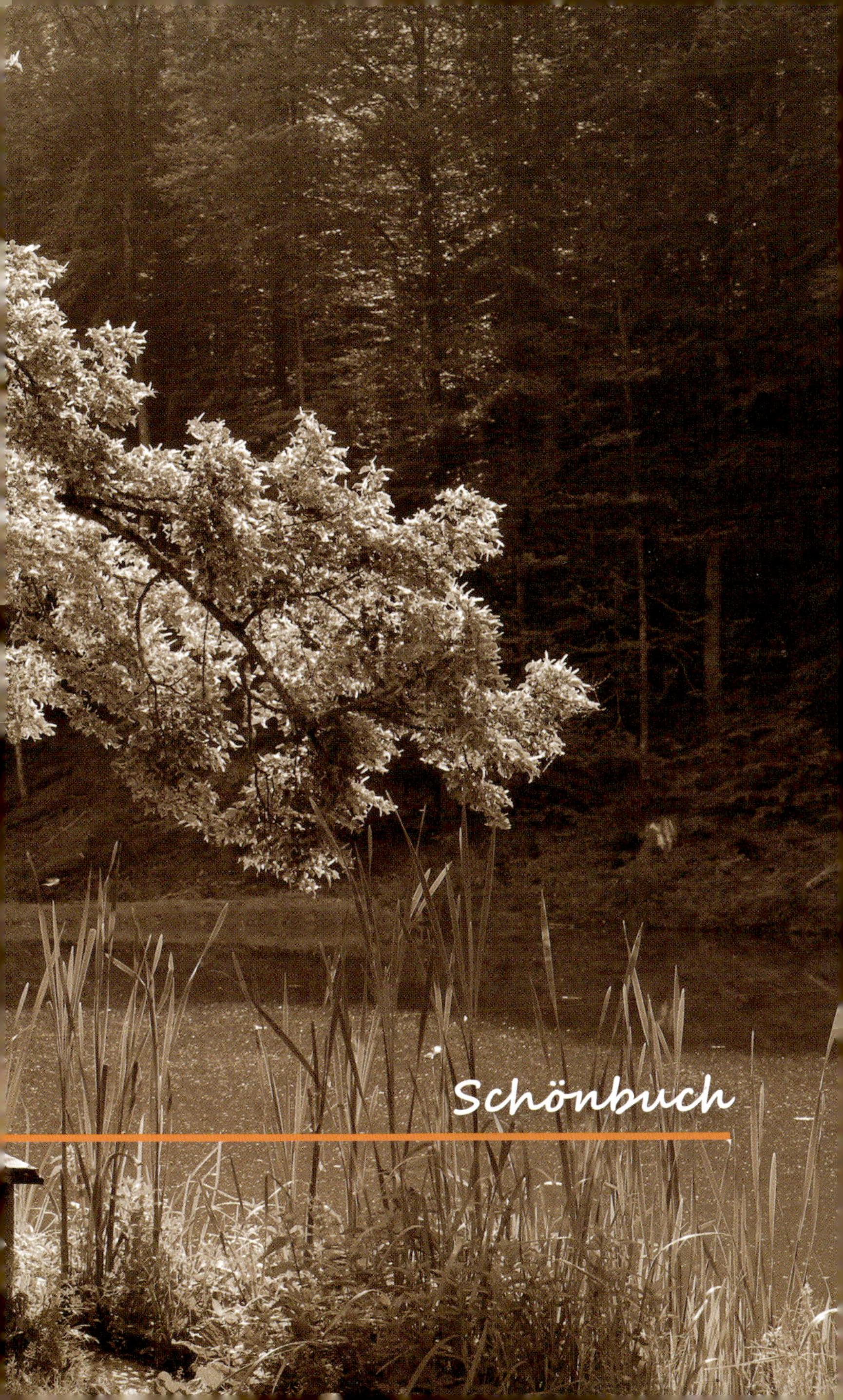
Schönbuch

Schönbuch

Der Schönbuch ist ein beinahe gänzlich geschlossenes und weitgehend unbesiedeltes Waldgebiet und liegt zwischen Böblingen, Aichtal, Reutlingen, Tübingen und dem Gäu mitten in Baden-Württemberg – die exakte Mitte des Bundeslandes wurde nach der Extremwertmethode unweit des Schönbuchs im Wald bei Böblingen gemessen (s. Tour 4).

Die Entstehung des Naturparks geht zurück auf die Zeit Mitte der 1960er Jahre, als die Landesregierung aufgrund des stärker gewordenen Luftverkehrs einen neuen Großflughafen für Stuttgart bauen wollte. Einer der favorisierten Standorte war der Schönbuch. Er bot sich an, weil dort das Land der größte Grundbesitzer und er weitgehend unbesiedelt war und zudem relativ zentral im Großraum Stuttgart liegt. Aber dieses Vorhaben traf auf Widerstand, und 1969 bildete sich die Arbeitsgemeinschaft »Schönbuchflughafen«. Zu dieser gehörten Vertreter/innen von Landkreisen, Gemeinden, Behörden und verschiedenen Organisationen. 1972 schrieb eine in Tübingen gegründete Bürgerinitiative einen offenen Brief an die Landesregierung. Darin wurde

In den Streuobstwiesen unterhalb des Schönbuchs bei Herrenberg.

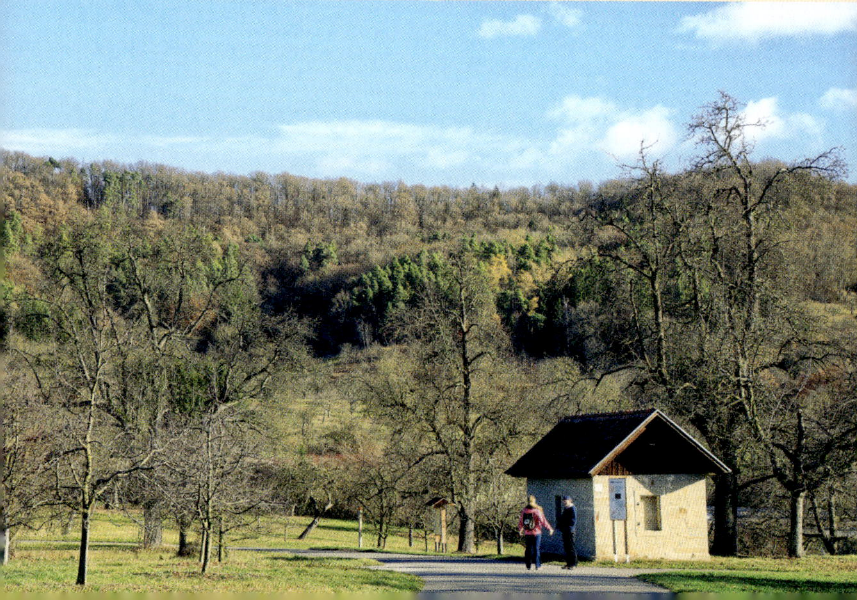

diese aufgefordert »verbindlich zu erklären, daß der Bau eines Großflughafens im Schönbuch unterbleibt«. Im März dieses Jahres war es dann soweit: Der damalige Ministerpräsident Filbinger erklärte den Schönbuch zum ersten Naturpark Baden-Württembergs.

Zum Landkreis Böblingen gehört der nördliche Teil des Schönbuchs. Weitere Teile gehören zu den Landkreisen Tübingen und Esslingen. Markante Stellen, an denen der Landkreis mit dem Landkreis Tübingen zusammenstößt, sind die Schlagbaumlinde und die Teufelsbrücke (siehe die dortigen Erläuterungen).

99 Prozent der Fläche des Naturparks sind besonders geschützt. Davon sind fünf Prozent Naturschutzgebiete, 92 Prozent Landschaftsschutzgebiete und 65 Prozent FFH-Gebiete (Fauna-Flora-Habitate). 83 Prozent sind Vogelschutzgebiete oder in einer anderen Schutzgebietskategorie eingeordnet. Das können Bann- und Schonwälder oder Naturdenkmale sein. Die drei als Bannwälder geschützten Waldteile nehmen 101 Hektar ein.

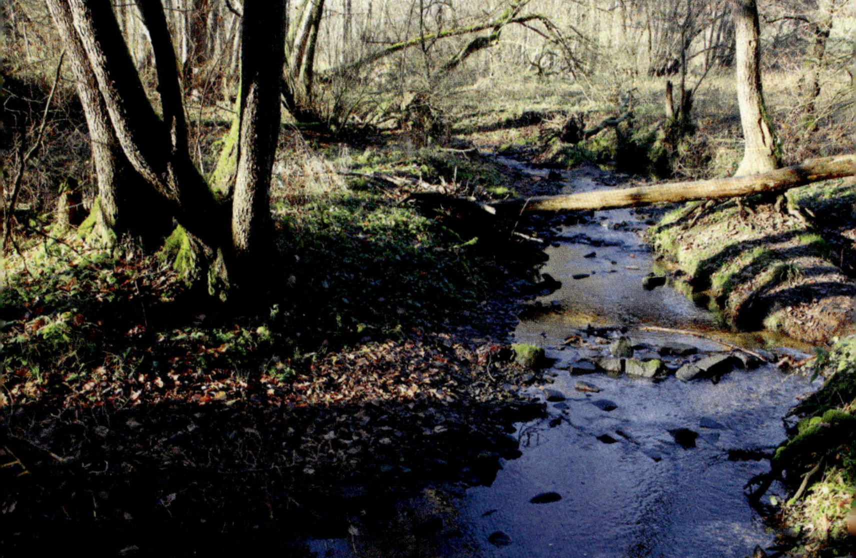

Idyllische Bäche durchfließen das Waldgebiet.

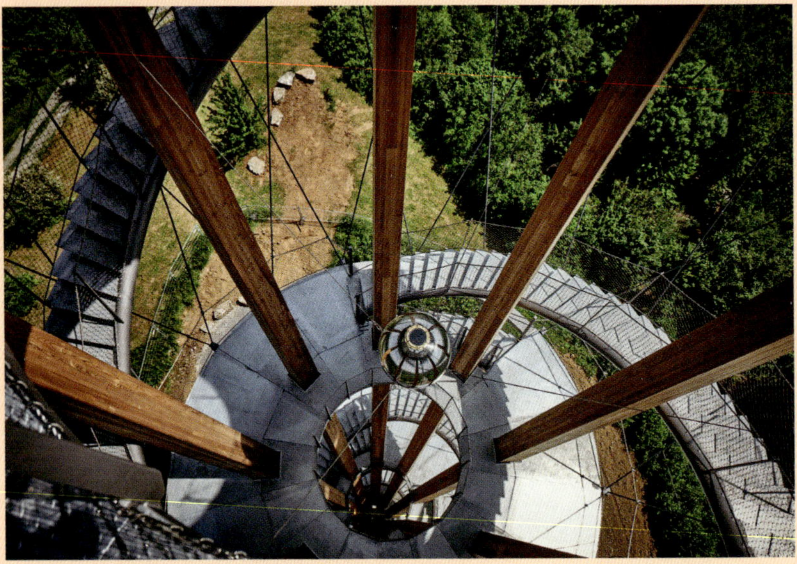

Ein Besuchermagnet im Schönbuch ist der Schönbuchturm mit weitem Ausblick und einer schwebenden Zeitkapsel. (Landratsamt Böblingen, Foto: Andreas Sporn)

Immer wieder trifft man auf romantische Ecken und Gebäude.

86 Prozent der Fläche des Naturparks sind Wald, 13 Prozent dienen der Landwirtschaft und ein Prozent wird anderweitig genutzt und ist beispielsweise besiedelt. 64 Prozent des Waldes bestehen aus Laubholz, darunter 31 Prozent Buche und 14 Prozent Eiche. 36 Prozent beträgt der Anteil des Nadelholzes, wovon u. a. die Fichte 17 Prozent und die Kiefer 12 Prozent einnehmen.

Besonders erwähnenswert im Schönbuch sind die über 240 Kleindenkmale wie Steinkreuze, Gedenksteine, Hirschsteine, Soldatengräber, Brunnen und weitere Objekte. Zudem findet man im Schönbuch Keltenschanzen und -gräber sowie mit der Via Rheni eine historische Verkehrsverbindung. Dies alles dürfte die größte Dichte von historischen Sehenswürdigkeiten in einem geschlossenen Gebiet im Land, wenn nicht darüber hinaus, sein.

Für die rund zwei Millionen Einwohner des Mittleren Neckarraums ist der

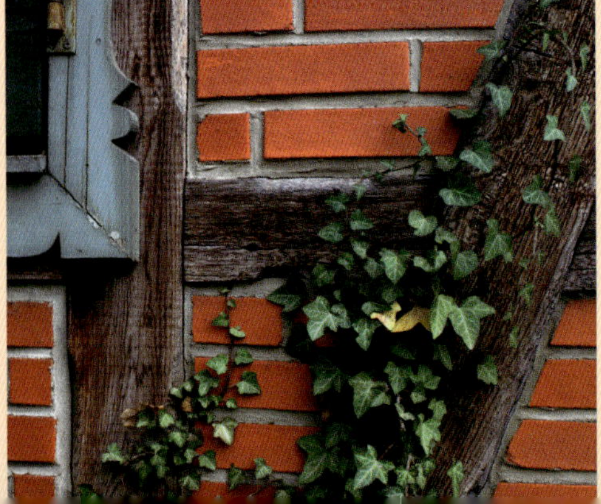

Schönbuch ein beliebtes Naherholungsgebiet. Er zählt vier Millionen Besucher im Jahr. Für sie bietet er eine gut ausgebaute Erholungsinfrastruktur. Die Besucher können sich an vielen Rad- und Wanderwegen, Sport- und Lehrpfaden sowie an Rastplätzen und Wassertretanlagen erfreuen. Besonderheiten sind die Wasserflächen – man denke nur an das Schaichtal mit den vielen Seen. Außerdem gibt es Wildschaugatter, fantastische Aussichtspunkte und zahlreiche uralte und markante Einzelbäume zu sehen. Für Menschen mit Gehbehinderung hat die Naturparkverwaltung einige barrierefreie Angebote geschaffen. Näheres zu diesen findet man auf der Internetseite des Naturparks.

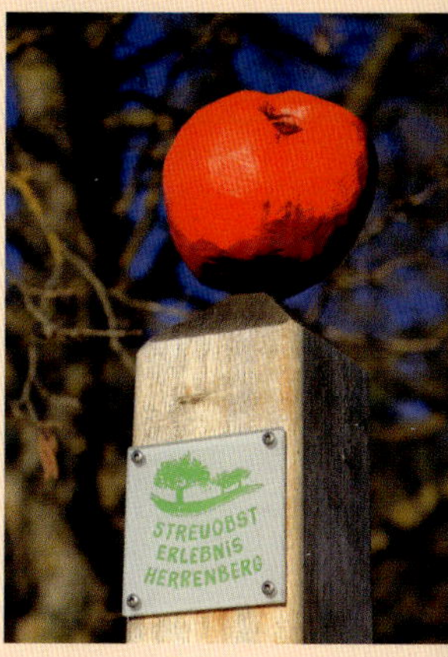

Die Streuobstwiesen am südlichen Schönbuchrand gehören zum »Schwäbischen Streuobstparadies«. Dieser Apfel markiert den »Streuobsterlebnisweg« bei Herrenberg.

Das Beschilderungssystem im Schönbuch

Das Beschilderungssystem im Schönbuch ist an dem des Schwäbischen Albvereins ausgerichtet. Dieses besteht aus Fernwanderwegen, einem Grundwegenetz und örtlichen Rundwegen. Fernwanderwege – im Schönbuch der HW 3 und der HW 5 des Schwäbischen Albvereins – und Grundwege haben ein gelbes Schild, örtliche Rundwege ein grünes. Auf den Schildern steht, falls vorhanden, im weißen Feld der Name des Wegs. In den gelben und grünen Zielfeldern findet man bis zu vier Ziele, geordnet nach der Entfernung. Im Markierungsfeld in der Spitze des Wegweisers steht das Markierungszeichen, dem der Wanderer auf seinem weiteren Weg bis zum nächsten Wegweiser folgt. Für örtliche Rundwege gilt einheitlich das Zeichen des gelben Rings. Piktogramme gibt es für bestimmte Ziele: Bahnhof, Bushaltestelle, Aussicht, Gasthaus, Feuerstelle, Rastplatz, Spielplatz.

Naturpark Schönbuch
Schönbuchstraße 4 • 72074 Tübingen-Bebenhausen
Telefon (0 70 71) 6 02-62 62
www.naturpark.schoenbuch.de • naturpark.schoenbuch@rpf.bwl.de

Für den Wanderer gibt es die kostenlose App »Schönbuchführer«. Mit ihr kann man mittels eines QR-Codes Informationen zu den Sehenswürdigkeiten vor Ort abrufen.

Premiumwanderweg Herzog-Jäger-Pfad

17

Wilder Wald, liebliches Schaichtal

4½ Std.

13,7 km

230 Hm

Waldenbuch/Parkplatz Braunäcker – Schaichtal – Sandsteinabbau – Am Stern – Knaupwiesen – Regiomat – Parkplatz

Die Wanderung verläuft überwiegend auf Naturwegen; bei feuchtem Wetter sind diese schmierig und rutschig, sodass man vor allem abwärts vorsichtig gehen muss. Der Wegverlauf ist teilweise etwas kompliziert, deshalb sollte man immer gut auf die Zeichen achten.

Waldszenen, Seen im Schaichtal, Aussicht, Steinhauergewerbe

Waldenbuch liegt mitten im Schönbuch, und diese Wanderung verläuft hier in seiner Umgebung auch in dem hohen und teilweise wilden Wald, in dem man aber immer wieder schöne Szenerien findet. Lieblicher dagegen ist das idyllische Schaichtal mit seinen Seen, das auch von der Tour berührt wird. Oberhalb von Waldenbuch führt uns die Tour durch landwirtschaftlich genutzte Flächen sowie weite Wiesen mit Ausblicken. Am Schluss liegt noch ein schönes Gebiet mit Streuobstbeständen am Weg. Historisch interessant sind die Reste des ehemaligen Stubensandsteinabbaus. Beispiele der Werke zeigen, was man hier früher gemacht hat. Auch ein mächtiger Mammutbaum und eine keltische Viereckschanze tragen zur Abwechslung bei.

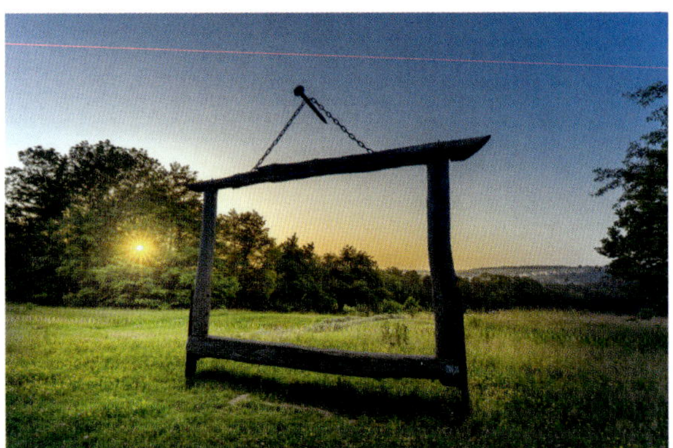

Fenster mit Abendstimmung. (Foto: Martina Denker)

Vom Wanderschild keltische Viereckschanze (471 m) am **Parkplatz Braunäcker** ① gehen wir nach rechts entlang des Parkplatzes zum Schild **Weinweg Nord** (479 m). Hier finden wir auch eine Informationstafel. Wir halten uns links und gehen zum Schild **Weinweg Mitte** (471 m) mit einer Tafel. Weiter geht es zum nächsten Schild Weinweg

Mitte (454 m), wo wir nach links der Lichtung folgen. Dabei sollten wir rechts im Wald die mächtigen Eichen beachten.

Beim Schild **Weinweg Süd** (443 m) gehen wir unter Stromleitungen hindurch und halten uns auf dem Schotterweg kurz rechts, danach am Waldrand wieder links 2. Am Schild Lettengrube (434 m) gehen wir auf dem Naturweg nach links in den Wald 3. Anschließend queren wir wieder die Stromtrasse. Am Schild **An der Orchideenwiese** (445 m) orientieren wir uns rechts, danach ignorieren wir erst den rechts, dann den links abgehenden Weg und wandern geradeaus weiter.

Der Weg beschreibt eine Linkskurve und bringt uns zu einem **Rastplatz**. Hier haben wir nach rechts durch die Schneise einen Blick hinab ins Schaichtal 4. Danach sehen am Schild Sülzleswasen (446 m) Tafel Nr. 5, nun geht es auf dem rechts abzweigenden Pfad steil hinab ins **Schaichtal**. Hier halten wir uns am Schild Schaichtal West (391 m) links.

Gleich darauf müssen wir aber links vom geschotterten Weg abzweigen. Jetzt geht es eine Weile durch urtümliche Natur. Es folgt erst ein Prallhang der Schaich, auch danach berührt der weiter durch urige Waldstücke führende Weg noch einige Male den Bach. Bald erreichen wir das Schild

Unterwegs kann man sich nur am Regiomat beim Eichenhof, Waldenbuch, versorgen, ansonsten Waldenbuch oder Dettenhausen

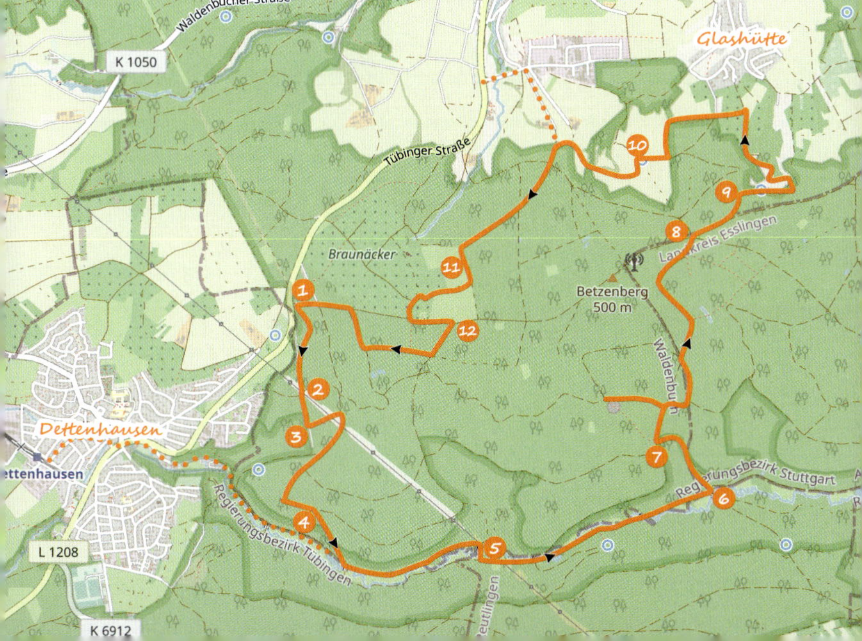

Am alten See (372 m). Dort orientieren wir uns rechts. Über die Schaich kommen wir zum Waldrand, wo wir am Schild **Am Damm** (370 m) links abbiegen 5.

Wir passieren einen der Seen des Schaichtals; sind wir im Sommer unterwegs, blühen hier zahlreiche Seerosen. Vorbei am **Grill- und Rastplatz Walddorfer Brücke** erreichen wir das Schild **Walddorfer Brücke West** (353 m) 6, wo wir uns links halten. Nun führt uns ein Hohlweg hinauf zu einem querenden Forstweg. Hier halten wir uns am Schild **Neubronnenklinge Nord** (401 m) links. Nach einer weiteren Linkskurve kommen wir zu einem Querweg. Wenn man am Schild bei der **Blockhütte** (427 m) geradeaus weitergeht, kommt man zu einem schönen Rastplatz. Er besitzt eine Schutzhütte, Tische und Bänke sowie eine Grillstelle 7.

Der eigentliche Weg führt aber nach rechts weiter und bringt uns zu einer kleinen Sammlung von Erinnerungsstücken des ehemaligen Stubensandsteinabbaus: Wir sehen einige große Stubensandsteinblöcke und eine Informationstafel zum Stubensandsteinabbau. Anhand eines Mühlsteins und eines bearbeiteten Steins aus dem Ulmer Münster sieht man, was hier früher gemacht wurde. Außerdem liegt links ein ehemaliger Steinbruch.

Von der einstigen Produktion von Mühlsteinen sind noch einige Reste zu sehen.

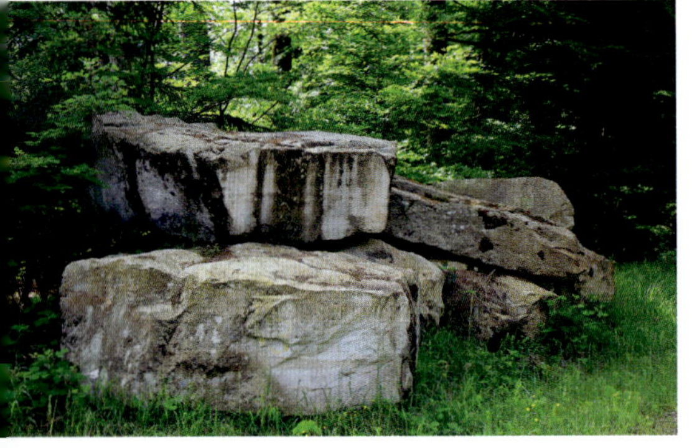

Nun wandern wir weiter zur nächsten Kreuzung mit dem Schild **Nördliche Blockhütte** (433 m). Hier stehen ein alter Waldabteilungsstein und die Holzskulptur »Waldgeist«. Auch einen Rastplatz gibt es. Wer will, kann einen Abstecher nach links zu einem Stubensandstein-

Damm

Der auffällige Damm diente einst zum Aufstauen der Schaich zu einem See. Die Mönche des Klosters Bebenhausen züchteten hier Speisefische. Sie durften an Fastentagen gegessen werden, denn Fisch galt nicht als Fleisch.

steinbruch machen (600 m einfach). Was es mit ihm auf sich hat, ist auf einer Tafel erklärt.

Nach rechts kommen wir zum Schild **Walddorferweg** (435 m), wo wir uns links halten. Wir passieren das Schild Hummelsklingensträßchen (435 m) und erreichen einen Forstweg mit dem Schild Kuhstelle (442 m). Auch hier erwartet uns etwas Besonderes: Auf einer Tafel stehen Erklärungen zum Sinn des Lebens und an einem Baum kann man Tafeln mit verschiedenen möglichen Lebenszielen lesen.

Nun halten wir uns rechts und wandern an der **Tafel Hörtrichter** und einem Hörtrichter vorbei. Am folgenden Schild **Am Stern** (497 m) 8 kann man die Tour nach links abkürzen. Wer die längere Variante gehen will, folgt dem zweiten Weg von rechts. Danach hält man sich am Schild **Glashütter Viehweide** (487 m) links. Etwas später kommen wir aus dem Wald hinaus und gehen zum Schild **Obere Knaupwiesen** (465 m) 9. Von hier aus sieht man zum ersten Mal nach Waldenbuch.

Schaichtal

Es wird vermutet, dass der keltische Gewässername Schaich namensgebend für den ganzen Schönbuch sein könnte – er wurde im 12. Jahrhundert urkundlich »Schainbuoch« genannt. Das Wort »schain« bedeutete im Mittelhochdeutschen schön oder leuchtend. Ab Dettenhausen durchfließt die Schaich eines der landschaftlich reizvollsten Täler des Schönbuchs. Es ist bis Neuenhaus etwa acht Kilometer lang und besitzt ausgeprägte Bachmäander und eine üppige Ufervegetation sowie zahlreiche Seen und Tümpel, die teilweise im Sommer durch ihre Seerosenblüte bezaubern. 1915 wurde die Schaich in der Oberamtsbeschreibung Stuttgart noch als »wilder Waldbach« bezeichnet. Bei Neuenhaus vereinigt sie sich mit der Aich, die unterhalb Oberensingens in den Neckar fließt.

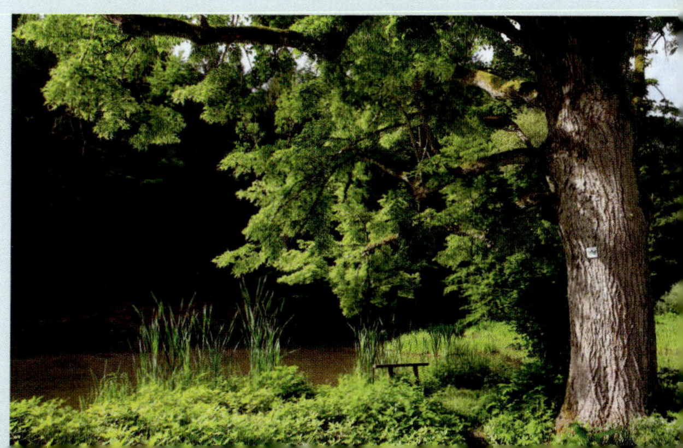

INFOS

W237 Tübingen Schönbuch, 1:25 000, Hrsg.: Schwäbischer Albverein e.V., Kartographie: Landesamt für Geoinformation und Landentwicklung Baden-Württemberg (LGL)

www.waldenbuch.de; www.herzog-jäger-pfad.de; www.naturpark-schoenbuch.de

Schönbuchbahn oder Bus nach Steinenbronn oder Bus nach Waldenbuch

Waldenbuch, Parkplatz Braunäcker. Der Parkplatz ist ab der L1208 ausgeschildert. GPS 48.615666, 9.117406

Danach kommen wir zum Schild **Mittlere Knaupwiesen** (458 m), wo wir eine Hollywoodschaukel und das Gästebuch des Wanderwegs finden. Hier ist auch die Aussicht in Richtung Waldenbuch besser. Vorbei an den Schildern **Untere Knaupwiesen** (442 m) und Untere Knaupwiesen (435 m) kommen wir zu Kleingärten, danach geht es auf einem Asphaltweg zum **Wasserbehälter Glashütte** (400 m).

Wir halten uns links, ebenfalls an einem querenden Asphaltsträßchen, und erreichen **Tafel Nr. 11**; sie bietet verschiedene »Greifstationen« zum Thema Wald. Hier wandern wir am Schild nordöstlich Scheithau (397 m) nach rechts, danach geht es am Waldrand entlang bis zum Schild nördlich Scheithau (404 m). Nach links geht es hier hinauf zu einem Schotterweg, wo uns das Schild **Beim Barfuß-Parcours** (425 m) 10 erwartet. Wer zum Barfuß-Parcours will, hält sich links, ansonsten wandern wir nach rechts weiter.

Eine Baumallee bringt uns zu einem großen **Holzhaus**. Tische und Bänke laden hier zur Rast ein. Anschließend erreichen wir das Schild **Waldjugendzeltplatz Jungviehweide** (424 m). Hier orientieren wir uns links ab, nun steigt unser Weg über eine Wiese etwas an zum Schild **Bei der Jungviehweide** (438 m). Wir orientieren uns rechts und erreichen bald einen großen Bilderrahmen und ein hölzernes Sofa.

Nach dem Schild **westlich Jungviehweide** (439 m) passieren wir die Schilder östlich Dreherinnen (433 m) und westlich Dreherinnen (434 m) und kommen zum Schild

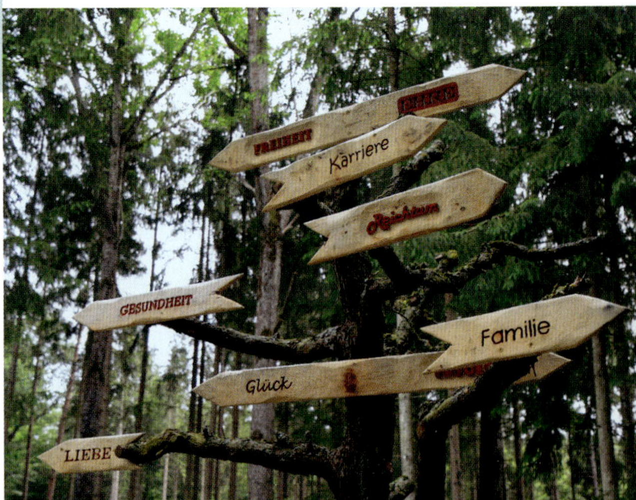

An diesem Baum sind verschiedene Lebensziele angezeigt.

südlich Eichenhof (425 m). Wer Hunger oder Durst hat, kann hier hundert Meter nach rechts zum Eichenhof gehen. Dort finden wir einen Rastplatz und einen »Regiomat«.

Für unseren weiteren Weg zweigen wir aber links ab. Wir treffen im Wald auf das Schild **Auchtert** (431 m), orientieren uns links und gehen weiter hinauf zum Schild Kühnerin (450 m). Hier behalten wir unsere Richtung bei. Ein Schotterweg bringt uns zum Schild Lange Wiese (469 m) und danach zum Waldrand, wo wir uns links halten. Später treffen wir auf das Schild Färbererlen (489 m) und Infotafel 14 ⑪. Erst geht es durch das Streuobstwiesengebiet Braunäcker, dann bringt uns der Weg nach rechts zum Waldrand. Dort orientieren wir uns links und wandern vorbei am Wasserbehälter zum Schild **Beim Mammutbaum** (492 m) ⑫. Hier können wir noch auf Tisch und Bänken rasten. Auch eine Grillstelle finden wir hier. Danach gehen wir nach rechts weiter und kommen zu einem mächtigen **Mammutbaum** bei einer Hütte.

Es geht weiter zum Schild **Mädleshau** (484 m), wo wir uns rechts halten. Wir passieren **Tafel Nr. 16** und wandern zum querenden Ochsenschachensträßchen (489 m). Dort halten wir uns rechts zum Waldrand, wo wir uns links orientieren. Etwas später erklärt uns eine links stehende Tafel die hier liegende keltischen Viereckschanze. Es geht noch kurz weiter, dann erreichen wir schließlich wieder unseren Ausgangspunkt.

Regiomat

Bei einem »Regiomat« kann man Brot, Wurst, Süßigkeiten und gekühlte Getränke aus einem Automaten herauslassen. Solche Automaten findet man öfter unterwegs.

Außer durch Wald und durch das Schaichtal führt die Wanderung auch durch Wiesen und Streuobstwiesen.

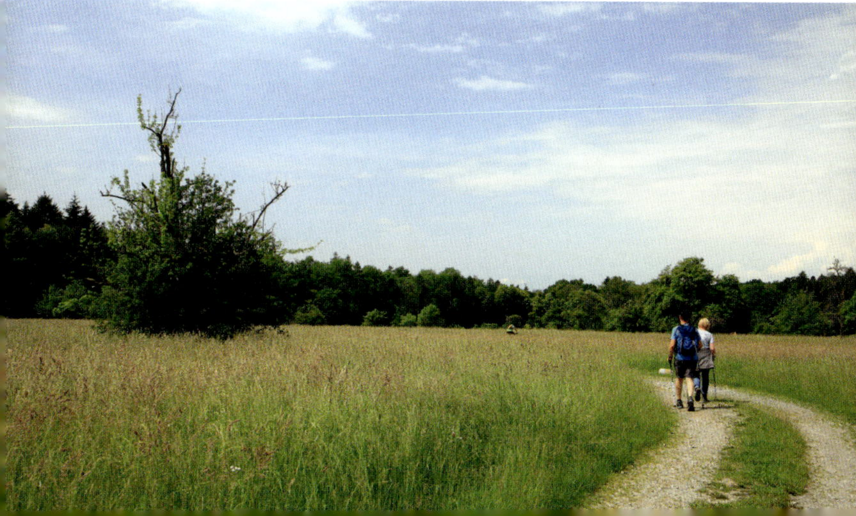

Felder, Streuobstwiesen und Schönbuchwald

18

Von Weil im Schönbuch zum Stausee

2¼ Std.

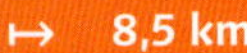

8,5 km

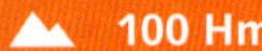

100 Hm

Weil im Schönbuch – Höhenweg – Streuobstwiesen – Wald – Segelbachbecken – Totenbachtal – Weil im Schönbuch

###

Aussicht, Streuobstwiesen, Segelbachbecken, Wald

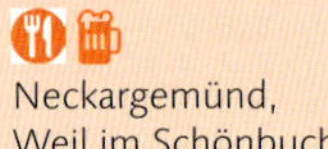

Neckargemünd, Weil im Schönbuch

Bei dieser Wanderung bewegen wir uns zwar im Schönbuch, aber nur im mittleren Teil ein Stück im Wald. Der größte Teil der Strecke verläuft durch Felder, Wiesen und Streuobstwiesen. Im ersten Teil bietet sich uns fast immer eine prächtige Aussicht. Zuerst über die Felder zur Schwäbischen Alb, später über Breitenstein und Neuweiler in Richtung Böblingen und Sindelfingen. Ein landschaftliches Juwel ist auch das gut in seine Umgebung eingewachsene Segelbachbecken.

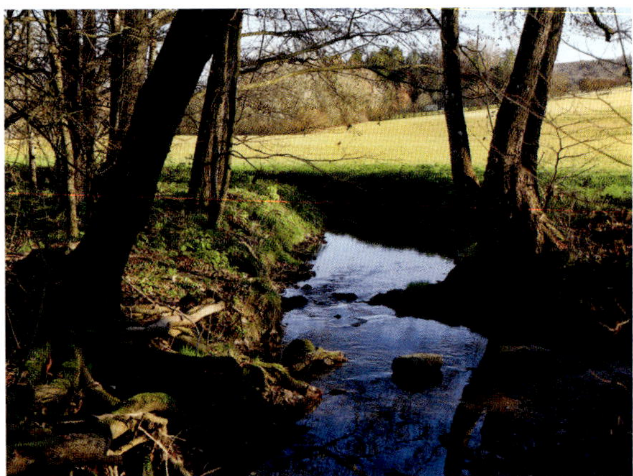

links: Der Totenbach mäandert idyllisch durch den Wald und zwischen Wiesen.

rechts: Gleich beim Ausgangspunkt liegt der See von Weil im Schönbuch.

Wir gehen vom **See** ① zur Zufahrtsstraße – rechts Seesteige, links Seestraße. Dort folgen wir der Seestraße nach links kurz aufwärts, bis rechts der Herdweg abgeht. Wir biegen in ihn ein, nehmen aber gleich die links abgehende Lauhwiesenstraße. Ihr folgen wir mit dem Wanderzeichen blauer Strich am Ortsrand entlang.

Bei den **letzten Häusern** ② werden wir nach links verwiesen. Nun gehen wir zum Friedhof und an ihm vorbei. Wenn wir zurücksehen, haben wir einen prächtigen Blick über Weil im Schönbuch bis zur Schwäbischen Alb.

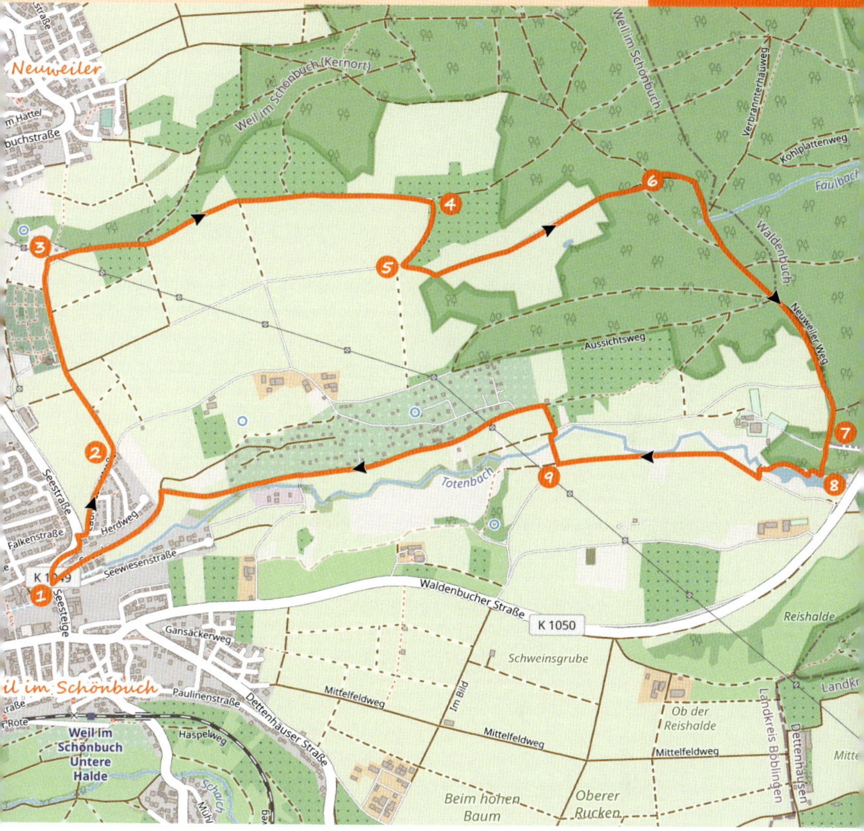
Neuweiler
Weil im Schönbuch (Kernort)
Weil im Schönbuch
Verbrannterhauweg
Kohlplattenweg
Faulbach
Waldenbuch
Neuweiler Weg
Aussichtsweg
Totenbach
Seestraße
Falkenstraße
Herdweg
Seewiesenstraße
Seesteige
Waldenbucher Straße
K 1050
Reishalde
Gansäckerweg
Schweinsgrube
Paulinenstraße
Dettenhäuser Straße
Mittelfeldweg
Im Bild
Ob der Reishalde
Landkreis Böblingen
Dettenhausen
Haspelweg
Weil im Schönbuch Untere Halde
Beim hohen Baum
Oberer Rucken
1
2
3
4
5
6
7
8
9

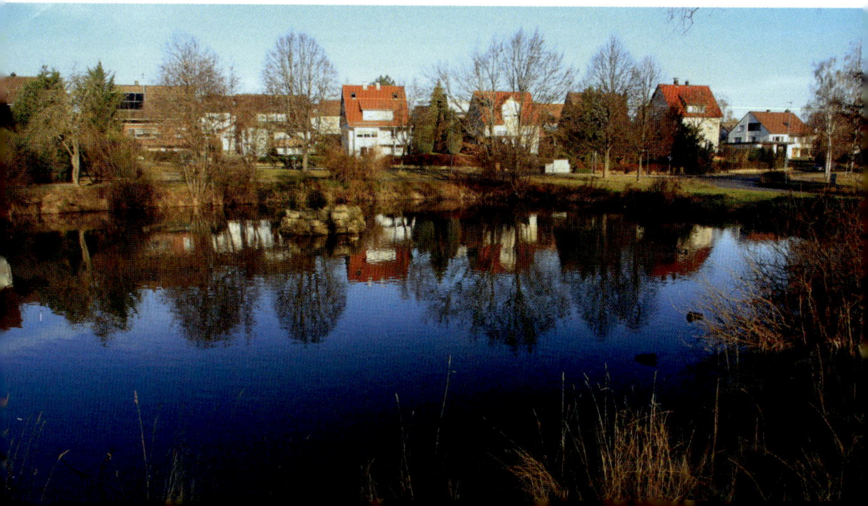

INFOS

Wanderkarte W237 Tübingen Schönbuch, 1:25000, Hrsg.: Schwäbischer Albverein e.V., Kartographie: Landesamt für Geoinformation und Landentwicklung Baden-Württemberg (LGL); Wanderkarte mit Radwegen Naturpark Schönbuch Tübingen Blatt 50-538, 1:25000, NaturNavi

www.weil-im-schoenbuch.de; www.naturpark-schoenbuch.de

Bus ab Böblingen nach Weil im Schönbuch Haltestelle See Schönbuchbahn nach Weil im Schönbuch Haltestelle Röte, dann mit dem Bus zur Haltestelle See; Schönbuchbahn nach Weil im Schönbuch, Haltestelle Untere Halde. Zum See folgt man zuerst dem Weg Untere Halde, dann der Schulsteige hinauf zur Schulstraße ...

Etwas später fällt der Weg vor einem **Sendemast** 3 steil ab nach Neuweiler, wir biegen hier aber rechts ab. Es geht erst am Waldrand entlang, danach wandern wir wieder über die Freifläche. Nach links bietet sich uns bald ein Blick über Breitenstein und Neuweiler nach Schönaich, links davon sieht man in Richtung Böblingen und Sindelfingen.

Bald begleiten uns Felder und Streuobstwiesen. Nachdem der mit dem blauen Strich markierte Wanderweg links abgegangen ist, nehmen wir den rechts abgehenden Weg 4, der erst an einer Hecke vorbeiführt und leicht nach rechts zieht. Am nächsten **Querweg** 5 biegen wir links ab und wandern durch ein schönes, breites Wiesental bis zum Wald.

Dort stoßen wir auf den mit dem blauen Kreuz markierten **Weg** 6, dem wir nach rechts folgen. Später sehen wir den blauen Punkt. Wir kommen an den Wanderschildern Verbrannter Hauweg (411 m) und Stallberger Hau (421 m) vorbei. Am Schild **Bei der Totenbachmühle** (417 m) könnten wir nach rechts in Richtung Weil im Schönbuch abbiegen. Wir gehen aber noch geradeaus weiter.

Vor dem **Parkplatz** 7 weist ein Schild zur »Oase Weil«. Wir folgen ihm, zweigen aber gleich links ab auf einen Naturweg. Er bringt uns zum **Segelbachbecken** 8. An ihm gehen wir rechts vorbei. An seinem Ende überqueren wir den Totenbach nach links; nach rechts in Richtung des Totenbaches sehen wir zur Totenbachmühle.

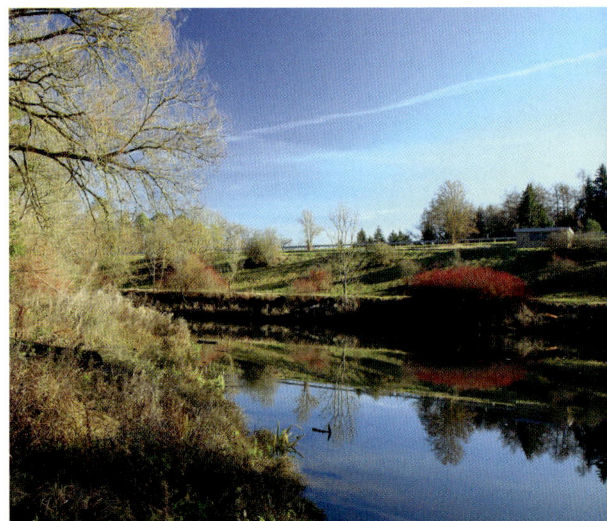

Obwohl ein Stausee, ist das Segelbachbecken schön in die Natur eingewachsen.

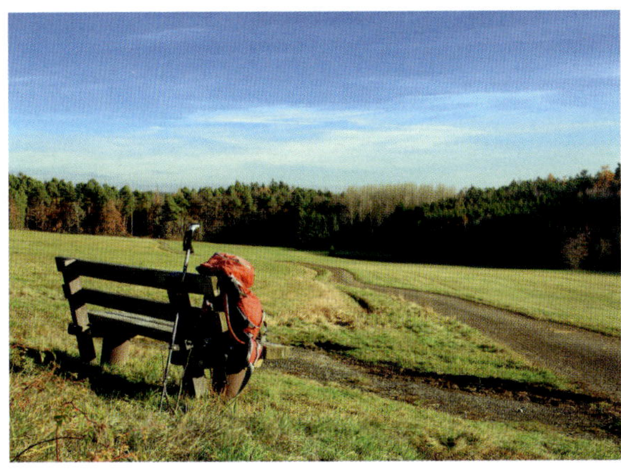

... Nach links kommt man zum Marktplatz, zweigt aber gleich rechts ab in die Seesteige und spaziert hinab zum See. Zurück geht man denselben Weg.

Weil im Schönbuch, Parkplatz am Feuerwehrsee, Seesteige, GPS 48.624150, 9.060819

Wir folgen aber dem Pfad hinauf zu einem **asphaltierten Weg**. Auf ihm gehen wir nach rechts durch das Totenbachtal weiter. Vor einem querstehenden Wäldchen biegen wir an der Informationstafel »Ein Kuckuck im Ameisenbau« 9 rechts ab. Nach dem Totenbach geht es hinauf zu einer im unteren Teil gemauerten **Scheune**. An ihr halten wir uns links. Wir wandern nun immer geradeaus weiter, auch da, wo der mit dem roten Punkt markierte Wanderweg links abgeht.

Nach einem **Wohngebiet** kommen wir zur Seestraße und dem dahinter liegenden Feuerwehrsee zurück.

Als Wanderer freut man sich über eine Gelegenheit zur Rast – besonders mit so schönem Ausblick ins Tal.

Außer Feldern und Wald wandern wir durch Streuobstwiesen.

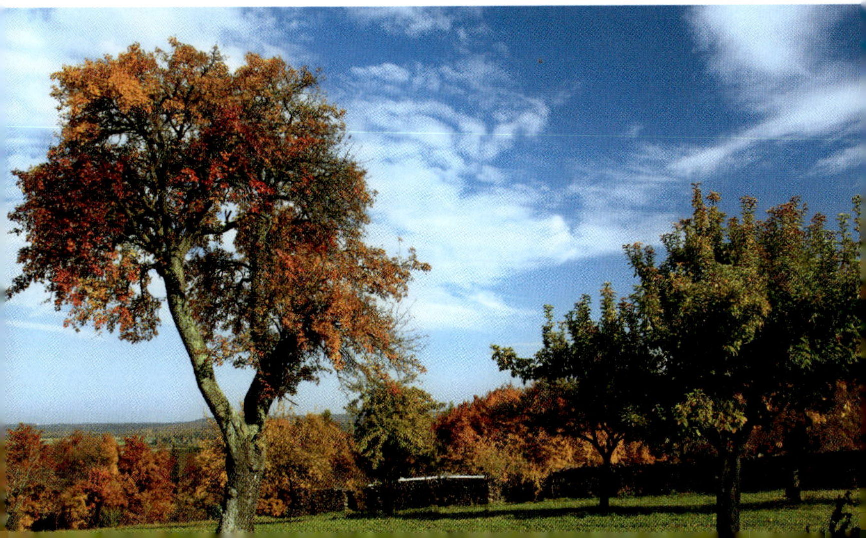

Idyllische Quelle und Streuobstwiesen

19

Von Herrenberg zur Ammerquelle, weiter zum Schönbuchrand

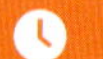 **2¾ Std.**

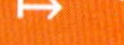 **10,7 km**

90 Hm

Herrenberg – Ammerquelle – Gültstein – Streuobsterlebnisweg – Herrenberg

Wir wandern ohne große Höhenunterschiede auf festen Wegen.

Ammerquellen, Streuobstwiesen, Altstadt Herrenberg

Herrenberg, Gültstein

Auch wenn diese Wanderung im Frühjahr zur Zeit der Obstbaumblüte am schönsten ist, interessieren sich die Kinder wohl eher für die Geschichte der kleinen Feldmaus in den Streuobstwiesen, das Naturmemory und die anderen Entdeckungsstationen, die man am Wegesrand findet. Zudem kommt man an einem großen Spielplatz vorbei. Erwachsene erfreuen sich dafür an den blühenden Obstbäumen und dem Blick auf Herrenberg und den Schönbuchtrauf. Am Schluss der Tour bummelt man gemütlich durch das herrliche Fachwerkparadies Herrenberg, wo es auch viele Gelegenheiten zur Einkehr gibt.

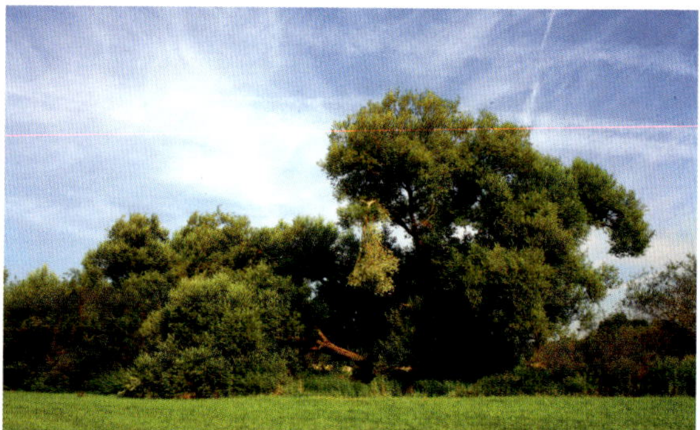

Die Ammerquellen sind von einem dichten Gehölz umgeben.

Wir gehen vom **Bahnhofsgebäude** ① aus in der gegenüber abgehenden Eisenbahnstraße bis zur querenden Walther-Knoll-Straße und folgen ihr mit dem Wanderzeichen blaue Raute nach rechts. Dort, wo von rechts die Straße Sommerrain einmündet und die Walther-Knoll-Straße nach links zieht, spazieren wir geradeaus weiter.

An der Querstraße nach dem Kinderhaus und der Schule biegen wir rechts ab, gleich nach dem Bach dann links in den **Falkenweg** ②. Es geht nun kurz entlang des Baches, dann unterqueren wir die Bahnbrücke und kommen in die

Ammertal

Hier an den Ammerquellen beginnt das idyllische Ammertal, das die südliche Begrenzung des Schönbuchs darstellt. Der Name kommt aus dem keltischen und bedeutet »Wasserlauf« (amb = indogermanisch für Wasser). Die Ammerquellen sind Karstquellen, weil das Wasser aus dem verkarsteten Gebiet des Oberen Muschelkalks im Norden und Nordwesten kommt. Zusammen mit den prächtigen alten Bäumen bieten die Quellen einen idyllischen Anblick. Die »Charte von Wirtemberg« von 1799 von J. G. F. Bohnenberger zeigt noch zwölf Mühlen, heute findet man nur noch wenige davon in Betrieb. »Schwäbisches Arkadien« wurde das Ammertal mit seinen alten Weingärtnergemeinden am südlichen Schönbuchtrauf schon einmal genannt. Und wirklich, wer an einem heißen Sommertal das Tal, seine Orte oder die Hänge mit den Weingärten aufsucht, wird merken, dass diese Bezeichnung nicht so falsch ist!

Wiesen. Kurz danach biegen wir vor dem **Talhof** links, anschließend noch einmal links ab 3. Das romantische wirkende Gehölz vor uns sind die **Ammerquellen**.

Wir gehen rechts an ihnen vorbei und entlang des Bächleins bis zur querenden **Landstraße**. Auf ihr halten wir uns kurz links, überqueren die **Ammer** und biegen gleich da-

Im Frühjahr ist der Blick auf Herrenberg und seine Stiftskirche am schönsten.

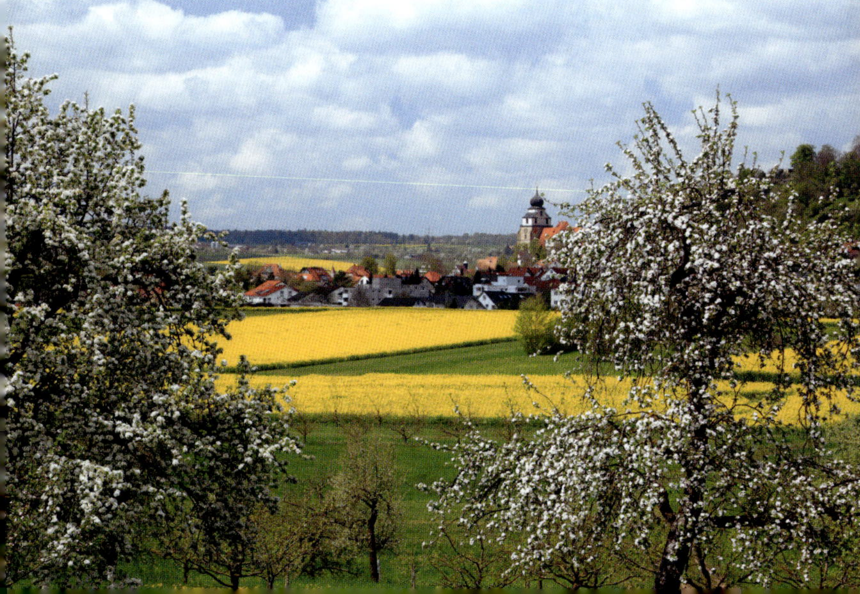

INFOS

Wanderkarte W237 Tübingen Schönbuch, 1:25000, Hrsg.: Schwäbischer Albverein e.V., Kartographie: Landesamt für Geoinformation und Landentwicklung Baden-Württemberg (LGL)

www.herrenberg.de; www.naturpark-schoenbuch.de

Bahn/S-Bahn bis Herrenberg, evtl. Ammertalbahn bis Gültstein

Herrenberg, Bahnhof, Bahnhofstraße 14 B, GPS 48.593787, 8.863237. Ausweichparkplätze findet man in Gültstein an der Bahnstation.

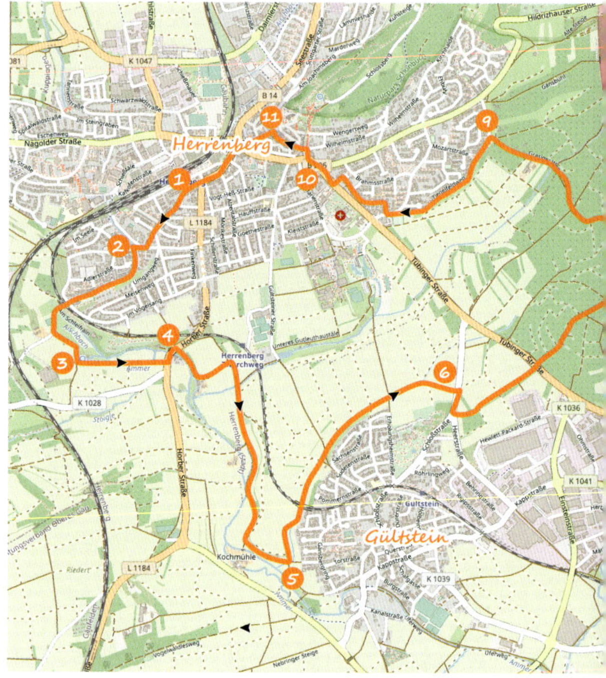

nach rechts ab ❹. Bald wandern wir an der **Zweiten Ammermühle** vorbei, der Weg beschreibt eine Linkskurve und wir treffen auf einen querenden Weg. Ihm folgen wir nach rechts. Nach der rechts liegenden **Dritten Ammermühle** und der **Kochmühle** kommen wir zu einem querenden Weg vor **Gültstein** ❺.

Hier biegen wir links ab und wandern entlang der Häuser, bis wir nach einem Rechtsbogen auf die querende **Landstraße/Schlossstraße** treffen ❻. Wir orientieren uns rechts, dann dort, wo links die Heerstraße abgeht, scharf links in den **Hagenweg**. Hier finden wir auch eine Erklärungstafel zum **Streuobsterlebnisweg**, dem wir von jetzt an folgen. Der Apfel auf dem Pfosten, den wir hier sehen, begleitet uns auf dem 2,5 Kilometer langen Erlebnisweg.

Er führt uns nun in Richtung Schönbuch. Bald sehen wir rechts eine Baumwiese mit verschiedenen Baumarten, die alle auf Tafeln erklärt sind. Etwas später beginnen die kindgerecht tief angebrachten Schilder mit der Geschichte der kleinen Feldmaus.

Danach überqueren wir die B296 und spazieren bis zum kleinen **Hutnerhäusle** 7. Für Kinder, aber auch für Erwachsene interessant ist die Infotafel, auf der das Leben, die Kindheit und der Speiseplan früherer Zeiten erklärt werden. Danach biegen wir links ab. Wo kurz darauf ein Weg nach rechts abzweigt und die **Autobahn** 8 unterquert, halten wir uns links. Vorbei an weiteren Tafeln wandern wir nun zu den ersten Häusern von **Herrenberg** 9.

Dort biegen wir links ab und erreichen bald einen schönen **Spielplatz**. Dort orientieren wir uns rechts, überqueren die Beethovenstraße und folgen danach, etwas nach links versetzt, der Robert-Schumann-Straße. Diese zieht kurz darauf nach links, dann nach rechts und steigt etwas an. Nach einem Linksknick kommen wir zur **B296/Tübinger Straße**.

Wir wandern nach rechts weiter und überqueren die Hildrizhauser Straße. An der nächsten Linkskurve gehen wir im **Hasenplatz** 10 nach rechts, dann links in die Tübinger Straße. Sie führt uns zwischen den prächtigen Fachwerkhäusern Herrenbergs zum sehenswerten **Marktplatz** 11. Vor ihm biegen wir links ab in die querende Bronngasse. Nun geht es bergab, wir unterqueren die Hindenburgstraße und folgen dahinter der Beschilderung zur **S-Bahn-Station (Bahnhof)**.

Für Unterhaltung auf dem Streuobsterlebnisweg sorgt auch das Streuobstmemory.

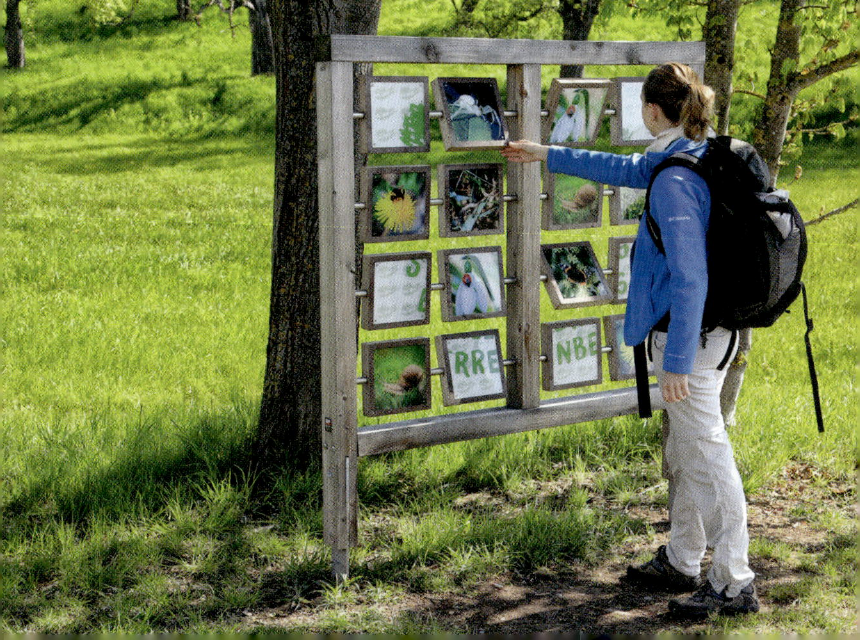

Land.Tour SchönbuchTrauf 20

Aussicht und Streuobstwiesen

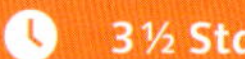

3½ Std.

11,9 km

190 Hm

Herrenberg/Waldfriedhof – Schönbuchturm – Stirners Jagdhütte – Mönchberger Sattel – Kayher Sportplätze – Streuobstwiesen – Mönchberg – Stirners Jagdhütte – Waldfriedhof

Die Tour verläuft auf Forstwegen und Pfaden. Meist mäßige Anstiege. Die Tour ist durchgehend mit dem Wanderkennzeichen »Gelber Kreis« markiert.

Aussichtspunkte, Streuobstwiesen

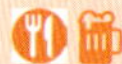

Naturfreundehaus am Ausgangspunkt, Sportplatzgaststätten am Mönchberger und am Kayher Sattel, Kayh, Mönchberg

Diese Wanderung vereint völlig verschiedene Landschaftselemente. Zuerst wandern wir durch den schönen Wald des Naturparks Schönbuch. Dabei kommen wir immer wieder an Aussichtspunkten vorbei, die uns Blicke auf die bläulich schimmernde »Mauer« der Schwäbischen Alb, ins Gäu und ins Ammertal bieten. Auf dem Rückweg kommen wir durch prächtige Streuobstwiesen. Sie sind natürlich im Frühjahr zur Zeit der Blüte am schönsten, im Herbst jedoch ist die Aussicht schöner, weil die Luft klarer ist. Die Streuobstwiesen gehören zum »Schwäbischen Streuobstparadies«, der größten Streuobstlandschaft Mitteleuropas.

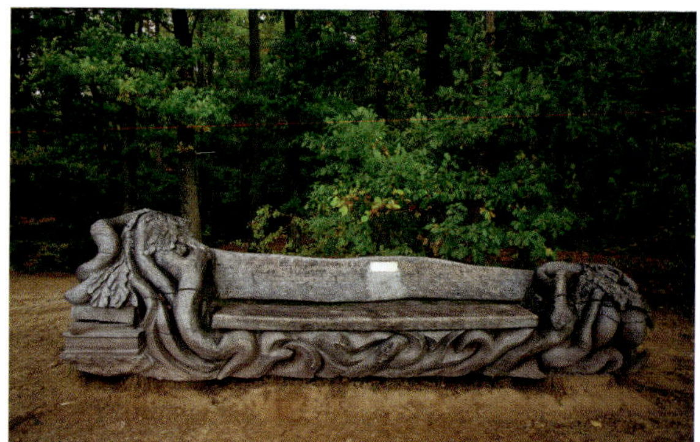

Parken kann man links und rechts der Hildrizhauser Straße/L1184, auf der Seite des **Herrenberger Waldfriedhofs** oder des **Naturfreundehauses** ❶. Vor der Tour können wir noch auf der nördlichen Straßenseite hinauf zum **Schönbuchturm** gehen ❷, um die weite Aussicht zu genießen. Der 400 m lange Abstecher ist ab dem Parkplatz gut markiert.

Danach gehen wir vom Wanderschild **Parkplatz Schönbuchturm** (553 m) auf die andere Straßenseite. Am Schild

Schönbuchturm

Der 35 Meter hohe Schönbuchturm wurde 2018 eröffnet. Er besteht aus einer Konstruktion aus heimischem Lärchenholz und gespannten Stahlseilen. Zwei gegenläufige Treppen winden sich spiralförmig nach oben zu den drei Plattformen. Hier sehen die Besucher über den Schönbuch, ins Heckengäu, zum Schwarzwald und zur Schwäbischen Alb.
Höhe des Standorts: 580 m
Höhe des Turmes: 35 m
Anzahl Treppenstufen: 348
Gewicht: Turm 110 Tonnen, Fundament 400 Tonnen
www.schönbuchturm.de

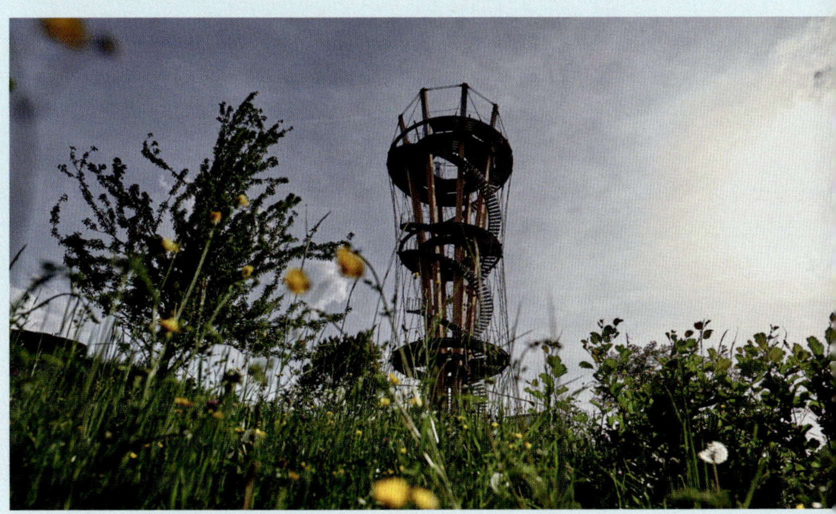

Schönbuchbank

Die Schönbuchbank (links) wurde von dem Motorsägenkünstler Michael Tamoszus aus Mönchberg für den Naturpark Schönbuch gefertigt. 2012 wurde sie dem Naturpark zum 40-jährigen Jubiläum überlassen.

Waldfriedhof (551 m) spazieren wir vor dem Friedhof durch den Parkplatz nach rechts zum Wald und folgen dort dem in den Wald hineinführenden Weg. Ab jetzt orientieren wir uns immer am Wanderzeichen gelber Kreis. Wir passieren das Schild **Am Kapf** (568 m), danach einen Aussichtspunkt und später **Stirners Jagdhütte** (527 m) 3. Hier kommen wir auf dem Rückweg von rechts auch wieder herauf.

Der markante Schönbuchturm bietet sowohl einen tollen Anblick wie auch Ausblick. (Landratsamt Böblingen, Foto: Andreas Sporn)

Grafenberg

Der seit 1969 mit 8,2 Hektar als Naturschutzgebiet ausgewiesene Grafenberg ist eines der interessantesten Gebiete im Schönbuch, ein klassisches Beispiel für bodensauren Trocken- und Halbtrockenrasen mit wärmeliebenden Pflanzen und Tieren, ähnlich wie der Spitzberg. Wärmeliebend sind auch die Eichen-Mischwälder (Eiche-Elsbeerenwald). Diese Steppenheidewälder sind im Schönbuch sehr selten und nur an heißen Südhängen inselförmig vorhanden. Der Grafenberg ist ein weit ins Ammertal vorspringender markanter Bergsporn mit herrlicher Aussicht auf den Schönbuchtrauf mit Hohenentringen, die Südwestalb, den Nordschwarzwald, ins Ammertal mit seinen traulichen Dörfern, zum Rammert, der mit der Weilerburg ausläuft, und zur Wurmlinger Kapelle. Wegen seiner seltenen Steppenheideflora steht er unter Naturschutz – z. B. gibt es hier die ungarische (pannonische) Platterbse, die in Baden-Württemberg nur noch am Spitzberg vorkommt (und in ganz Deutschland insgesamt nur drei Vorkommen hat! – ansonsten nur in Ungarn und den Pyrenäen). Dieses Vorkommen veranlasste bereits 1933 den »Verein für vaterländische Naturkunde in Württemberg«, die Fläche der Steppenheide zu erwerben. Heute ist sie im Besitz des Schwäbischen Heimatbundes. Die Hochfläche und die Kante bestehen aus Stubensandstein. Die hohe Steilfläche entstand, da an den Hangflächen darunter die nur wenig widerstandsfähigen Mergelschichten liegen, die ausgewaschen wurden.

Bei Grabungen fand man Siedlungsreste aus der frühen Eisenzeit oder Hallstattzeit (750–450 v. Chr.) und Pfeilspitzen und Werkzeuge aus einem Lager der mittleren Steinzeit (Mesolithikum), 8000–4000 v. Chr.

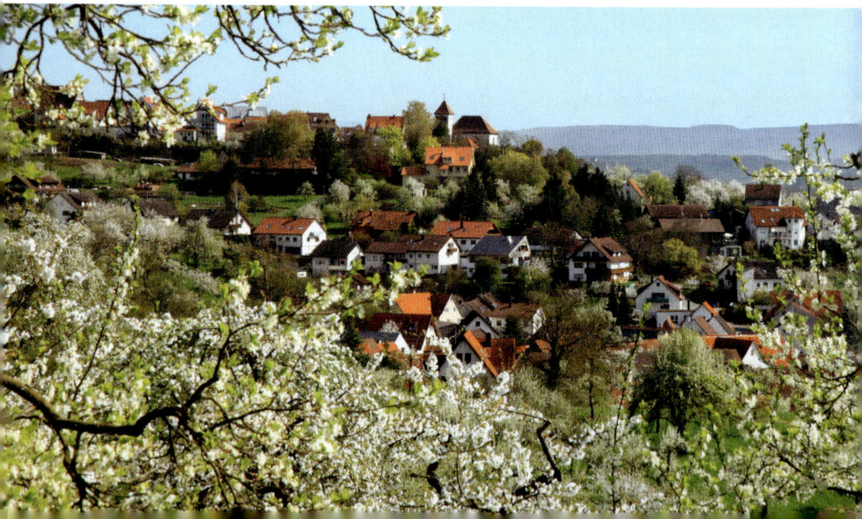

Jetzt wandern wir aber geradeaus weiter. Es folgen ein Aussichtspunkt, danach das Schild Martinsgarten (539 m). Hier geht es nach rechts hinab zum **Mönchberger Sattel** (523 m) 4. Wir gehen aber geradeaus in Richtung »Kayher Sportplatz« weiter. Nun steigt unser Weg etwas an. Wir kommen am Schild Lormannweg (535 m) vorbei, danach verzweigt sich der Weg.

Wir nehmen von den beiden rechts abgehenden Wegen den rechten, ein asphaltiertes Sträßchen, das uns vor das **Schützenhaus Mönchberg** (545 m) bringt. Hier werden wir nach links auf eine Treppe verwiesen. Kurz darauf können wir nach rechts hinaus zum **Aussichtsplatz Kaiserwirt's Bergle** gehen. Ansonsten wandern wir aber geradeaus weiter.

Wir kommen an der Infotafel Hirschkäfermeiler vorbei, danach überqueren wir einen Graben auf einer Brücke. Anschließend halten wir uns rechts. Etwas später sehen wir nach einem kurzen Stück bergab einen dreieckigen Grenzstein. Er besitzt auf zwei Seiten das Wappen des Klosters Bebenhausen, einen Abtsstab. Kurz danach sind wir am Aussichtspunkt **Grafenberg** (550 m) 5. Hier finden wir eine Infotafel zum Grafenberg sowie die künstlerisch gestaltete Bank.

Hinter der Bank werden wir nach links verwiesen. Wo wir auf einen anderen Weg treffen, gehen wir geradeaus weiter. Bald erreichen wir den **Sportplatz Kayh** (546 m) 6. Hier werden wir scharf nach rechts auf die Zufahrtsstraße verwiesen. Ab jetzt wandern wir eine Zeitlang durch prächtigen Streuobstwiesen, die zum Schwäbischen Streuobst-

links: Blick auf Mönchberg.

rechts: Am Schönbuchabhang wandert man mit prächtigem Blick ins Ammertal und ins Gäu durch Streuobstwiesen. (Foto: Frank Reiser / Heimatverliebt)

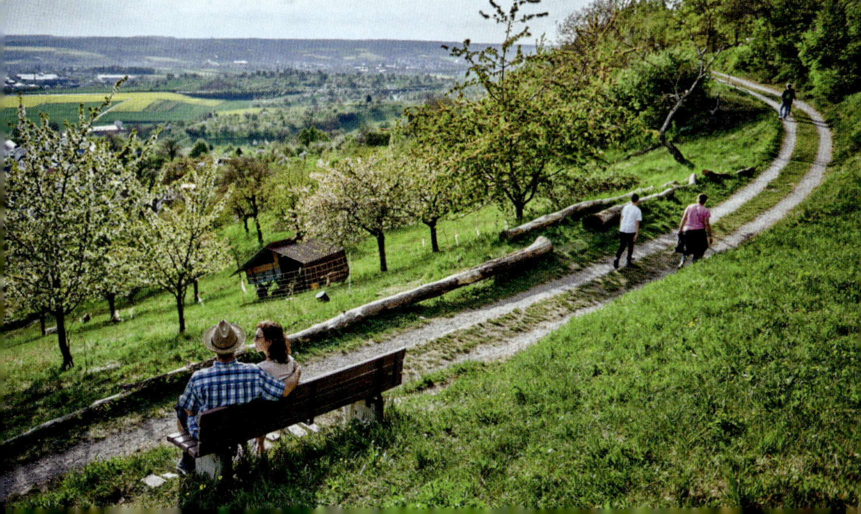

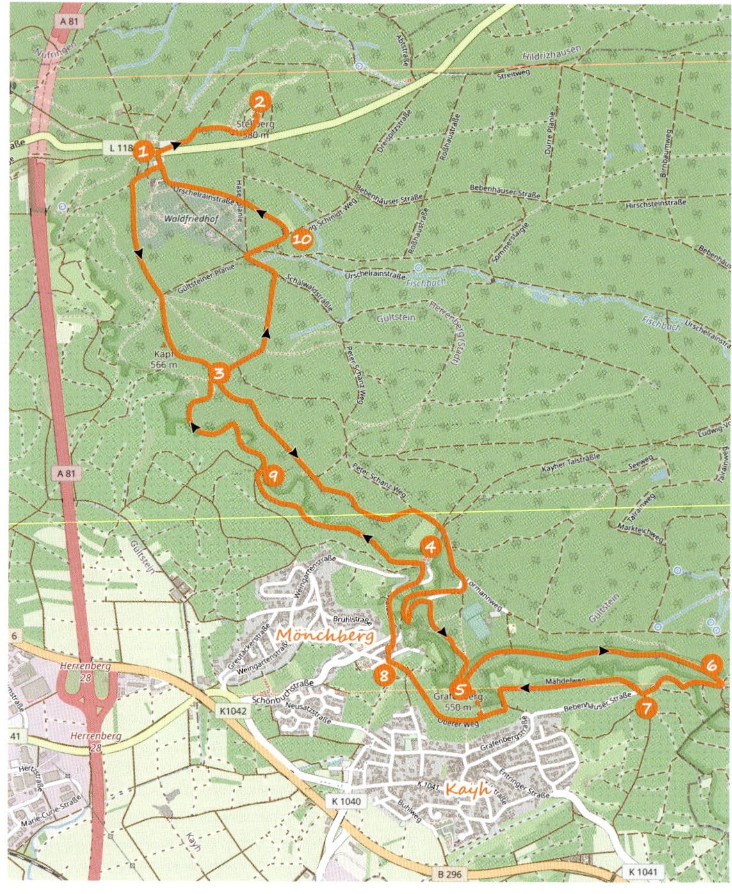

paradies e.V. gehören. Nun geht es steil bergab. Nach 100 Metern haben wir wieder eine herrliche Aussicht über die Streuobstwiesen und das Ammertal zur Schwäbischen Alb.

Wir folgen dem Sträßchen, bis wir bei endenden Stromleitungen nach rechts verwiesen werden 7. Jetzt wandern wir auch auf dem Herrenberger Streuobstwandererlebnisweg »Zwischen Blütenrausch und Muskelkater«. Er ist durch Stelen mit einem roten Apfel mit Kopfhörern markiert. Bei der ersten Infostation steht eine Tafel, auf der auf einem Foto die Aussicht erklärt wird. Links unter uns sehen wir Kayh. Danach folgt eine Tafel mit Informationen zu Gips und Wasserarmut. An der Station mit den drehbaren Fotos

Wenn man Glück hat, kann man im Damwildgehege die Tiere beobachten.

wandern wir auf dem rechten, eben am Hang entlang verlaufenden Weg weiter.

Nach einem Rastplatz mit Tisch und Bänken geht es wieder auf **Mönchberg** zu. Der Ort ist gut an seiner Kirche mit dem nach Art eines Campanile freistehenden Kirchturm zu erkennen. Vor ihm quert ein Sträßchen (8), wir behalten aber unsere Richtung bei und steigen auf dem schmalen Asphaltweg hinauf zu den Häusern. Wir gehen zwischen ihnen hindurch bis zum querenden Schützenweg. Hier halten wir uns rechts, dann gleich wieder links. Nach den Häusern treffen wir auf die Waldstraße, der wir nach rechts folgen.

An der Verzweigung bei den Hütten nehmen wir den zweiten Weg von rechts. Er knickt am Schild **Knopfler** (508 m) vor einer Quelle links ab. Nun folgt eine Infotafel zu Streuobstwiesen und genau durch diese führt der Weg weiter. Links vor uns sehen wir immer wieder Herrenberg mit seiner mächtigen Stiftskirche.

Bald treffen wir auf die **Köhler-Eiche** (9), die zu Ehren des ehemaligen Bundespräsidenten gepflanzt wurde. Hier biegen wir rechts ab. Der erst asphaltierte und ansteigende Weg geht bald in einen schmalen Pfad über. An einer Stelle, durch Treppen unterbrochen, führt er uns hinauf zur bekannten **Stirners Jagdhütte** (3).

Dieses Mal gehen wir geradeaus weiter. An einem querenden Weg halten wir uns links und kommen vor den Friedhof. Hier biegen wir rechts ab und gehen auf dem linken der beiden Wege bis zum Schild **Damwildgehege** (557 m) (10).

Jetzt biegen wir links ab. Vorbei am Wildgehege kommen wir zurück zum Waldfriedhof und zu den **Parkplätzen**.

INFOS

Wanderkarte W237 Tübingen Schönbuch, 1:25000, Hrsg.: Schwäbischer Albverein e.V., Kartographie: Landesamt für Geoinformation und Landentwicklung Baden-Württemberg (LGL)

https://schoenbuch-heckengaeu.de; www.herrenberg.de; www.streuobstparadies.de; www.naturpark-schoenbuch.de

S-Bahn bis Herrenberg, Bus bis Waldfriedhof

Herrenberg, Waldfriedhof, Hildrizhauser Straße, GPS 48.602539, 8.903547

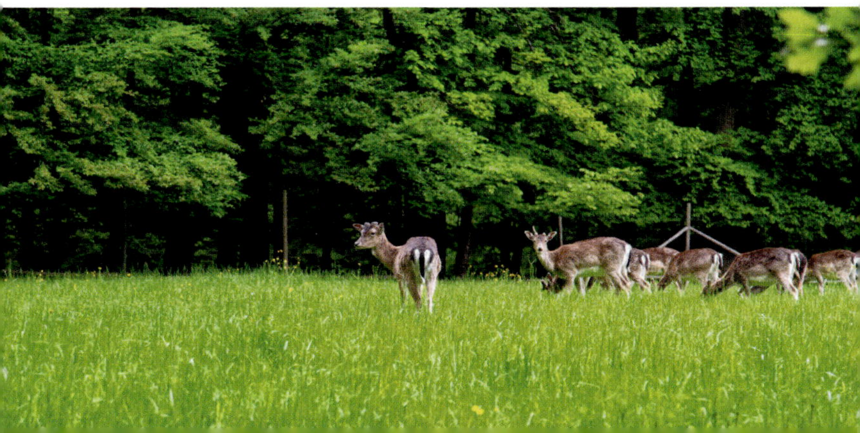

Mönchberger Waldweide und Mönchberger Blüten

21

Durchs Sommertal über die Waldweide zum Streuobstparadies

 4¼ Std.

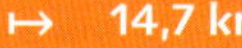 14,7 km

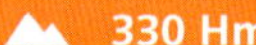 330 Hm

Herrenberger Waldfriedhof – Sommertal – Waldweide – Mönchberger Sattel – Mönchberg – Streuobstwiesen – Ortsrand Herrenberg – Jahnhütte – Waldfriedhof

Die Wanderung verläuft auf festen Wegen und Pfaden. Wegen des wiederholten Auf und Ab ist sie relativ anstrengend.

Waldweide, See, Baumblüte bei Mönchberg

Naturfreundehaus, Mönchberger Sattel, Mönchberg

Diese Wanderung bietet uns verschiedene Landschaftseindrücke. Man kann vor oder nach der Tour den Schönbuchturm besteigen und dort die Aussicht genießen. Danach wandern wir durch das prächtige Waldgebiet des Schönbuchs. Etwas Besonderes dabei ist das Gebiet der Mönchberger Waldweide, wo über den Sommer Gallowayrinder weiden. Abschließend wandern wir durch Streuobstwiesen wieder zurück, was insbesondere im Frühjahr zur Blütezeit ein wunderbares Erlebnis ist.

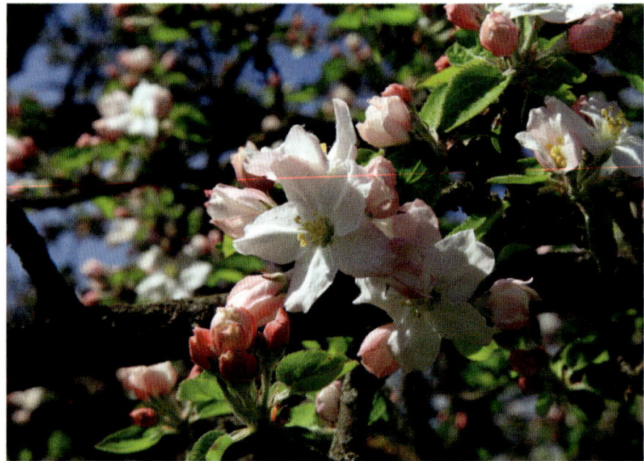

Wir parken entweder links der L1184/Hildrizhauser Straße beim Naturfreundehaus/Schönbuchturm oder rechts am Parkplatz beim Waldfriedhof. Dann gehen wir auf die **Südseite der L1184** 1 und durch den Parkplatz hindurch. Danach folgen wir links des Friedhofs der Urschelrainstraße, behalten am Friedhofsende unsere Richtung bei und kommen zum **Damwildgehege**. Am querenden Ludwig-Schmitt-Weg (links) / Gültsteiner Planie (rechts) gehen wir leicht nach links versetzt in der Urschelrainstraße / Sommertalstraße weiter.

Waldweide bei Mönchberg

In der Waldweide bei Mönchberg grasen seit einiger Zeit Galloway-rinder auf einer Fläche, die künstlich ausgelichtet wurde und dem Wanderer vermittelt, wie früher der Schönbuch wirklich ausgesehen hat. Die beweidete Fläche ist rund sieben Hektar groß. Die über den Sommer hier lebenden Galloway-Rinder sorgen dort für einen lichten Weidewald; somit gibt es hier eine historisch bedeutende Waldnutzungsform. Der lichte Wald hat aber noch eine andere Funktion, denn hier fühlen sich selten gewordene Tiere und Pflanzen, die auf solch einen Lebensraum angewiesen sind, wohl. Das wären zum Beispiel Licht liebende Wald-Vogelarten wie der Mittelspecht, der Grauspecht, der Halsbandschnäpper und die Waldschnepfe, außerdem Schmetterlinge wie der seltene Trauermantel sowie Amphibien, Reptilien und Fledermäuse.

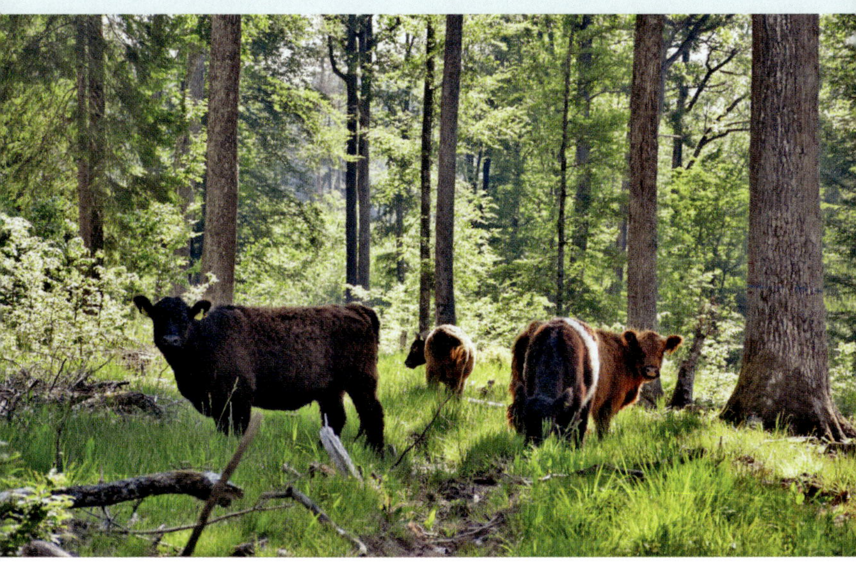

Im Sommer kann man die Tiere auf der Waldweide beobachten. (Landratsamt Böblingen)

Nun wanden wir immer abwärts zur **Fresseiche** ❷, die durch ein Gedicht erklärt wird. Hier biegen wir rechts ab in das Ludwig-Volz-Sträßle. Links des Weges liegt das schöne, lichte Waldgebiet der Mönchberger Waldweide; hier soll im Sommer 2021 eine Aussichtsplattform erstellt werden.

Der Weg mündet bald in das Kayher Talsträßle. Diesem folgen wir mit dem Wanderzeichen blauer Strich nach links, halten uns kurz darauf am Schild **Talrainweg** (492 m) aber

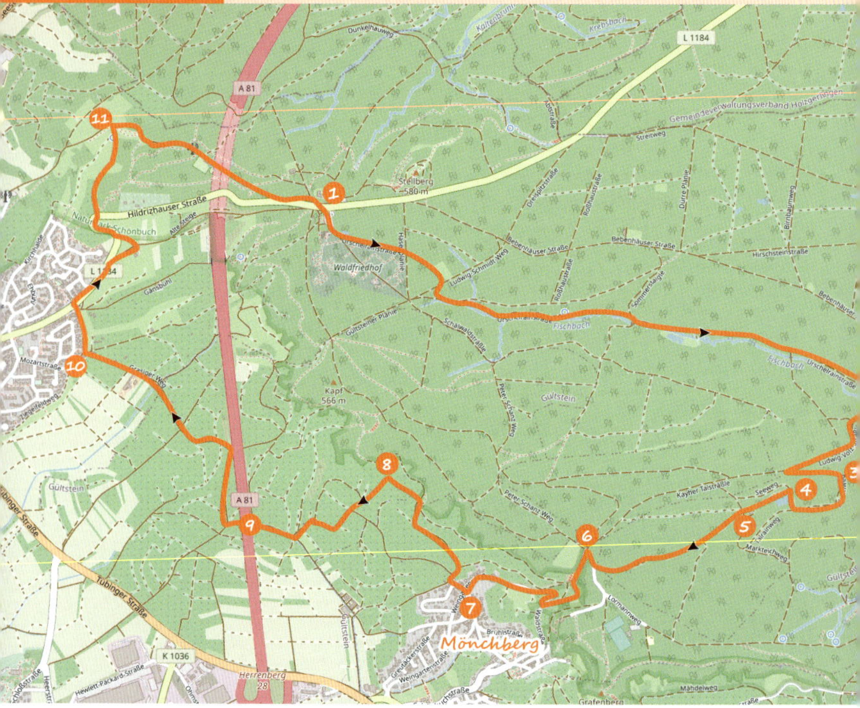
A 81
L 1184
Dunkelhauweg
Krebsbach
Gemeindeverwaltungsverband Holzgerlingen
Streitweg
Stellberg
580 m
Hildrizhauser Straße
L 1184
Waldfriedhof
Bebenhäuser Straße
Rosshaustraße
Hirschsteinstraße
Ludwig-Schmidt-Weg
Fischbach
Gültsteiner Planie
Schaiwaldstraße
Mozartstraße
Kapf
566 m
Gültstein
Peter-Schanz-Weg
Kayher Talstraße
Seeweg
Markteichweg
Gültstein
Tübinger Straße
K 1036
Hewlett-Packard-Straße
Herrenberg
28
Mönchberg
Lormannweg
Mähdeweg
Grafenberg
1
2
3
4
5
6
7
8
9
10
11

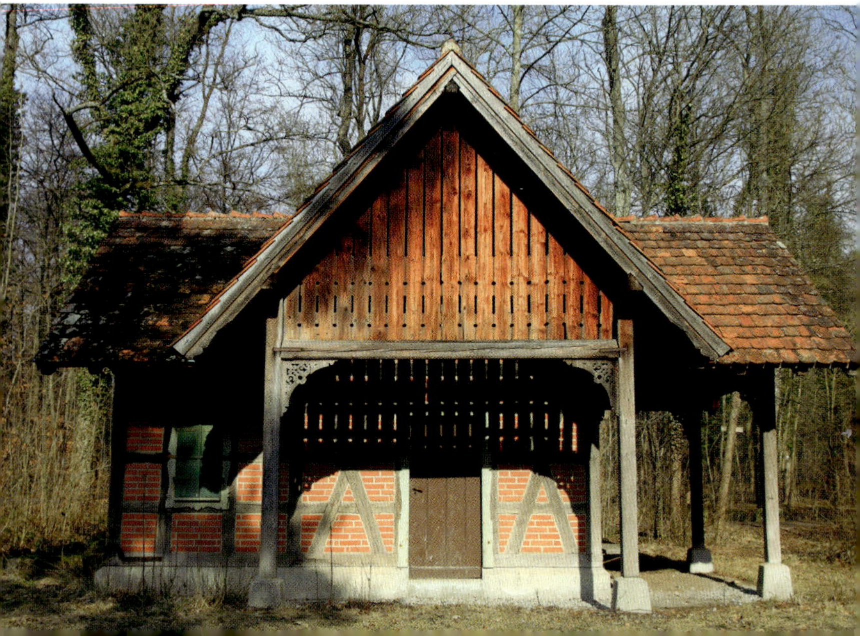

rechts 3. Nach kurzem Anstieg knickt der Weg rechts ab und etwas später werden wir mit dem Wanderzeichen nach rechts in den Seeweg 4 verwiesen. Wir gehen hinab, an dem kleinen **Weiher** vorbei und biegen gleich nach ihm links ab auf einen unbefestigten Weg.

Wir wandern nun kurz entlang des Sees und erreichen danach die **Gültsteiner Hütte** 5. Nach ihr überqueren wir am Schild Gültsteiner Hütte (510 m) einen querenden Weg, danach gehen wir geradeaus weiter. Gleich darauf folgen wir aber dem links abzweigenden Pfad, nach wie vor mit dem blauen Strich markiert. Nun geht es eine Weile steil bergauf. Auch wenn der Weg und die Zeichen nicht immer zu sehen sind, können wir den Weg nicht verfehlen, wenn wir immer geradeaus bergauf steigen.

Wo wir auf einen breiten querenden Weg treffen, biegen wir rechts ab. Er bringt uns zum Schild Lormannweg (535 m). Hier biegen wir rechts ab in den Lormannweg und kommen zum **Mönchberger Sattel** 6. Dort behalten wir unsere Richtung bei, wandern in der Waldstraße am Parkplatz entlang bergab, bis nach Scheunen rechts die Weingartenstraße abgeht. Hier in den Wiesen blüht im Frühjahr die Scilla, der Blaustern; er hat hier seinen einzigen Wuchsort im Schönbuch.

links: Das Steighäusle beim Herrenberger Waldfriedhof war früher eine Schutzhütte für Waldarbeiter.

rechts: Ein kleiner Waldweiher.

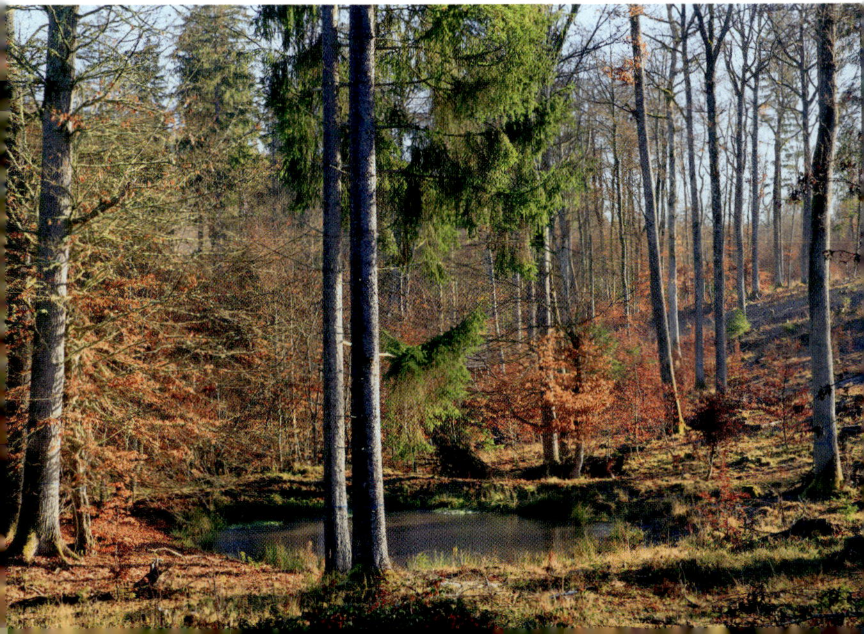

INFOS

Wanderkarte W237 Tübingen Schönbuch, 1:25 000, Hrsg.: Schwäbischer Albverein e.V., Kartographie: Landesamt für Geoinformation und Landentwicklung Baden-Württemberg (LGL)

www.herrenberg.de; www.naturpark-schoenbuch.de

S-Bahn bis Herrenberg, Bus bis Haltestelle Waldfriedhof

Herrenberger Waldfriedhof, Hildrizhauser Straße/L1184, GPS 48.602524, 8.903647

Wir folgen der Weingartenstraße in das Wohngebiet, wo wir uns rechts in die Benzinger Straße halten, die in den Appenhaldeweg 7 übergeht. Wo dieser nach links zieht, zweigen wir vor dem Spielplatz rechts ab, gehen an ihm vorbei und halten uns gleich danach rechts. Nun steigt unser Weg etwas an bis zu einem **Mahnmal** gegen eine geplante Mülldeponie 8.

Dort biegen wir links ab und wandern hinab zu einem querenden breiten Weg. Ihm folgen wir nach rechts und unterqueren bald die **Autobahn A81** 9. Nach ihr biegen wir rechts ab – geradeaus sehen wir das alte Hutnerhaus. Wir wandern, bis es rechts wieder unter der Autobahn hindurch geht, dort biegen wir links ab in den Grasigen Weg. Ihm folgen wir bis zu den **Wohnhäusern** 10. Dort biegen wir rechts ab in den Ziegelfeldweg. Kurz vor der Hildrizhauser Straße halten wir uns rechts und gehen gleich danach nach links weiter. Nun wandern wir in der Alten Steige kurz parallel zur Straße. Bald orientieren wir uns links und

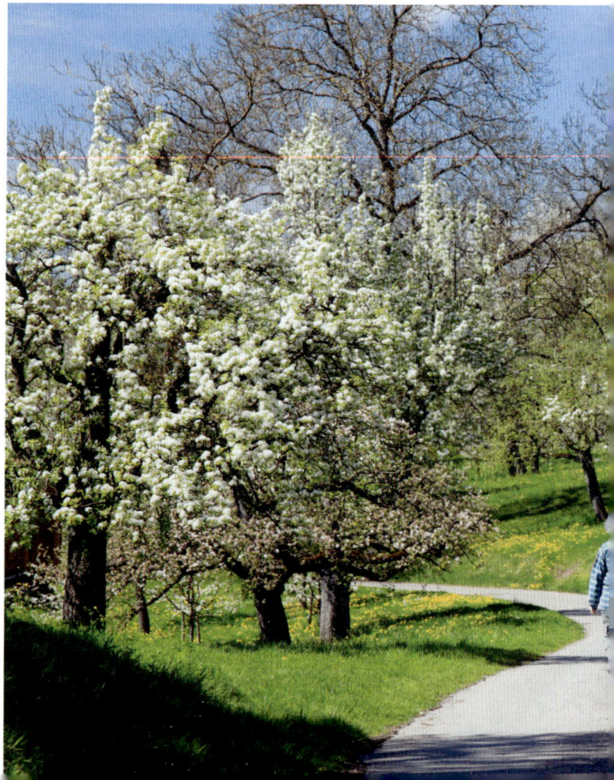

Ein Traum: Frühlingswandern durch blühende Streuobstwiesen!

Scilla

Die im Frühjahr blühende Scilla/ Blaustern (scilla bifolia) wurde 1855 in der Oberamtsbeschreibung Herrenberg als zweiblättrige Meerzwiebel mit noch einem weiteren Standort bei Breitenholz erwähnt. Diese im Schönbuch seltene Pflanze bedeckt Wiesen am Ortsausgang von Mönchberg. Ihre Blütezeit ist von März bis Juni.

kommen zur Hildrizhauser Straße. Ihr folgen wir kurz nach rechts, zweigen aber gleich nach der scharfen Rechtskurve links ab.

Nun wandern wir bis zum nächsten **Querweg** 11. Ihm folgen wir nach rechts. Es steigt an, später kommen wir an der beliebten **Jahnhütte**, wo wir gut rasten können, sowie am **Waldseilgarten** vorbei und erreichen schließlich wieder den Parkplatz am **Naturfreundehaus**.

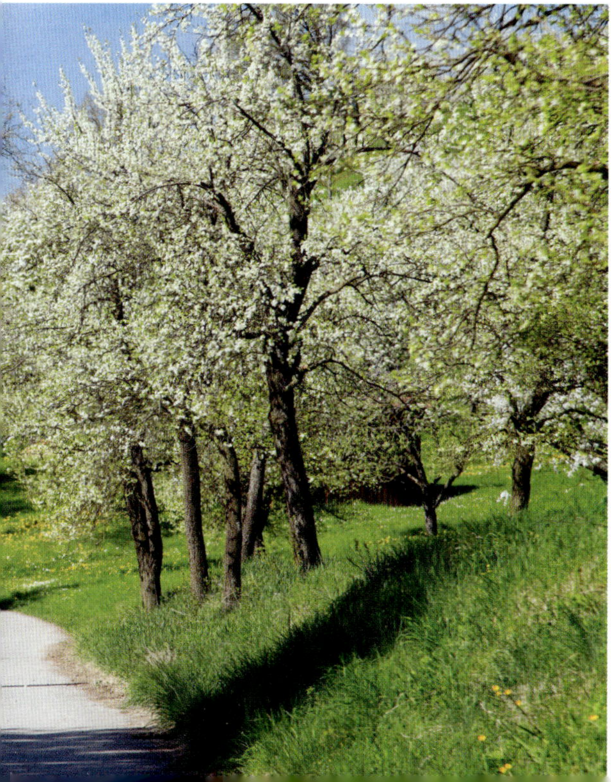

ZUSATZ-INFO

Die neue **Land.Tour WaldWeide** mit einer barrierefreien Aussichtsplattform und Infosteg an der Waldweide erschließt im Schönbuch neue Wandermöglichkeiten.

https://schoenbuch-heckengaeu.de/tipp/landtouren/

Von Baum-Methusalem zu Baum-Methusalem 22

Im Dreieck Mauren, Hildrizhausen und Altdorf

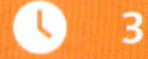 3 ¾ Std.

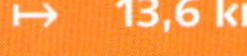 13,6 km

150 Hm

Altdorf Sportplätze – Altdorf – Maurener Tal – Obere Linde – Hildrizhausen – Gabeleiche – Sportplätze

Die Wanderung verläuft auf Naturpfaden und befestigten Feld- und Forstwegen.

Alte Bäume, Kirchen und Ortsbild Altdorf und Hildrizhausen

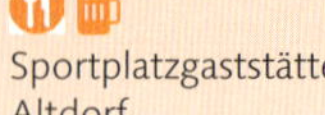

Sportplatzgaststätte Altdorf

Typisch Schönbuch: alte, mächtige Bäume, richtige Baum-Methusalems, wie man sie nicht oft findet. Und nicht nur einer, sondern bei dieser Wanderung gleich mehrere davon. Diese Wanderung führt uns zum Teil durch den Wald, wo wir die merkwürdige Gabeleiche bewundern können, wie auch über die Schönbuchlichtung. Sie bietet uns mit ihren Wiesen und Feldern nicht nur eine wunderschöne Landschaft, sondern hier finden wir auch die Obere Linde bei Hildrizhausen, die zu den bedeutendsten Bäumen im Schönbuch gehört.

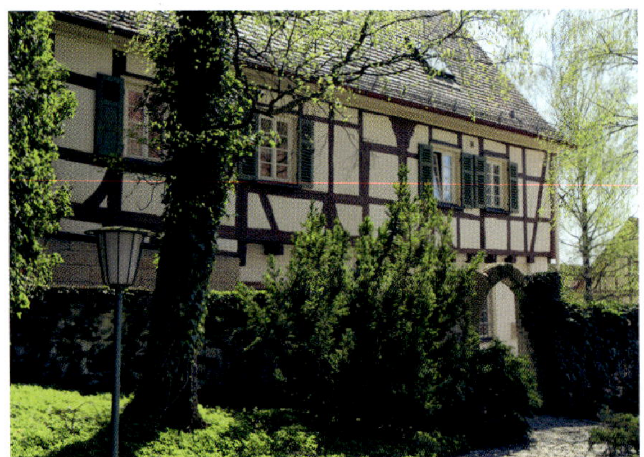

Das Pfarrhaus in Altdorf wirkt recht idyllisch.

Wir wandern in Altdorf von den **Sportplätzen** ❶ in der Laienstraße in den Ort. Dort folgen wir ihr aber nicht nach rechts zur Kirche, sondern gehen geradeaus in der Gartenstraße weiter. Wir überqueren die **Hildrizhauser Straße** ❷ und spazieren in der bald nach links ziehenden Mühlstraße weiter. Vor der Bushaltestelle biegen wir nach rechts in die Würmstraße ab, dann nach links in den Seeweg, der später in den Panoramaweg übergeht. Wie wir bald sehen, trägt er seinen Namen zu Recht.

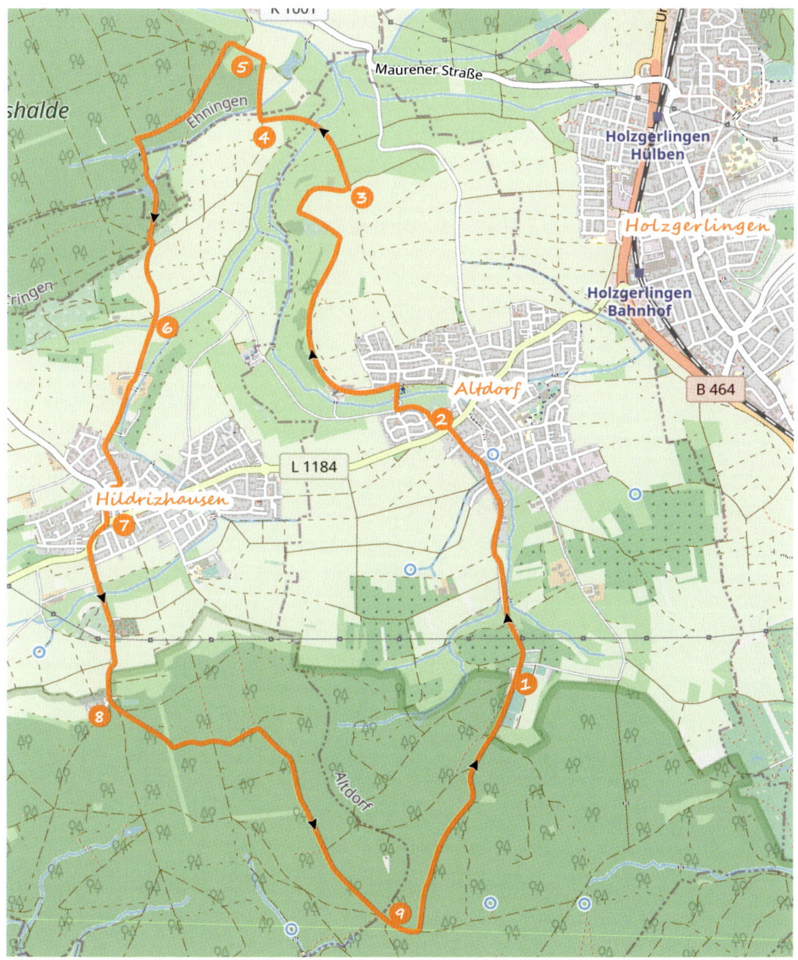

Wir passieren die links unten liegende Mühle und wandern am Trauf hoch über dem Würmtal entlang. Nach einiger Zeit zieht der Weg nach rechts bis zum Kunstwerk **Quadrat** 3. Hier gehen wir nach links auf einem steilen Pfad hinab zu einem festen Weg. Ihm folgen wir in Gehrichtung. Er zieht bald nach links, wobei wir nach rechts einen schönen Blick zum Maurener See haben. Nach dem Kunstwerk **Schmaler Kopfkarton** 4 biegen wir rechts ab. Bald passieren wir den rechts liegenden Maurener See und das

INFOS

Freizeitkarte F520 Stuttgart, 1:50 000, Landesamt für Geoinformation und Landentwicklung Baden-Württemberg (LGL); Wanderkarte mit Radwegen Stuttgart Südwest Blatt 50-539, 1:25 000, NaturNavi

www.naturpark-schoenbuch.de; www.altdorf-boeblingen.de; www.hildrizhausen.de

S-Bahn bis Ehningen, weiter mit dem Bus

Altdorf, Sportplätze am Ende der Laienstraße, GPS 48.615615, 8.997553

Kunstwerk Drei Quadrate. Nun zieht der Weg nach links und bringt uns zum Kunstwerk **Der Aussteiger**. Hier sehen wir nach rechts nach Mauren, davor einige mächtige, bis zu 400 Jahre alte Baumriesen in den Wiesen; sie sind alle als Naturdenkmale geschützt.

Hier gehen wir geradeaus weiter in den **Wald** 5. Hier biegen wir mit dem Wanderzeichen blaues Kreuz links ab. Es bringt uns zu einer Kreuzung, wo wir dem Wanderzeichen nach links folgen. Nach dem Waldrand geht es weiter mit dem blauen Kreuz über die Freifläche mit Feldern und Wiesen weiter. Bald erreichen wir die riesige **Obere Linde** 6.

Danach spazieren wir geradeaus nach Hildrizhausen hinein, bis kurz vor der **Kirche** der bezeichnete Weg in der Hölderlinstraße nach rechts 7 abgeht.

An der Ehninger Straße wandern wir nach links bis zur Kreuzung mit der Herrenberger Straße. Hier geht es kurz nach rechts, am Kreisverkehr gehen wir aber wieder links ab (Richtung »Neue Brücke« bzw. »Friedhof«) in den Steinhauweg. Wir spazieren nun vorbei am Friedhof zum **Waldhaus** 8. Hier kommen wir in den Wald. Dort nehmen wir den links abgehenden Tübinger Weg.

Er führt nach einiger Zeit nach rechts und bringt uns zu einer Kreuzung mit der **Gabeleiche** 9; geradeaus kommen wir zum Eselstritt (beides s. Tour 23). 200 Meter danach biegen wir nach links in den Markweg ab. Nun haben wir bald wieder unseren Ausgangspunkt bei den **Altdorfer Sportplätzen** erreicht.

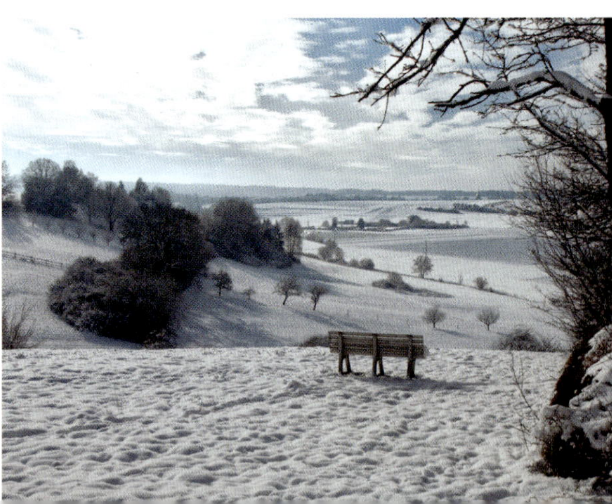

Winterlicher Blick vom Panoramaweg.

Obere Linde

Die rund 17 Meter hohe und zwischen 400 und 500 Jahre alte Obere Linde steht unter Naturschutz. Ihr Stammumfang beträgt rund 6,80 Meter, der Stamm verzweigt sich in acht dicke Äste, einer davon steht waagrecht ab. Der Umfang der Krone beträgt 21 Meter.

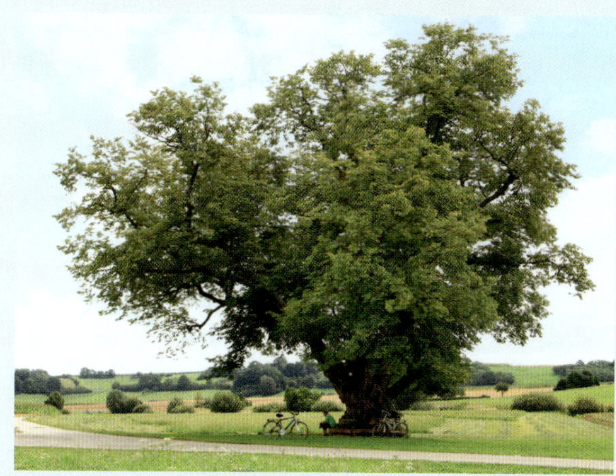

Hildrizhausen

Die 1275 erstmals erwähnte ev. Pfarrkirche St. Nikomedes in Hildrizhausen besitzt einen wuchtigen hochgotischem Südturm und wurde um 1000 erstmals erbaut, später erfolgten aber Umbauten. Sie ist eine romanische Pfeilerbasilika – eine der wenigen romanischen Kirchen der Gegend – und zählt zu den ältesten Sakralbauten Süddeutschlands. Der Chor wurde schon als »der beste spätgotische Dorfkirchenraum im Schönbuch« bezeichnet. Das schöne Chorgestühl stammt von Heinrich Schickardt (1529). Auch die übrige Ausstattung ist bemerkenswert. Der Ort besitzt einen reizvollen historischen Ortskern mit zahlreichen, z. T. unter Denkmalschutz stehenden Fachwerkhäusern des 16. bis 19. Jahrhunderts.

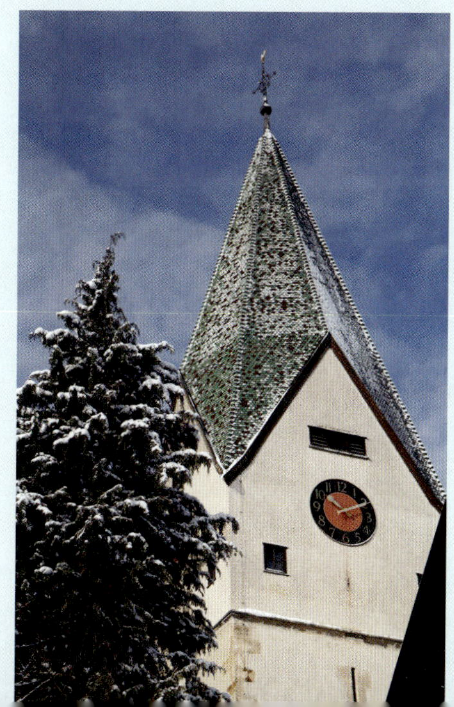

Sehenswertes auf dem Bromberg 23

Gabeleiche, Entringer Stein und Birkensee

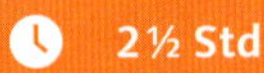

2½ Std.
9,2 km
90 Hm

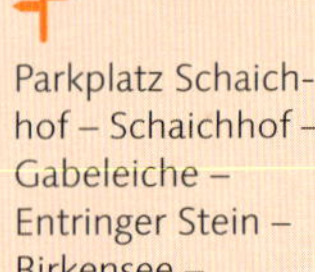

Parkplatz Schaichhof – Schaichhof – Gabeleiche – Entringer Stein – Birkensee – Parkplatz

Die Wanderung verläuft ohne große Höhenunterschiede auf festen Wegen.

Wald, Eselstritt, Gabeleiche, Entringer Stein, Birkensee

Schaichhof, Sportplätze Altdorf

Der Bromberg zählt zu den urigsten Waldstücken im Naturpark Schönbuch. Die Gegend wirkt fast herb und der Wald weist ein wenig Schwarzwaldcharakter auf. Gerade deshalb hat er für Naturfreunde viel zu bieten. Zudem führt uns die Wanderung an einigen Natur- und kulturellen Sehenswürdigkeiten vorbei, sodass für jeden Wandergeschmack etwas dabei sein dürfte. Der Parkplatz ist außerdem ein beliebtes Ausflugsziel für Familien, die grillen wollen, denn um ihn herum findet man einige Grillstellen.

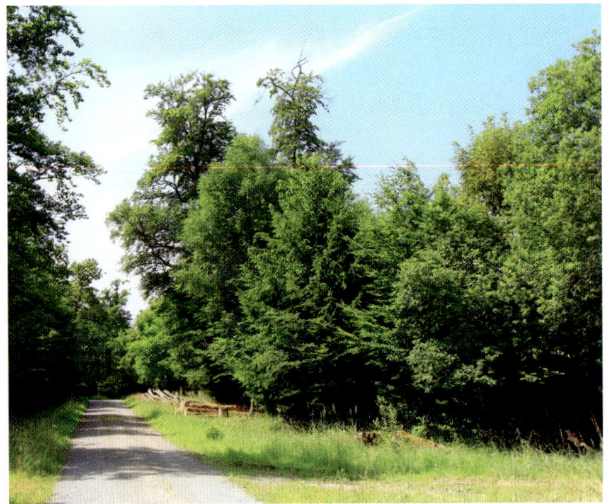

Typische Szene aus dem Naturpark Schönbuch.

Wir gehen vom **Parkplatz Schaichhof** 1 bei Weil im Schönbuch etwas zurück zum Franzensträßchen, auf dem wir hergefahren sind. Hier biegen wir links ab. Kurz darauf überqueren wir den Kreuzwiesenbach und folgen danach dem nach rechts ziehenden Weg, der mit dem Zeichen gelber Ring markiert ist. Dieses Zeichen wird uns eine Weile begleiten.

Schaichhof

Der auf einer fruchtbaren Liasebene liegende Schaichhof gehörte im 15. Jahrhundert der Hildrizhausener Frühmesse; 1552 im Forstlagerbuch wurde das Anwesen noch Schaiachhof genannt. Es hatte besondere Gerechtigkeiten, als Gegenleistungen musste es bei herrschaftlichen Jagden als Stützpunkt und Hundelege dienen. Das Gutshaus ist von 1771; zusammen mit den Wirtschaftsgebäuden aus dem 19. Jahrhundert bildet es eine ausgedehnte Vierflügelanlage. Das 110 Hektar große, 1824 von der königlichen Hofdomänenkammer (heute Württembergische Hofkammer) erworbene Gut wurde mittlerweile in einen Golfplatz umgewandelt. Lange Zeit war der Schaichhof ein Mustergut – im letzten Jahrhundert bekannt für Obstzucht (1840 gab es 1 000 Kern- und 400 Steinobstbäume) und Rindviehzucht, außerdem war er Arbeitsplatz für viele Leute der umliegenden Gemeinden.

Wir wandern nun durch den Golfplatz. Rechts sehen wir bald einen Obstsortenlehrpfad, an dem der Golfclub 27 verschiedene Obstbaumsorten, darunter auch seltene, eingepflanzt hat. Wir überqueren die Schaich und kommen zum querenden Weinweg. Hier ginge es am Schild **Golfclub Schönbuch** (500 m) 2 nach rechts zu den Gebäuden des Schaichhofs, wir biegen aber links ab. Beachten sollte man aber die schöne, nach rechts führende Kastanienallee.

Wir folgen nun nach links dem Weinweg, erst durch das Gelände des Golfclubs, danach kommen wir in den Wald. Hier passieren wir das Schild **Weinweg Hildrizhausen** (524 m), später die Sulzackereiche. Danach kommen wir vor das Tor des eingezäunten Wildgatters. Hier biegen wir rechts ab in die Eselstrittstraße, wo wir nun entlang des Zauns des geschützten Bereichs wandern. Hier weisen die vielen Birken rechts des Weges auf den feuchten Untergrund hin. Am Schild **Eselstrittweg** (534 m) treffen von rechts die Wanderer ein, die am Sportplatz Altdorf gestartet und mit dem blauen Balken hierher gewandert sind.

Etwas später zweigt links der Schneibenweg ab; hier steht links ein **Gedenkstein** 3 und in einen Stein am Boden ist der Abdruck eines Eselshufes eingearbeitet.

Wir biegen hier zwar nach links in den Schneibenweg ab, gehen aber noch kurz geradeaus weiter. Hier sehen wir einen **Grenzstein**, da hier die Grenze der Oberämter

INFOS

Wanderkarte W237 Tübingen Schönbuch, 1:25000, Hrsg.: Schwäbischer Albverein e.V., Kartographie: Landesamt für Geoinformation und Landentwicklung Baden-Württemberg (LGL)

www.naturpark-schoenbuch.de; www.altdorf-boeblingen.de; www.weil-im-schoenbuch.de

S-Bahn bis Böblingen oder Regionalbahn (Schönbuchbahn) bis Weil im Schönbuch Troppel. Weiter mit dem Bus bis bis Haltestelle Holzgerlingen Schaichhof oder Weil im Schönbuch Haltestelle Schaichhofsiedlung und die Tour westlich des Schaichhofs beginnen.

Weil im Schönbuch, Parkplatz Schaichhof, GPS 48.606908, 9.023705. Alternativer Ausgangspunkt sind die Sportplätze bei Altdorf.

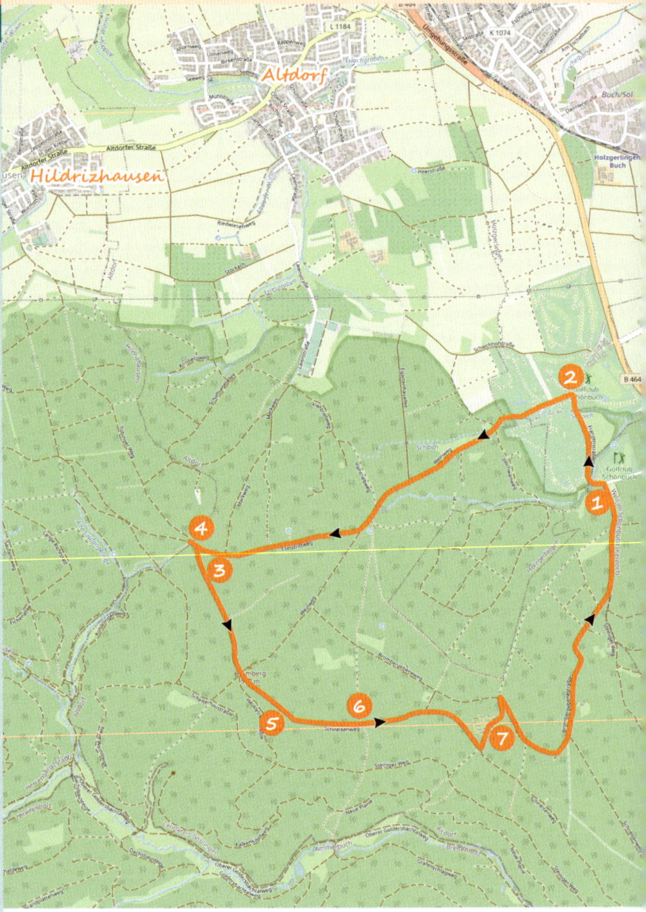

Herrenberg und Böblingen verlief. Rechts davon steht die mächtige **Gabeleiche** 4.

Danach folgen wir dem Schneibenweg über die Hochfläche des **Brombergs** 5. Nach einer Weile quert die Häuslestriebstraße, noch etwas später steht links in einem querenden Weg der **Entringer Stein** 6.

Am nächsten Querweg steht links ein Wasserbehälter, danach sehen wir am nächsten querenden Weg an einem Baum das Waldabteilungsschild »Staatswald/Distr. 4 Abtl. 62/Birkensee«. Hier biegen wir links ab und wandern auf einem Holzsteg durch die moorige Lichtung zum **Birkensee** 7.

Eselstritt

In den natürlichen Bodenvertiefungen im Liassandstein hier haben manche Leute eine gewisse Ähnlichkeit mit Abdrücken von Eselstritten gesehen. Der Volkssage nach soll hier Jesus auf einem Esel geritten sein. Um die Stelle genau zu bezeichnen, hat 1840 der Bebenhausener Oberförster Vogelmann eine Sandsteinplatte mit einer eingemeißelten Eselsfährte setzen lassen. Der Eselstritt ist bereits auf der Gadnerkarte von Ende des 16. Jahrhunderts als Besonderheit eingezeichnet. Hier führte auch die Via Rheni, die historische Rheinstraße vorbei.

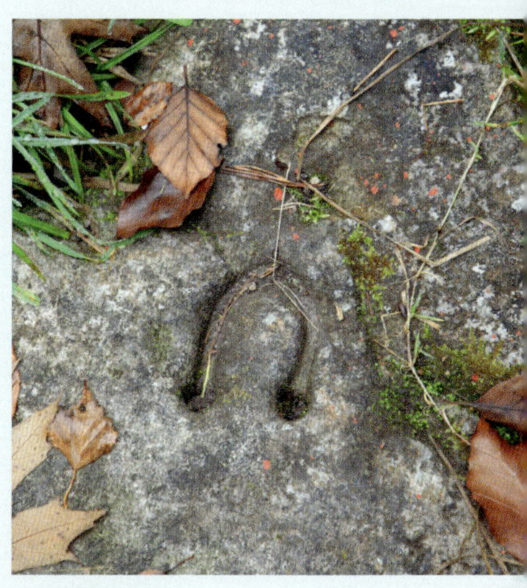

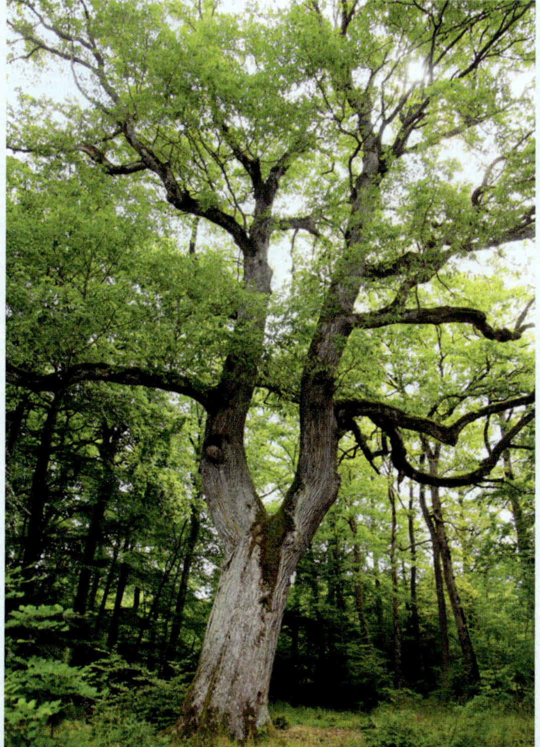

Gabeleiche

Die Gabeleiche ist eine über 380 Jahre alte Traubeneiche und besitzt einen Stammumfang von ungefähr 4,50 Meter. Sie ist rund 27 Meter hoch und hat einen Kronenumfang von etwa 21 Meter. In circa vier Metern Höhe gabelt sich der Stamm in zwei Teile.

Bromberg

Der Bromberg ist mit 583 Metern Höhe die höchste Erhebung des Schönbuchs, gebildet von einer Tafel (Deckschicht) aus Rhätsandstein, die mit einer deutlichen Stufenkante ins über 150 Meter tiefere Goldersbachtal abfällt. Der Name kommt vielleicht vom mittelhochdeutschen »Brame«, schwäbisch »brom«, was für Brombeeren spricht. Oder auch für Bremsen, da diese Stechmückenart hier auf der teils sumpfigen Hochfläche zu finden ist. Der Wald erinnert ein wenig an die Fichten-Forchenbestände der höheren Gebiete des Nordschwarzwalds. Der Grund liegt vor allem im kalkarmen Untergrund aus Rhätsandstein. Der Schwarzwaldcharakter der Bromberghochebene ist auch an Pflanzen wie Besenginster, Adlerfarn, Heidelbeeren oder Heidekraut zu erkennen. In den vergangenen Jahrzehnten haben die Stürme gewaltig auf der Bromberghochebene gewütet.

Entringer Stein

Dieser alte Stundenstein zeigt die Entfernung an. Eingeschrieben sind: »Bebenhausen 1 ¾ Stunden, Altdorf 1 Stunde« und »Entringen 1 ½ Stunden, Schaichhof ¾ Stunden«.

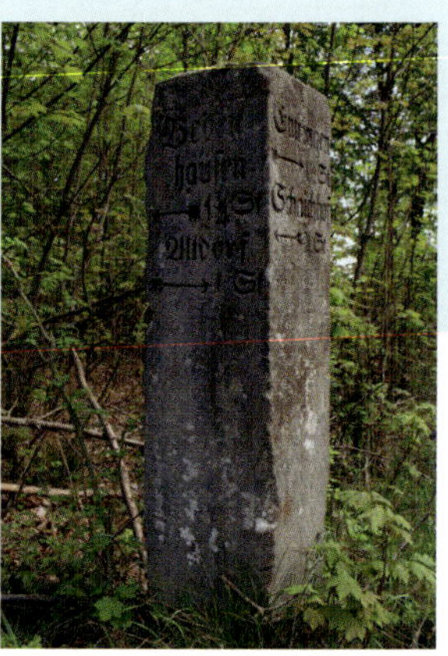

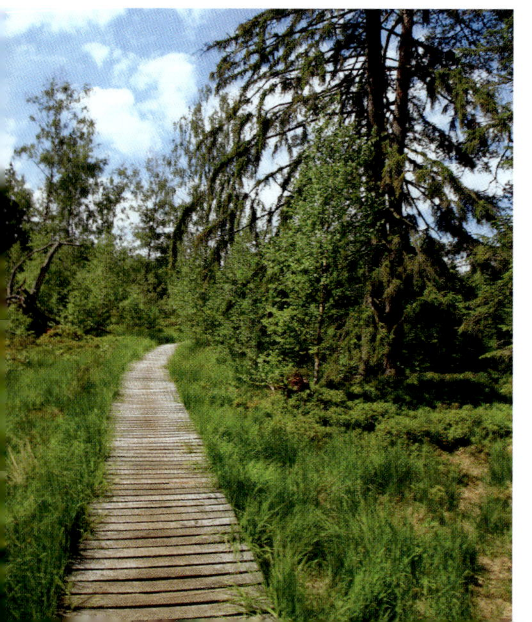

Wir gehen nach dem See noch kurz weiter bis zum Brombergebeneweg. Ihm folgen wir nach rechts. Er zieht bald nach links, später trifft von rechts der Steinige Weg ein. Am Schild **Altes Bannwaldsträßle** (519 m) verlassen wir den eingezäunten Bereich des Naturparks wieder. Kurz danach sind wir am **Parkplatz Schaichhof**.

Birkensee

Der Birkensee ist ein Naturdenkmal mit für den Schönbuch seltenen Pflanzengesellschaften. Dieser fast verlandete Hochmoor-See liegt auf dem höchsten Punkt des Schönbuchs und entstand Anfang des 19. Jahrhunderts auf der Sohle eines aufgelassenen Rhätsandsteinbruchs. Ein »Birckensee« ist allerdings bereits auf der Gadnerkarte von 1592 vermerkt und im Jahr 1667 wird er als z. T. sumpfige Viehweide von Altdorf erwähnt. Er sowie die sumpfige Umgebung entstanden, als wegen der Kalkarmut der darunterliegenden Gesteinsschicht diese durch natürliche Verkittung (Ortssteinbildung) wasserundurchlässig wurde. Viele der früher hier nachgewiesenen seltenen Sumpf- und Moorgewächse sind heute leider verschwunden, der Bereich um den Birkensee gehört aber immer noch zu den pflanzenkundlich interessantesten Gebieten des Schönbuchs. Die Flora hat hier Schwarzwaldcharakter; zu finden sind Roter Fingerhut, Besenginster, Adlerfarn, Sonnentau, das breit- und das schmalblättrige Wollgras, die Heide- und die Prachtnelke, Bärlapp und Heidelbeeren. Prächtig sehen auch die namensgebenden Birken aus, die um den See wachsen.

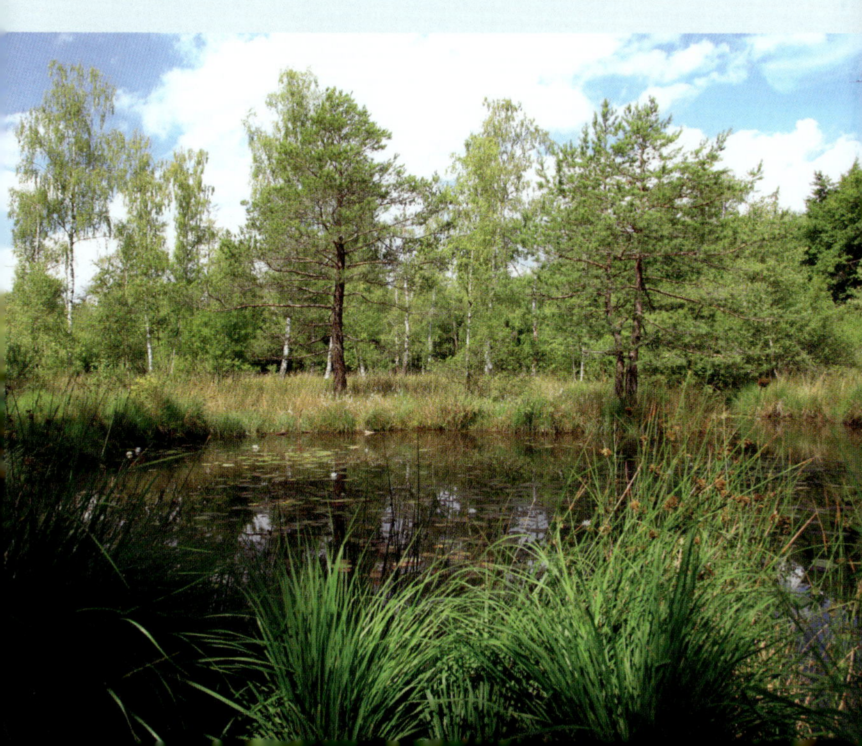

Natur, Sage und Geschichte im Schönbuch

24

Über die Teufelsbrücke zur Einsiedelei

 3 ¼ Std.

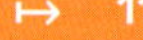 11,2 km

170 Hm

Weil im Schönbuch/ Parkplatz Franzensträßle – Ochsenweiher – Goldersbachtal – Teufelsbrücke – Einsiedelei – Parkplatz

Die Wanderung verläuft fast überwiegend auf festen Wegen. Am Schluss kommt ein kurzes, im Ab- und Aufstieg steiles und rutschiges Stück. Es kann aber umgangen werden.

Wald, Teufelsbrücke, Einsiedelei

Rucksackvesper mitnehmen

Wandern im Schönbuch heißt nicht nur wandern in einem herrlichen Waldgebiet, es heißt auch wandern mit historischen Sehenswürdigkeiten. Wir besuchen bei dieser Tour den idyllischen Ochsenweiher, wandern durch das Goldersbachtal und kommen zur Teufelsbrücke, die nicht nur Ort einer alten Sage ist, sondern mit der Oskar-Klumpp-Eiche auch in die Zeit des Beginns des Naturparks zurückführt. Die Einsiedelei, unsere letzte Station, weist auf das Kloster Bebenhausen hin.

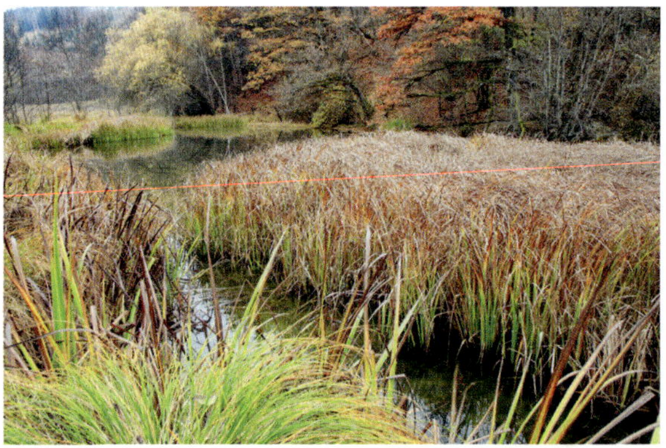

An der Teufelsbrücke gibt es einen idyllischen See, in dem im Frühjahr zahlreiche Frösche laichen.

Wir parken auf dem **Parkplatz Franzensträßle** (518 m) ①, am besten dort, wo die Wandertafeln stehen und das Ochsenschachensträßle links abzweigt. Ihm folgen wir. Gleich darauf betreten wir den durch ein Wildgatter geschützten Bereich, kurz darauf zieht der Weg am Schild **Ochsenbach** (515 m) ② nach links. Nun fällt es für eine ganze Weile ständig bzw. der Weg führt eben weiter.

Wir gehen im Prinzip immer geradeaus, kommen am **Ochsenweiher** ③ vorbei, später an der rund 300 Jahre alten **Königseiche**. Kurz nach diesem mächtigen Baum sind wir am beliebten **Rast- und Spielplatz Teufelsbrücke** ④.

Teufelsbrücke

Der Name Teufelsbrücke kommt von einem Klausner, der oberhalb des Goldersbachtales in der Einsiedelei lebte. Er soll jede Nacht um Mitternacht die kleine Glocke der Kapelle geläutet haben. Dann ging er zur Wegkreuzung ins Goldersbachtal, um dort den Teufel zu beschwören. Deshalb wurde diese Stelle Teufelsbrücke genannt. Hier, an der Grenze der Landkreise Tübingen und Böblingen, wurde 1973 eine 300 Jahre alte Eiche mit einem Stammumfang von über 4,70 Meter dem »Beschützer des Schönbuches« Oskar Klumpp gewidmet. Er war von 1963 bis 1973 Landrat in Tübingen und hat sich besonders vehement (und letztendlich auch erfolgreich) gegen den im Schönbuch geplanten Großflughafen Stuttgart II zur Wehr gesetzt. Es gibt eine Grillstelle, eine Schutzhütte, eine große Wiese und einen Weiher, in dem im zeitigen Frühjahr die Frösche so laut quaken, dass man kaum sein eigenes Wort versteht. Meist ist dieser Platz auch sehr belebt.

Wir biegen am Weiher rechts ab und wandern ein Stück durch das **Große Goldersbachtal**. An der nächsten **Verzweigung** 5 folgen wir dem nach rechts führenden Sandsteigle. Nach kurzem Anstieg biegen wir scharf rechts ab 6. Nach weiterem Anstieg wird es flacher, hier stoßen wir auf die Kreuzung mit dem Steinigen Weg (links) und dem Glashaussträßle (rechts). Wir gehen aber geradeaus weiter.

Man sieht noch Reste der ehemaligen Einsiedelei.

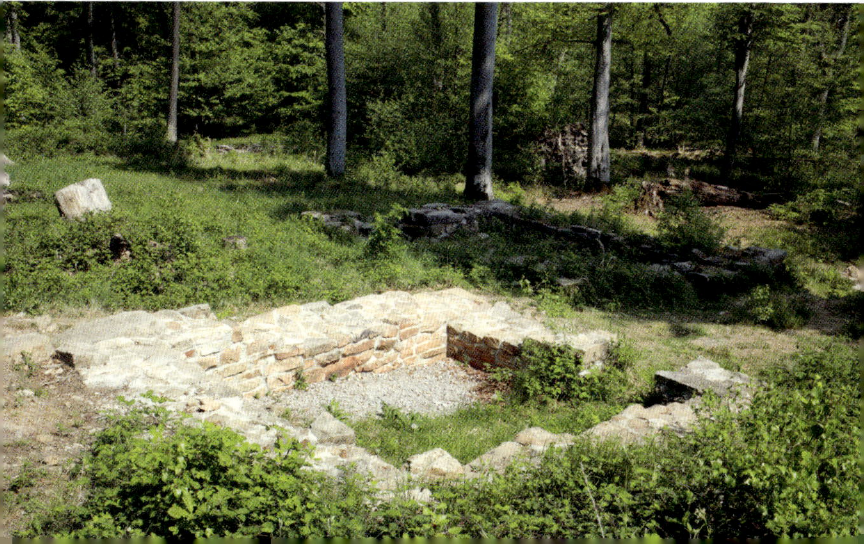

INFOS

Wanderkarte W237 Tübingen Schönbuch, 1:25000, Hrsg.: Schwäbischer Albverein e.V., Kartographie: Landesamt für Geoinformation und Landentwicklung Baden-Württemberg (LGL); Wanderkarte mit Radwegen Naturpark Schönbuch Tübingen Blatt 50-538, 1:25000, NaturNavi

www.naturpark-schoenbuch.de; www.weil-im-schoenbuch.de

keine

Weil im Schönbuch, Parkplatz Franzensträßle, GPS 48.610222, 9.037578

Gleich danach biegen wir im rechten Winkel links ab 7. Mit mäßigem Anstieg kommen wir zum querenden Schneißenweg. Unser Weg führt zwar nach rechts weiter, zuerst machen wir aber einen kurzen Abstecher nach links. Links der Rechtskurve liegen etwas tiefer die Reste der ehemaligen **Einsiedelei** 8.

Nach der Besichtigung gehen wir wieder zurück und folgen dem Schneißenweg weiter. Nun ist der Weg von großen Beständen von Birken flankiert, ein Hinweis auf den feuchten Untergrund des Brombergs. Schließlich erreichen wir am Schild **Bannwald Silbersandgrube** 9 (561 m) die Kreuzung mit dem Brombergebenesträßle.

Hier halten wir uns rechts. Wo unser Weg sich mit dem **Steinigen Weg** 10 vereinigt, wandern wir geradeaus weiter bis zum Schild **Altes Bannwaldsträßle** (519 m) 11 vor dem Wildgatter. Hier hat man zwei Möglichkeiten. Die einfache wäre, wenn man durch das Gatter geradeaus durchgeht und sich am **Parkplatz** danach rechts hält. Dann wandert man auf der Zufahrtsstraße zum Parkplatz zurück zum Ausgangspunkt, muss allerdings mit Autoverkehr rechnen.

Ein kurzes schwierigeres Stück erwartet uns, wenn wir vor dem Gatter rechts in Richtung »Parkplatz Franzensträßle« abbiegen. Kurz darauf folgen wir dem links abgehenden Saufangsträßle. Etwas später müssen wir aufpassen: Wo von rechts ein grasbewachsener Weg einmündet und wir an einem Baum das **Waldabteilungsschild »Staatswald/Distr. 4 Abt. 16/Bannwald«** sehen, biegen wir mit dem Wanderzeichen gelber Ring links 12 ab. Nun geht es auf einem bei Feuchtigkeit rutschigen Weg kurz steil hinab zum **Ochsenbach**, den wir auf Trittsteinen überqueren. Auf der anderen Seite steigen wir wieder steil hinauf zum Schild **Ochsenbach** (515 m) 2. Nach links gehen wir auf bekanntem Weg zurück zum Parkplatz.

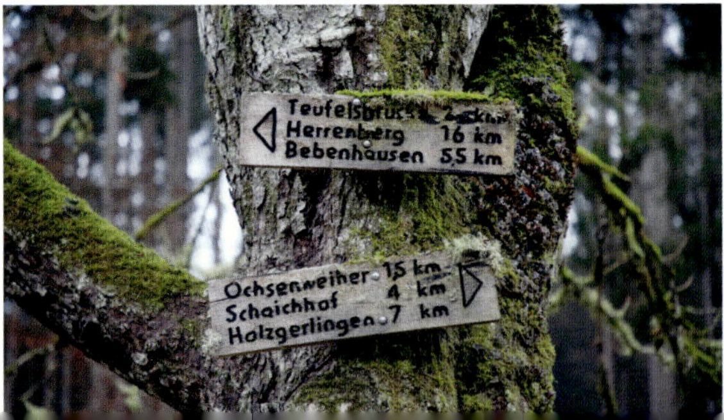

Die alten Wegweiser an den moosbewachsenen Bäumen erzeugen etwas Waldromantik.

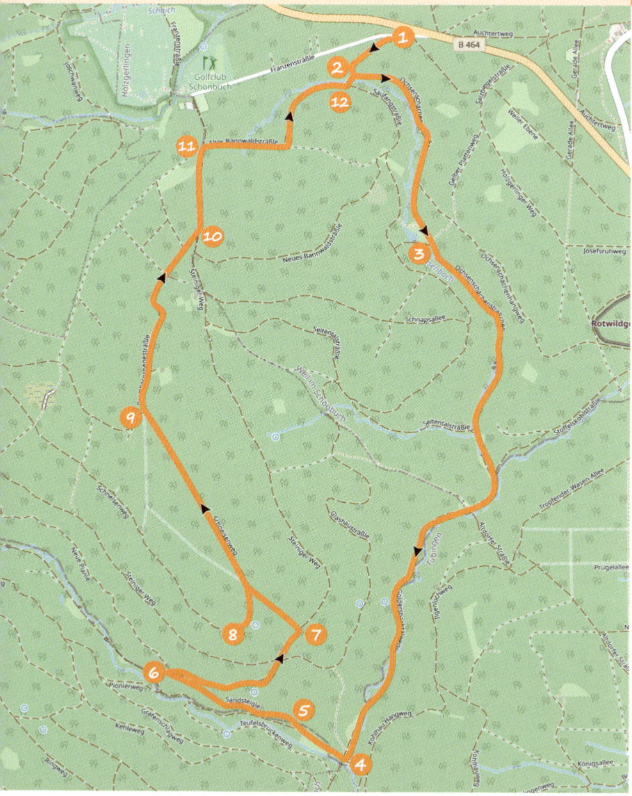

rechts: Auf dem Bromberg findet man einige Birkenbestände, die im Herbst durch ihre Farbenpracht bezaubern.

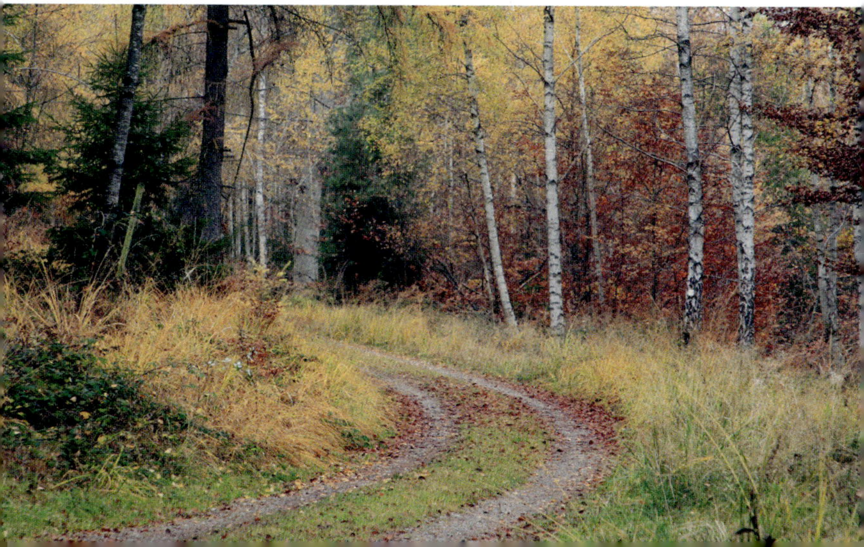

Eine alte Grenze und viel Wald 25

Über die Schlagbaumlinde zur Weiler Hütte

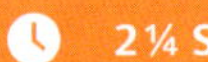 2¼ Std.

 8,2 km

100 Hm

Weil im Schönbuch/ Parkplatz Weißer Stein – Wildgehege – Schlagbaumlinde – Kleines Goldersbachtal – Ochsenweiher – Weiler Hütte – Parkplatz

Die Wanderung verläuft bis auf ein kurzes Stück nach der Weiler Hütte auf festen Wegen.

Wildgehege, Schlagbaumlinde, Wald, Ochsenweiher

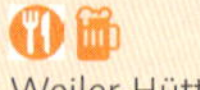

Weiler Hütte

Der Schönbuch ist immer für eine Überraschung gut, für historische Erinnerungen und einen prächtigen Wald sowieso. So erleben wir auf dieser Wanderung zuerst das Rotwildgehege, kommen dann an der Schlagbaumlinde vorbei, die ihren Namen trägt, weil hier seit Jahrhunderten Grenzen verlaufen, wandern hinab ins Goldersbachtal und können danach am idyllischen Ochsenweiher rasten. Einkehren kann man kurz vor Ende der Tour in der Weiler Hütte. Immer wieder sieht man im Wald kleine Kostbarkeiten der Natur, Szenen und Arrangements wie vom Floristen bereitgestellt, mit Moosen, abgestorbenen Ästen und anderem Totholz, Gräsern, Pilzen und mehr.

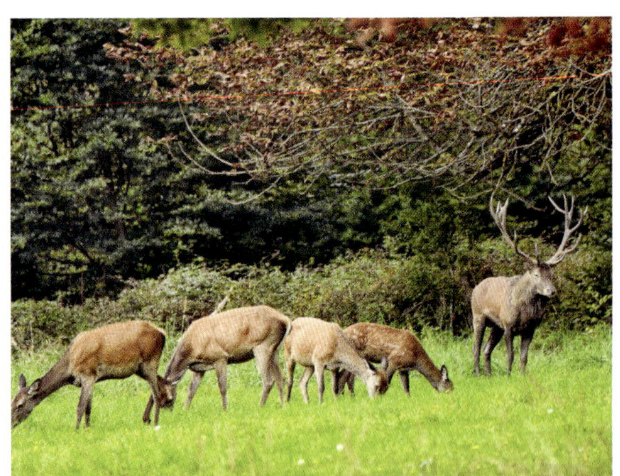

Wenn man Glück hat kann man in den Wildgehegen das Rotwild sehen. (Foto: Erich Tomschi)

Vom **Parkplatz Weißer Stein** (510 m) 1 aus gehen wir im Tübinger Sträßle geradeaus in den Wald hinein. Kurz darauf weist uns eine Tafel auf den Rotwilderlebnispfad hin; an einigen Tafel kommen wir in Folge vorbei. Bald danach fällt der Weg, wir wandern an einem Brunnen vorbei und passieren das Schild **Josefsruhe** (496 m) und ein rechts liegendes Rotwildgehege. Schließlich erreichen wir die **Schlagbaumlinde** (460 m) 2.

Wir biegen rechts ab in die Troppender-Wasen-Allee. Links sehen wir bald zwei **Wildbeobachtungskanzeln**, von denen der Blick durch Schneisen im Wald reicht. Die romantischen Birken am Wegrand weisen auf den nassen Untergrund hin.

An einer **Kreuzung** 3 biegen wir rechts ab. Bald sehen wir rechts den großen Wezel-Hirschstein.

Danach sind wir im **Kleinen Goldersbachtal**. Nach der **Brücke** 4 liegt rechts ein Rastplatz mit Tischen und Bänken sowie einer Grillstelle. Wir biegen rechts ab und wandern kurz im Wald. An der nächsten **Verzweigung** 5 halten wir uns links in den Goldersbachtalweg. Etwas später zweigt die Seitentalstraße links ab, wir gehen aber geradeaus in der Ochsenschachenstraße weiter.

Schließlich liegt links des Weges der **Ochsenweiher** 6. Auch er bietet sich mit Tischen und Bänken und einer Grillstelle zur Rast an, dieses Mal sogar mit »Seeblick«. Wir folgen weiter dem Weg zum Schild **Ochsenbach** (515 m). Hier zieht unser Weg nach rechts zum **Parkplatz**

Schlagbaumlinde

Die Winterlinde ist rund 200 Jahre alt und besitzt einen Stammumfang von etwa 3,50 Meter. Hier verläuft eine alte Grenze, die sich bis zur Teilung des Herzogtums Württemberg in den Stuttgarter und den Uracher Teil 1442 zurückverfolgen lässt. Daran hielten sich nach dem Zweiten Weltkrieg auch die Besatzungsmächte: Hier verlief die Grenze zwischen der französischen und der amerikanischen Zone. Heute ist hier die Regierungsbezirksgrenze zwischen Süd- und Nordwürttemberg sowie die Kreisgrenze zwischen Tübingen und Böblingen.

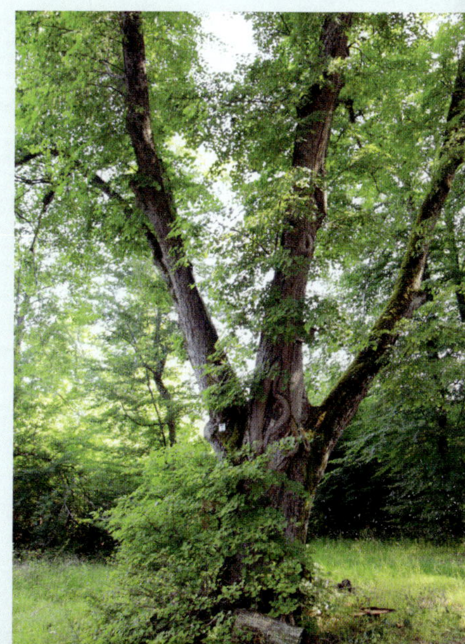

INFOS

Wanderkarte W237 Tübingen Schönbuch, 1:25000, Hrsg.: Schwäbischer Albverein e.V., Kartographie: Landesamt für Geoinformation und Landentwicklung Baden-Württemberg (LGL)

www.weil-im-schoenbuch.de; www.naturpark-schoenbuch.de

Schönbuchbahn bis Weil im Schönbuch, Haltestelle Untere Halde

Weil im Schönbuch, Parkplatz Weißer Stein, GPS 48.603320, 9.054638

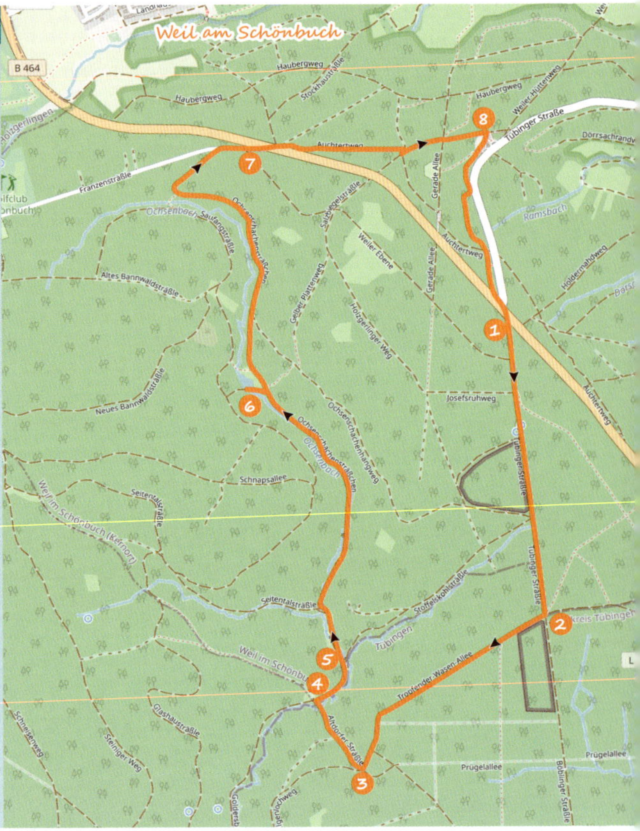

Franzosensträßle (518 m). Wir halten uns rechts und überqueren nach dem Parkplatz die **B464** 7. Auf der anderen Seite folgen wir dem rechten Forstweg (Auchtertweg).

An einer Kreuzung biegen wir links in den mit einer Schranke abgesicherten Salzbiegelweg ein und wandern, bis wir rechts die Weiler Hütte sehen. Nach ihr halten wir uns

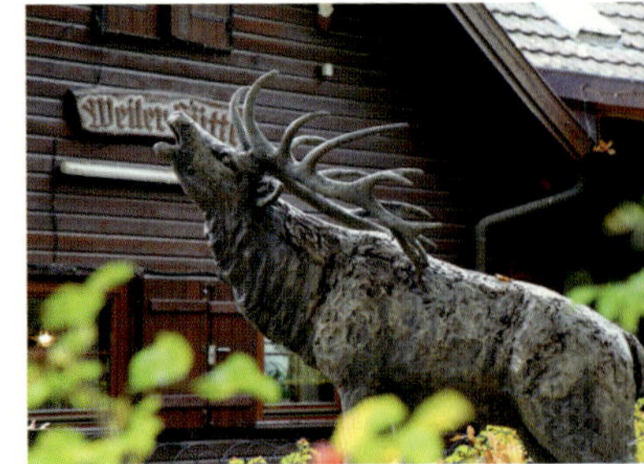

Die Weiler Hütte lockt zur Einkehr.

am Schild **Weiler Hütte** (505 m) 8 rechts. Vor der Straße und dem Mammutbaum biegen wir rechts ab. Wir durchqueren links der Weiler Hütte den Parkplatz und den Hinterhof der Hütte und kommen in den Wald. Vorbei an einem Wassertretbecken geht es nun auf einem Pfad durch den Wald. Wir überqueren am Schild **Auchtertweg** (518 m) den Forstweg und sind etwas später an der B464. Dahinter liegt unser **Parkplatz**. An seinem Beginn steht rechts am Waldrand der Weiße Stein.

Troppender Wasen

Der Name des Troppenden Wasen (= Tropfender Wasen) kommt wohl von den vertieften, sumpfigen und nassen Stellen. Die im Frühjahr hier fließenden Bachläufe vereinigen sich zum Troppender-Wasen-Bach, der zum Seebach strömt. Der Troppende Wasen war schon 1592 auf der Gadner'schen Forstkarte »Tibinger Vorst Schambuech« als »Tropfend brun« eingezeichnet. Noch im 18. Jahrhundert wurde die Gegend als »reine Viehweide« beschrieben.

Wezel-Hirschstein

Auf dem Wezel-Hirschstein sieht man ein Hirschrelief, die Zahlen 19.11.1941 und Initialen. Hier wurde am 19.11.1941 ein Hirsch geschossen. Die Initialen »R. W.« bedeuten Richard Wezel. Wezel (1876–1960) war von 1919 bis 1942 Leiter für den Forstverband Schönbuch. Wer sich hinter den Initialen »J. W.« verbirgt, weiß man noch nicht.

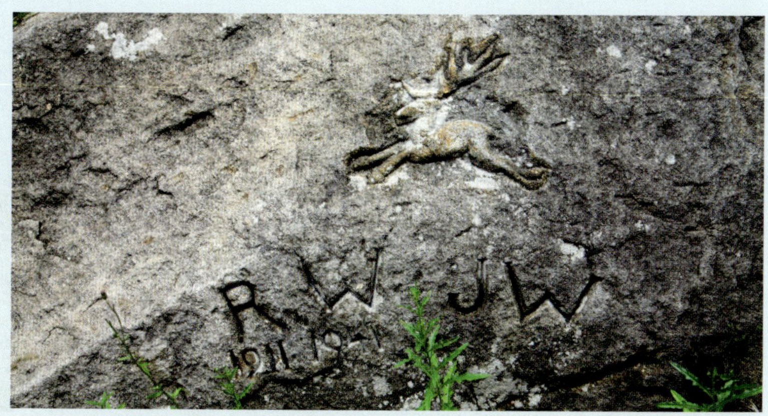

Bildnachweis

Titelbild: Achim Mende
Alle anderen Fotos: Dieter Buck (Ausnahmen siehe Bildlegende)
Kartengrundlagen: OpenStreetMap

Titel: WANDERN IM LANDKREIS BÖBLINGEN
Untertitel: Die 25 schönsten Touren

Autor: Dieter Buck
Herausgeber: Landkreis Böblingen
Herstellung: verlag regionalkultur
Satz: Daniela Waßmer, vr
Umschlag: Andrea Sitzler, vr

ISBN 978-3-95505-288-1

Bibliografische Information der Deutschen Bibliothek:
Die Deutsche Bibliothek verzeichnet diese Publikation in der Deutschen Nationalbibliografie; detaillierte Daten sind im Internet über http://dnb.de abrufbar.

Diese Publikation ist entsprechend den Frankfurter Forderungen auf alterungsbeständigem und säurefreiem Papier (TCF nach ISO 9706) gedruckt.

verlag regionalkultur
Ubstadt-Weiher · Heidelberg · Speyer · Stuttgart · Basel
Verlag Regionalkultur GmbH & Co. KG
Bahnhofstraße 2 · D-76698 Ubstadt-Weiher
Tel 07251 36703-0 · Fax 07251 36703-29
E-Mail kontakt@verlag-regionalkultur.de · www.verlag-regionalkultur.de